Der neue Glücksspielstaatsvertrag

Schriftenreihe zur Glücksspielforschung

Herausgegeben von Tilman Becker

Band 12

PL ACADEMIC RESEARCH

Tilman Becker (Hrsg.)

Der neue Glücksspielstaatsvertrag

Beiträge zum Symposium 2012 der Forschungsstelle Glücksspiel

PL ACADEMIC RESEARCH

Bibliografische Information der Deutschen Nationalbibliothek
Die Deutsche Nationalbibliothek verzeichnet diese Publikation in der Deutschen Nationalbibliografie; detaillierte bibliografische Daten sind im Internet über http://dnb.d-nb.de abrufbar.

Gedruckt auf alterungsbeständigem, säurefreiem Papier.

ISSN1861-759X
ISBN 978-3-631-65534-4 (Print)
E-ISBN 978-3-653-04974-9 (E-Book)
DOI 10.3726/978-3-653-04974-9

PL Academic Research ist ein Imprint der Peter Lang GmbH.

Peter Lang – Frankfurt am Main · Bern · Bruxelles · New York · Oxford · Warszawa · Wien

Diese Publikation wurde begutachtet.

www.peterlang.com

Vorwort des Vorsitzenden des Beirates und des Kuratoriums

Dr. Wolfgang G. Crusen

Im Rahmen des Symposiums Glücksspiel 2012 nahmen Experten der Aufsichtsbehörden, der Glücksspiel- und Technologieanbieter und der Wissenschaft Stellung zu aktuellen Fragen des Glücksspiels.

Bereits auf dem vorangegangen Symposium im März 2011 hatten wir uns mit den aktuellen Entwicklungen zum Diskussionsstand und der Evaluierung des Staatsvertrages auseinandergesetzt. Der Glücksspieländerungsstaatsvertrag wurde schließlich am 15. Dezember 2011 von 15 Bundesländern unterzeichnet. Die Beurteilung des Evaluierungsberichtes durch die Aufsichtsbehörden, dass sich der bisherige Staatsvertrag vom 1. Januar 2008 mit seinen Vorschriften bewährt hätte, wird sicherlich zu Recht kontrovers diskutiert.

Auch der erste Glücksspieländerungsstaatsvertrag dokumentiert, wie schwer sich Bund und Länder damit tun, eine gemeinsame und einheitliche Linie im Glücksspielbereich zu finden. Für alle Beteiligten am Glücksspielmarkt wird es mit dem neuen Regelwerk sicherlich nicht einfacher werden.

Eine bedeutende Rolle im Änderungsstaatsvertrag spielt das sogenannte Glücksspielkollegium, das im Prinzip den bisherigen Kreis der Lotteriereferenten ersetzt und dessen Aufgabenstellung erweitert. Aufgabe des Kollegiums wird es sein, durch ein begrenztes Spielangebot eine geeignete Alternative zum nicht erlaubten Glücksspiel zu finden und dabei zugleich den natürlichen Spieltrieb unserer Bevölkerung in geordnete und überwachte Bahnen zu lenken und die Entwicklung und Ausbreitung unerlaubter Glücksspiele in Schwarzmärkten zu verhindern. In Zeiten ständig neuer und schneller werdender Kommunikationsmedien und -technologien wird es sicherlich keine leichte Aufgabe, eine solche Kanalisierung zu erreichen.

Ein weiteres wichtiges Thema, das auch auf dem Symposium diskutiert wurde, sind die Art und der Umfang der Werbung für Glücksspiele. Glücksspielwerbung unterliegt einem differenzierten Regulierungsansatz und soll sich an wissenschaftlichen Erkenntnissen ausrichten. Man kann dabei nur hoffen, die von den Ländern erlassenen gemeinsamen Richtlinien und die vereinbarte Aufgabenteilung der Zuständigkeiten führen für die Beteiligten nicht zu weiteren Erschwernissen. Ob sie sich als praktikabel erweisen, wird die Praxis zeigen. Dabei stellt sich auch die Frage, wo im Rahmen definierter Vorgaben in Form von klaren

Werberichtlinien oder auch Prüfprogrammen die Eigenverantwortung der Unternehmen bleibt.

Die Forschungsstelle Glücksspiel wollte mit dem Symposium einen konstruktiven Beitrag zur Umsetzung des ersten Glücksspieländerungsstaatsvertrags leisten – und dabei auch Erfahrungen aus anderen Staaten einfließen lassen. Dies ist umso mehr erforderlich, als dass sich die Diskussion schon wegen der unterschiedlichen Interessenlagen nur schwer auf einen konsensfähigen Nenner bringen lässt.

Auch künftig wird die Wissenschaft im Bereich des Glücksspiels gefordert sein, einen Beitrag zur Debatte um aktuelle Rechts- und Sachfragen zu leisten und Entscheidungshilfen beizusteuern. Dies sollte auch von staatlicher Seite entsprechend anerkannt werden.

Vorwort des Geschäftsführenden Leiters der Forschungsstelle Glücksspiel

Prof. Dr. Tilman Becker

Im Fokus des Symposiums Glücksspiel am 10. und 11. Oktober 2012 stand der neue Glücksspielstaatsvertrag, der am 1. Juli 2012 in Kraft getreten war. 200 interessierte Teilnehmer diskutierten Fragen der Regulierung von Glücksspielen, neueste Erkenntnisse zur Glücksspielsucht und rechtliche Aspekte der Glücksspielwerbung. Dabei kamen – wie in den vorigen Jahren – alle Seiten zu Wort: Mitarbeiter von Ministerien und Behörden ebenso wie Glücksspielanbieter, Wissenschaftler und Experten der Suchthilfe. Der vorliegende Konferenzband fasst die Beiträge und Ergebnisse der Tagung zusammen.

Als erster Redner betrat Prof. Dr. Dr. Dr. Felix Tretter, leitender Arzt des Kompetenzzentrums Sucht der Isar-Amper-Klinikum GmbH, das Podium, und ging auf die neurobiologischen Grundlagen und Ursachen für glücksspielbezogenes Suchtverhalten ein. In diesem Zusammenhang erläuterte er das „Suchtgedächtnis des Menschen" und stellte die Rolle des Belohnungsstoffes Dopamin beim Glücksspiel vor. Eine praxisbezogene Ergänzung dieser Ausführungen stellte der Vortrag von Michael Gauselmann (Gauselmann AG) dar: „Was macht Zufallsspiele mit und um Geld für Verbraucher interessant?" Im vorliegenden Konferenzband sind diese beiden Beiträge leider nicht enthalten.

Die ersten beiden Beiträge thematisieren das Konzept der Spielerkarte. Detlef Nagel, stellvertretender Geschäftsführer der Westdeutschen Lotterie GmbH & Co. OHG, berichtet von den Erfahrungen seiner Lotteriegesellschaft mit einer Spielerkarte. Westlotto entschied sich, zwei unterschiedliche Karten mit unterschiedlichem Datengehalt anzubieten; die damit gemachten Erfahrungen waren durchweg positiv. Prof. Dr. Michael Ronellenfitsch, hessischer Datenschutzbeauftragter, beleuchtet in seinem Beitrag den Informationsgehalt einer Spielerkarte und erläutert die Bedeutung des in Deutschland geplanten Sperrsystems mit Spielerkarte.

Anschließend referierte Prof. Dr. Dieter Richter von der Physikalisch-Technischen Bundesanstalt (PTB) zu den „Erfahrungen bei der Zulassung von Geldspielgeräten". Sein Beitrag widmet sich der Frage, wie der Teil der Einnahmen aus den Geldspielgeräten, über die der Aufsteller verfügen kann, ermittelt werden kann. Für diese Frage stellt er einen möglichen Lösungsansatz vor. Wie der

Prozess der Prüfung von Geldspielgeräten abläuft, beschreibt im nachfolgenden Aufsatz der öffentlich bestellte und vereidigte Sachverständige Thomas Noone.

Mein eigener Beitrag zu glücksspielrechtlichen Werberichtlinien schildert die Rahmenbedingungen für Glücksspielwerbung unter dem Glücksspielstaats- und Glücksspieländerungsstaatsvertrag und erklärt, wie glücksspielbezogene Werbung aus suchtpsychologischer Sicht einzuschätzen ist. Zudem stellt er ein Prüfprogramm für Glücksspielwerbung vor und nimmt zum Entwurf der Werberichtlinie vom 14. August 2012 Stellung. Vom thematisch ergänzenden Vortrag von Dr. Bernd Nauen, Geschäftsführer des ZAW (Deutscher Werberat), zu den „Verhaltensregeln des Deutschen Werberats" liegt leider kein Beitrag vor.

Die folgenden beiden Beiträge widmen sich den Geldspielgeräten und ihrer Einbeziehung in den Glücksspieländerungsstaatsvertrag. Zum einen erläutert Dr. Tobias Hayer vom Institut für Psychologie und Kognitionsforschung der Universität Bremen das Gefährdungspotenzial des gewerblichen Automatenspiels und erklärt, warum diese für bestimmte Bevölkerungsgruppen ein erhöhtes Risiko darstellen. In seinem Vortrag legt er dar, warum er die bislang umgesetzten Maßnahmen im Spielerschutz für unzureichend hält. Zum Anderen beleuchtet Dr. Tobias Wild, Glücksspielreferent des Senators für Inneres und Sport Bremen, die strengere Regulierung des gewerblichen Automatenspiels in Spielhallen und Gaststätten durch den neuen Glücksspielstaatsvertrag. Der Vortrag von Ministerialdirigent Ulrich Schönleiter (Bundesministerium für Wirtschaft und Technologie) zu den Erfahrungen des Bundes bei der Regulierung von Geldspielgeräten liegt nicht als Beitrag vor.

Neben der Regulierung von Geldspielgeräten standen am zweiten Tagungstag zudem die Erfahrungen der Anbieter mit dem Glücksspieländerungsstaatsvertrag im Fokus. Dr. Gerhard Rombach, Vorstandssprecher der GKL, berichtet in seinem Beitrag von den Erfahrungen beim Zusammenschluss der Nord- und der Süddeutschen Klassenlotterie (NKL und SKL) zur Gemeinsamen Klassenlotterie der Länder (GKL) als bundeseinheitlichem Veranstalter. Ausgehend von den Erfahrungen mit dem Glücksspielstaatsvertrag und den Vorgaben des Glücksspieländerungsstaatsvertrages erklärt er die Hintergründe für den Zusammenschluss und stellt die Struktur und Ziele der GKL dar. In diesem Zusammenhang kritisiert er die im neuen Glückspielstaatsvertrag erwähnten Werberichtlinien.

Dem Beitrag von Dr. Rombach schließt sich der Beitrag von Michael Burkert, Geschäftsführer der Saarland Sporttoto GmbH, an, der die Erfahrungen des Deutschen Lotto- und Totoblocks (DLTB) mit dem neuen Glücksspieländerungsstaatsvertrag beschreibt. Burkert sieht im Vergleich zum vorausgegangenen Glücksspielstaatsvertrag eine positive Entwicklung, obwohl die konkrete Ausgestaltung an vielen Stellen des neuen Regelwerkes noch fehle. Zur kompletten Vereinheitlichung des Glücksspiels in allen Bundesländern bezieht er zudem kritisch Stellung.

Für die Vorträge von Gereon Pauls, Geschäftsführer der Firmengruppe Faber, der die „Erfahrungen eines Lotterievermittlers mit dem Föderalismus" schilderte, sowie von Prof. Dr. Christoph Degenhart, Lehrstuhl für Staats- und Verwaltungsrecht sowie Medienrecht der Universität Leipzig, der über „Probleme bei der Übertragung ordnungsrechtlicher Aufgaben an eine gemeinsame Einrichtung" referierte, sind leider keine Beiträge verfügbar.

Nachfolgend geht Prof. em. Dr. Armin Dittmann von der Forschungsstelle Glücksspiel, Universität Hohenheim, der Frage „Was können wir von den gemeinsamen Kommissionen der Landesmedienanstalten lernen?" nach. Er bewertet den Beschluss der Länder, bundesweite rundfunkrechtliche Angelegenheiten aus der Zuständigkeit einzelner Landesmedienanstalten zu lösen und auf gemeinsame Kommissionen zu übertragen, als richtige Entscheidung und umreißt notwendige weitere Schritte.

Den vorletzten Beitrag dieses Konferenzbandes steuert Mette Slotved Thomsen von der Danish Gambling Authority bei, in dem sie die „Tasks of a Gambling Authority" vorstellt. Sie zeigt auf, dass eine solche „Aufsichtsbehörde" und ihre Aufgaben in verschiedenen Ländern, die über eine solche Einrichtung verfügen, sehr unterschiedlich gehandhabt werden. Grundsätzlich verweist sie jedoch darauf, dass die Vorteile einer solchen Einrichtung überwiegen.

Im Anschluss daran erläutert Stefan Kruse, Vorstand von Goldserie e. V., „Ich spiele gerne."

Den Abschluss des Bandes bildet das Programm des Symposiums.

Mein herzlicher Dank gilt allen Referenten, Teilnehmern und Mitwirkenden, die zum Gelingen der Veranstaltung beigetragen haben. Insbesondere möchte ich zudem allen Referenten danken, die ihre Beiträge für den vorliegenden Konferenzband beigesteuert haben.

Das nächste Symposium Glücksspiel erwartet uns wieder wie gewohnt im Frühjahr, am 6. und 7. März 2013. Thema wird dann das Sucht-, Betrugs- und Kriminalitätsgefährdungspotenzial von Glücksspielen sein.

Mein besonderer Dank gilt an dieser Stelle zudem Frau Andrea Wöhr, die den vorliegenden Konferenzband redaktionell betreut hat.

Inhaltsverzeichnis

GLÜCKSSPIELRECHTLICHE WERBERICHTLINIEN
(PROF. DR. TILMAN BECKER)

WAS MACHT GELDSPIELGERÄTE GEFÄHRLICH?
(DR. TOBIAS HAYER UND MARC VON MEDUNA)

ERFAHRUNGEN DER LÄNDER BEI DER REGULIERUNG VON GELDSPIELGERÄTEN
(DR. TOBIAS WILD)

1

Erfahrungen einer Lotteriegesellschaft mit einer Spielerkarte

Detlef Nagel[1]

AGENDA

Spielerkarte - Was ist das?

Situation bei WestLotto – Wie läuft das?

Erfahrungen – Wie war das?

WEST LOTTO

1 Detlef Nagel ist stellvertretender Geschäftsführer der Westdeutschen Lotterie GmbH & Co. OHG.

AGENDA

Spielerkarte - Was ist das?

Situation bei WestLotto – Wie läuft das?

Erfahrungen – Wie war das?

Spielerkarte

BEISPIELE VON SPIELERKARTEN

Spielerkarte

FUNKTIONEN EINER SPIELERKARTE

Sicherheit	• Identifizierung • Sperrung der Spielquittung bei Verlust • Setzen von Spiellimits
Vereinfachung	• Überweisung von Gewinnen • Speicherung der Tipps • Verknüpfung mit Online-Konto
Mehrwert	• Kein „Vergessen" von Gewinnen • 2te Chance Auslosung • Auswahl persönlicher Losnummer

WEST LOTTO

AGENDA

Spielerkarte - Was ist das?

Situation bei WestLotto – Wie läuft das?

Erfahrungen – Wie war das?

WEST LOTTO

Situation bei WestLotto

WESTLOTTO: PORTRAIT

WestLotto

- Größte Gesellschaft im DLTB
- Mitarbeiter (2011): ca. 330
- Umsatz (2011): ca. 1,64 Mrd. €
- Spielaufträge pro Woche: ca. 2,2 Mio.
- Vertriebsgebiet NRW
- Ca. 3.650 Annahmestellen
- Ca. 10.000 Arbeitsplätze in den AStn
- Rund 4.800 Einwohner pro ASt in NRW

Seite 5 | 10.10.2012

Situation bei WestLotto

SPIELERKARTEN-HISTORIE

Spielerkarten gibt es bei WestLotto seit 1997

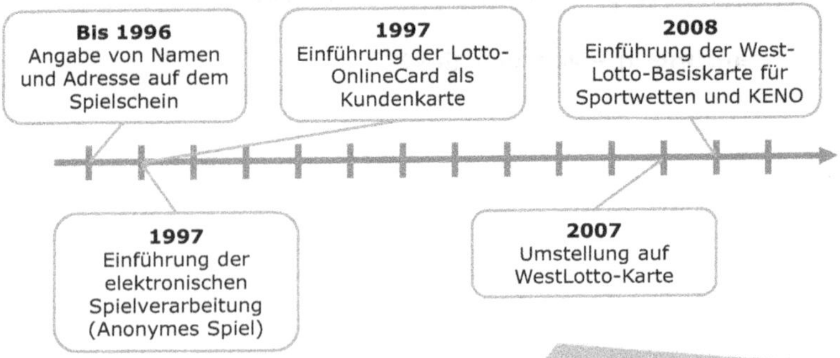

Seite 6 | 10.10.2012

Situation bei WestLotto

ZWEI KARTEN

WestLotto bietet seit 2008 zwei Spielerkarten an

- Einführung 15.05.2007 (als Lotto OnlineCard seit 1997)
- Servicekarte (bspw. Gewinnüberweisung, Speichern der Glückszahlen)
- Verknüpfbar mit Basiskarte
- Name, Geburtsdatum, Anschrift, Bankverbindung
- kostenpflichtig

- Einführung 01.01.2008
- Pflichtkarte für ODDSET, KENO, TOTO
- zunächst nur mit Ausweis
- heute: Ausweis(-nummer), Bild
- Name, Geburtsdatum, -ort
- kostenfrei

WESTLOTTO

Situation bei WestLotto

WARUM ZWEI KARTEN?

WestLotto hatte 2008 die Wahl zwischen zwei Lösungen

WestLotto-Karte

Kartenpflicht für Sportwetten + KENO (GlüStV)

WESTLOTTO

Situation bei WestLotto

WARUM ZWEI KARTEN?

WestLotto hatte 2008 die Wahl zwischen zwei Lösungen

WestLotto-Karte

Kartenpflicht für Sportwetten + KENO (GlüStV)

Lösung 1

WestLotto-Karte als Pflichtkarte

Lösung 2

Einführung einer neuen Karte (Basis- vs. erweiterter Kundenkarte

WESTLOTTO

Seite 8 | 10.10.2012

Situation bei WestLotto

WARUM ZWEI KARTEN?

Fokusgruppendiskussionen brachten erste hilfreiche Erkenntnisse zum Thema Kartenpflicht

- Wesentliche Akzeptanzbarrieren sind:
  - Angabe persönlicher Daten
  - bürokratischer Aufwand
  - Bevormundung
  - Kartengebundenheit (keine Spontanteilnahme möglich)
- Freie Auswahl zwischen Kunden- und Basiskarte allgemein begrüßt
- Karte sollte mit minimalem Aufwand und kurzfristig erhältlich sein

WESTLOTTO

Seite 9 | 10.10.2012

Situation bei WestLotto

WARUM ZWEI KARTEN?

In einer großzahligen Studie konnten die Teilnehmer zwischen vier Alternativen wählen

- Szenario: Kartenpflicht für Glücksspiele
- Vier Alternativen hatten die Teilnehmer zur Wahl
  - keine Karte (=keine weitere Spielteilnahme)
  - Basiskarte (=neue Karte mit nur notwendigsten Daten)
  - Kundenkarte (=bestehende Kundenkarte, aber kostenfrei)
  - erweiterte Kundenkarte (neue Karte mit mehr Servicefunktionen, aber kostenpflichtig)

Seite 10 | 10.10.2012

WESTLOTTO

Situation bei WestLotto

WARUM ZWEI KARTEN?

Diese Studie bestätigte die allgemeinen Vorbehalte gegenüber Datenpreisgabe

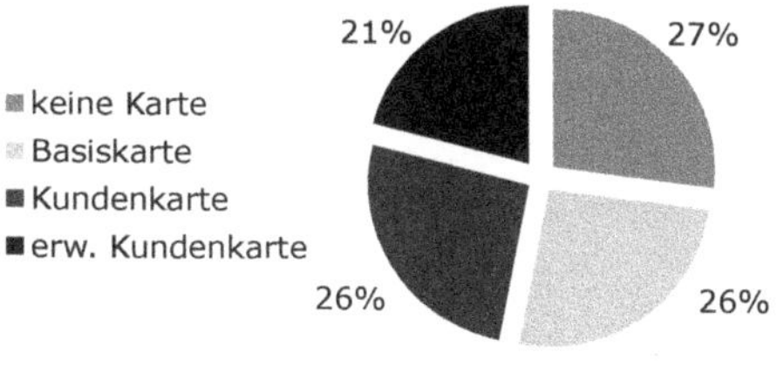

Gründe Basiskarte:

-„Geringstes Übel" (andere Karten zu viel Daten/ zu teuer) (36%)

- Ansprechend (27%)
- Abwarten (18%)
- finanzieller Aspekt (17%)

Anmerkung: n=404.

Seite 11 | 10.10.2012

WESTLOTTO

Situation bei WestLotto

ZWEI KARTEN

Vorteile der Lösungen

Vorteile Lösung 1
(WestLotto-Karte als Pflichtkarte)
- Kostengünstiger als mehrere Karten
- Einheitlicher Kartenauftritt
- Keine Verwechslungsgefahr beim Kunden

Vorteile Lösung 2
(Neue Basiskarte als Pflichtkarte)
- Geringere Datenerhebung beim Kunden
- Striktere Trennung von Service und Identifizierung (von Suchtverbänden gefordert)
- Kosten für Kundenkarte werden tlw. durch den Kunden gedeckt

Seite 12 | 10.10.2012

WEST LOTTO

AGENDA

Spielerkarte - Was ist das?

Situation bei WestLotto – Wie läuft das?

Erfahrungen – Wie war das?

WEST LOTTO

Erfahrungen

VERKNÜPFUNG BASISKARTE

Nur 38.000 der aktiven WestLotto-Karten (15%) wurden bisher überhaupt mit einer Basiskarte verknüpft

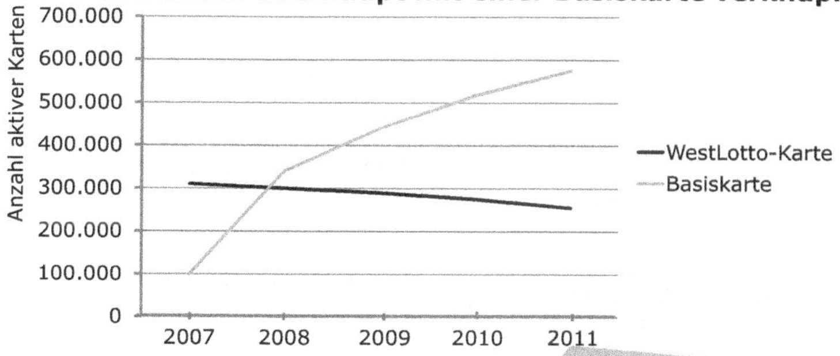

WESTLOTTO

Seite 14 | 10.10.2012

Erfahrungen

EINFÜHRUNG DER BASISKARTE

Im Zuge der Basiskarteneinführung ging der Umsatz um ca. 32 Mio. € (24%) zurück

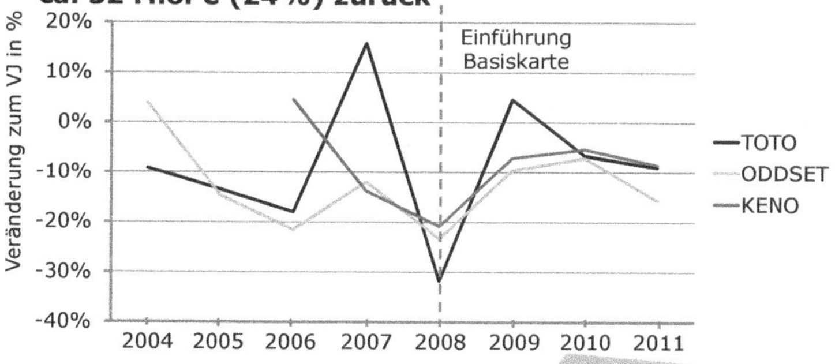

WESTLOTTO

Seite 15 | 10.10.2012

Erfahrungen

LESSONS LEARNED

War die Einführung einer zweiten Karte richtig?

Nur 15% verknüpfter Karten	• Kein Bedarf an einer einheitlichen Karte
24% Umsatzverlust bei Basiskartenpflicht	• Datenerhebung bei Kunden problematisch
Gebühren i.H.v. ca. 2,4 Mio. € seit 2008	• Serviceorientierung trägt zur wirtschaftlichen Stärkung bei

Seite 16 | 10.10.2012

WESTLOTTO

Erfahrungen

LESSONS LEARNED

Neue Überlegung

→ Kundenorientierte Sicht erfordert (evtl.) neues Kundenkartenkonzept?!

Seite 17 | 10.10.2012

WESTLOTTO

Informationsgehalt einer Spielerkarte

Michael Ronellenfitsch[1]

1 Problemstellung

1.1 Ausgangslage

Das deutsche Glücksspielrecht befindet sich im europäischen Landeanflug. Der EuGH stellte in drei Vorabentscheidungen vom 8. September 2010[2] fest, dass ein mit dem Ziel, die Spielsucht zu bekämpfen, legitimiertes staatliches Monopol auf Sportwetten und Lotterien gegen das Kohärenzgebot verstoße, wenn andere Arten von Glücksspielen, bei denen ein noch höheres Suchtpotential bestehe, von privaten Veranstaltern ohne konsequente Verfolgung dieses Schutzziels betrieben werden dürften. An erster Stelle des Suchtpotentials verortete das BVerfG die in der Gewerbeordnung geregelte Glücksspielform des Geldspiels an Automaten.[3] Um den Kohärenzanforderungen des EuGH gerecht zu werden, werden Wege gesucht, das Suchtpotential von Geldspielautomaten zu reduzieren, wenn nicht gar

---

1 Prof. Dr. Michael Ronellenfitsch ist Inhaber des Lehrstuhls für Öffentliches Recht und Verwaltungsrecht an der Universität Tübingen sowie Datenschutzbeauftragter des Landes Hessen.

2 Rs. C-46/08 (Carmen Media Group), Slg. 2010, I-8149 = DÖV 2010, 939 = EuZW 2010, 759 (Ls.) = MMR 2010, 840 = NVwZ 2010, 1422 = ZfWG 2010, 344; verb., Rs. C-316/07, C-358/07 bis C-360/07, C-409/07 und C-410/07 (Markus Stoß), GRUR 2011, 175 (Ls.) = EuZW 2010, 760 (Ls.) = MMR 2010, 844 = DÖV 2010, 940 = NVwZ 2010, 1409 = ZfWG 2010, 332 (Rn. 100); Rs. C-409/06, C-316/07, C-46/08 (Winner Wetten), DÖV 2010, 941 = EuZW 2010, 759 (Ls.) = GRUR 2011, 176 (Ls) = MMR 2010, 838 = NVwZ 2010, 1419; ferner EuGH, Urteil vom 15.09.2011, Rs. C-347/09 (Dickinger/Ömer), EuZW 2011, 841; vom 19.07.2012, Rs. C-470/11 (SIA Garkalns), NVwZ 2012, 1162; Hecker, M., Glücksspielrecht und Grundfreiheiten. Zur Auslegung der Kohärenzanforderungen des EuGH nach der Carmen Media und Markus Stoß-Rechtsprechung, DVBl 2011, 1130 ff.; ferner Brüning, Ch., Die Regulierung des Glücksspiels aus verfassungs- und europarechtlicher Perspektive, DVBl 2011, 1126 ff.; Uwer, D./Koch, S., Das europarechtliche Kohärenzgebot im Glücksspielrecht und die spielhallenbezogenen Beschränkungen und Verbote im Entwurf eines Ersten Glücksspieländerungsstaatsvertrags, in: Schmittmann, M. (Hrsg.), Neuordnung des Glücks- und Gewinnspielmarktes in Deutschand, Wien-München 2012, S.136 ff.

3 BVerfG, Urteil vom 28.03.2006 - 1BvR 1054/01-, BVerfGE 115, 276 (305) = DVBl 2006, 625 = DÖV 2006, 836 = NVwZ 2006, 679 = NJW 2006, 1261 = GRUR 2006, 688 = WM 2006, 833 = MMR 2006, 298 = ZUM 2006, 388.

ganz zu beheben. Die Bandbreite der Vorschläge reicht von der Forderung, Geldspielautomaten aus Spielhallen und Gaststätten zu verbannen, bis zu Einführung von Spielerkarten. Solche Spielerkarten sind allerdings datenschutzrechtlich problematisch. Um diese Probleme geht es in der Folge. Da die Tragweite der Datenschutzprobleme nur im Rahmen der Gesamtthematik verständlich wird, greift der vorliegende Beitrag über das Hauptthema hinaus und behandelt auch die Implikationen der datenschutzrechtlichen Anforderungen an Spielerkarten auf die generelle Regulierung des Glücks- und Gewinnspielwesens.

1.2 Glücksspiel: Begriff, Bedeutung

a) Definitionen

In der Umgangssprache sind Glücksspiele alle Spiele, bei denen der Erfolg nur vom Zufall abhängt.[4] Im Rechtssinn[5] handelte es sich bei Glücksspielen im engeren Sinn dagegen nur um repressiv verbotene und strafbewehrte (§ 284 StGB) Spiele, bei denen Gewinn oder Verlust einen nicht unerheblichen Vermögenswert ausmachen. Nach Gewerberecht prinzipiell erlaubte Unterhaltungsspiele mit Geldgewinnmöglichkeit, bei denen größere Vermögensverschiebungen ausgeschlossen sind,[6] waren in diesem Sinne keine Glücksspiele. Nach § 3 Abs. 1 Erster GlüÄndStV[7] liegt demgegenüber bereits dann ein Glücksspiel vor,

> wenn im Rahmen eines Spiels für den Erwerb einer Gewinnchance ein Entgelt verlangt wird und die Entscheidung über den Gewinn ganz oder überwiegend vom Zufall abhängt. Die Entscheidung über den Gewinn hängt in

---

4 http://www.dwds.de/?qu=Glücksspiel.

5 Zum Glücks- und Gewinnspielrecht Bahr, M., Glücks- und Gewinnspielrecht. Eine Einführung in die wichtigsten rechtlichen Aspekte, 2. Aufl., Berlin 2007; Diegmann, H./Hoffmann, Ch./Ohlmann, W., Praxishandbuch für das gesamte Spielrecht, Stuttgart 2008; Dietlein, J./Hecker, M./Ruttig, M. (Hrsg.), Glücksspielrecht. Glücksspielstaatsvertrag. § 284 StGB, §§ 33c ff. GewO, SpielVO, RennwLottG, GG, EGV, GATS, EV/SlgLottVO-DDR u. a. Kommentar, München 2008; Ronellenfitsch, M./Denfeld, B., Die Vereinbarkeit von Zugangskontrollen für gewerbliche Spielstätten mit dem Grundrecht auf informationelle Selbstbestimmung, Hamburg 2009, S. 1 ff.; Voßkuhle, A., Rechtliche Rahmenbedingungen des Glücksspiels, in: Becker, T. (Hrsg.), Schriftenreihe zur Glücksspielforschung Band 1: Gesellschaft und Glücksspiel: Staatliche Regulierung und Suchtprävention – Beiträge zum Symposium 2005 der Forschungsstelle Glücksspiel, Hohenheim 2006, S. 51 ff.

6 BVerwG, Urteil vom 23.08.1994 - 1 C 18.91 -, BVerwGE 96, 293 (295).

7 Staatsvertrag zum Glücksspielwesen in Deutschland i. d. F. des Ersten Staatsvertrags zur Änderung des Staatsvertrages zum Glücksspielwesen in Deutschland (Erster Glücksspieländerungsstaatsvertrag – Erster GlüÄndStV) vom 15.12.2011.

jedem Fall vom Zufall ab, wenn dafür der ungewisse Eintritt oder Ausgang zukünftiger Ereignisse maßgeblich ist. Auch Wetten gegen Entgelt auf den Eintritt oder Ausgang eines zukünftigen Ereignisses sind Glücksspiele.

Der Erste GlüÄndStV folgt dem umgangssprachlichen Glücksspielverständnis.[8] Die Unterscheidung von strafrechtlichem Glücksspielbegriff und gewerberechtlichem Gewinnspielbegriff ist damit in der Sache nicht obsolet. Lediglich die zeitweilige fachsprachliche Differenzierung wurde aufgegeben. Diese Differenzierung war ohnehin häufig ignoriert oder negiert worden.[9] Sie ist auch nicht zwingend, sondern historisch bedingt und hängt mit der Behandlung des zufälligen Gewinnspiels in der jeweiligen Epoche im jeweiligen Rechtskreis zusammen.

b) Geschichte

Die Wurzeln des Glücksspiels reichen bis in das 3. Jahrtausend v. Chr. zurück.[10] Im römischen Imperium waren Würfelspiele in allen Bevölkerungsschichten derart beliebt, dass sie, sofern um Geld gespielt wurde, verboten wurden.[11] Bei den Germanen soll die Spielsucht noch ausgeprägter gewesen sein.[12] Im Mittelalter war das Würfelspiel ebenfalls in der gesamten Bevölkerung verbreitet. Gewürfelt wurde immer um einen Gewinn, der aus Sachwerten und mit zunehmender Ausbreitung des Münzwesens in Geld bestand. Spielorte der Unterschicht waren Wirts- und Gasthäuser, Jahrmärkte und andere Feste. Bürger und Adel spielten vorwiegend bei Hof, in Spielhäusern oder in privaten Räumen. Religiöse, sozial-

---

8 Im Beschluss des BGH vom 29.09.1986 - 4 StR 148.86 -, BGHSt 34,171 (176) = NJW 1987, 851 (852) findet sich selbst für das Strafrecht die Aussage, da der Gesetzgeber den Begriff des Glücksspiels nicht definiert habe, sei von einer typischen, allgemein bekannten und daher nicht umschreibungsbedürftigen Erscheinung des täglichen Lebens auszugehen.

9 Vgl. BVerwG, Urteile vom 28.09.1982 - 1 C-139.80 -, Buchholz 451.20 § 33 d GewO Nr. 6; vom 24.10.2001 - C 1.01 -, BVerwGE 115,179 (185 ff.); EuGH, Urteil vom 21.09.1999 -, Rs. C-124/97 (Läärä), Slg. 1999, I -6067 Rn. 12.

10 Gizycki, J./Görny, A., Glück im Spiel zu allen Zeiten, Zürich 1970; Zollinger, M., Geschichte des Glücksspiels. Vom 17. Jahrhundert bis zum Zweiten Weltkrieg. Wien, Köln, Weimar 1997; Schuster, H. M., Das Spiel. Seine Entwickelung und Bedeutung im deutschen Recht. Eine rechtswissenschaftliche Abhandlung auf sittengeschichtlicher Grundlage, Wien 1878.

11 Lex Titia et Publicia et Cornelia; vgl. Horaz. C. 3.24.58.

12 Nach Tacitus, (Germania, 24, 3-4) betrieben die Germanen „das Würfelspiel ... in voller Nüchternheit ... wie ein ernsthaftes Geschäft“. Und weiter: „ihre Leidenschaft im Gewinnen und Verlieren [war] so hemmungslos, dass sie wenn sie alles verspielt haben, mit dem äußersten und letzten Wurf um die Freiheit und ihren eigenen Leib kämpfen.“

politische und fiskalische Erwägungen führten immer wieder zu Regulierungen und Verboten.[13] Reglementiert wurden soziale Gruppen, die Spielzeiten und die Höhe des Einsatzes. Im 16. und 17. Jahrhundert setzte sich allmählich die Auffassung durch, dass – soweit nicht ohnehin die öffentliche Hand Glücksspiele veranstaltete und vermittelte (Lotterien[14], Sportwetten, Spielbanken) – nur das „hohe und übermäßige Spiel" mit Strafe zu bedrohen sei. Das hatte die Unterscheidung zwischen verbotenen und erlaubten Spielen zur Folge. Verboten waren Glücksspiele, erlaubt Geschicklichkeits- und Unterhaltungsspiele.[15] Diese Unterscheidung erfasste auch die sog. Münzautomaten, die sich am Anfang des 20. Jahrhunderts aus den Warenautomaten entwickelten. Versuchte man zunächst das Glücksspielverbot zu umgehen, indem man die Automaten als Geschicklichkeitsautomaten deklarierte, einigte man sich 1953 und in letzter Konsequenz 2006 auf die gewerberechtliche Lösung, der der einheitliche Begriff des Geldspielgerätes (GSG) zugrunde liegt. Abhängig von Einsatz-, Gewinn- bzw. Verlusthöhe wurden gewerberechtlich von vornherein zulässige Unterhaltungs- und Geldspielautomaten und nur in staatlichen Spielbanken erlaubte Glücksspielautomaten („Slot"; kleines Spiel) unterschieden.[16] Die rechtliche Unterscheidung änderte aber nichts daran, dass sich technisch und strukturell beide Automatenarten nicht unterscheiden. Vor allem weisen sowohl die Glücksspielautomaten wie auch die gewerberechtlichen Geldspielautomaten ein hohes Suchtpotential auf.[17] Das gilt insbesondere für die mit reizvollen Ton-, Licht- und Farbeffekten aufgerüsteten modernen Spielautomaten.[18] Folgerichtig gehen auch die Verhal-

---

13 Aus dem 12. Jahrhundert stammt ein Erlass des englischen Königs Richard Löwenherz, dass niemand, der von geringerem Stand als ein Ritter war, um Geld würfeln durfte. Der französische König Ludwig IX. verbot 1255 seinen Beamten das Würfelspiel und die Anfertigung von Würfeln.

14 Die erste nachweisbare Lotterieziehung fand im Mai 1445 in Flandern statt.

15 Ennuschat, J., Zur Unterscheidung der Glücksspiele von Geschicklichkeitsspielen, in: Ennuschat, J./Geerlings, J./Mann, Th./Pielow, J., Wirtschaft und Gesellschaft im Staat der Gegenwart, Gedächtnisschrift für Peter J. Tettinger, Köln 2007, S. 41 ff.

16 Glücksspielautomaten (vergleichbar mit den amerikanischen Slot-Machines) unterfallen wegen der mit ihnen verbundenen Vermögensgefährdung (Einsatzhöhe zwischen 0,05 € bis 50 €, mögliche Gewinnhöhe über 50.000 € bis 1 Mio. €) dem staatlichen Glücksspielmonopol und dürfen nur in Spielbanken bzw. Automatencasinos aufgestellt werden.

17 Vgl. Drogen- und Suchtbericht der Drogenbeauftragten der Bundesregierung vom Mai 2011, Nr. 6, S. 75 f.

18 Sonntag, D., Risikofaktoren und Verlauf des problematischen Glücksspielverhaltens an Geldspielautomaten. Ergebnisse einer Längsschnittstudie mit Automatenspielern, Diss. rer. nat. Marburg 2005.

tensregeln des Deutschen Werberats über die kommerzielle Kommunikation für Glücksspiel vom Februar 2012 vom weiten Glücksspielbegriff aus.

c) Bedeutung

Der geschichtliche Rückblick zeigt, dass das Glücksspiel im weiteren Sinn im Laufe der Jahrhunderte unterschiedlich bewertet wurde. Einerseits wurde das Spiel mit dem Glück als etwas Verwerfliches angesehen, andererseits ermöglichte es die Befriedigung spezieller Bedürfnisse des Zeitvertreibs – vom „natürlichen Spieltrieb der Bevölkerung“ ganz zu schweigen – und verschaffte den Anbietern von Gewinnspielen eine wirtschaftlich interessante Betätigungsmöglichkeit. Der statistisch erfasste Gesamtumsatz auf dem Markt für Glücksspiel betrug laut Becker 2005 rund 27,5 Mrd. Euro für die Bundesrepublik Deutschland.[19]

Die fünf lukrativen Hauptspielarten sind:[20]

- Casinospiele
- Lotterien
- Sportwetten im Allgemeinen
- Pferdewetten
- Automatenspiele (GSG; Glücksspielautomaten).

Online-Glücksspiele bilden (noch) keine eigenständige Spielart, sondern sind Dienste für die herkömmlichen Glücksspielarten.

1.3 Pathologisches Spiel / Spielsucht

a) Realanalyse

Wo Gewinne erzielt werden, gibt es auch Verluste. Die Verluste erlangen ordnungspolitische Bedeutung, wenn sie zu sozialen Schäden führen. Solche Schäden entstehen, wenn der Spieltrieb pathologisch wird. Gesellschaftspolitische und klinische Relevanz besitzen insbesondere die Geldwetten mit zufallsabhängigen Ereignissen. Nach dem gegenwärtigen Stand der Forschung steht fest,

---

19 Becker, T. (Hrsg.), Schriftenreihe zur Glücksspielforschung Band 1: Gesellschaft und Glücksspiel: Staatliche Regulierung und Suchtprävention – Beiträge zum Symposium 2005 der Forschungsstelle Glücksspiel, Hohenheim 2006, S. VII; ferner Bahr, aaO (Fn. 5), Rn. 76.

20 Windoffer, A., Die Neuregelung des Glücksspielrechts vor dem Hintergrund unions- und verfassungsrechtlicher Rahmenbedingungen, DÖV 2012, 257 ff.

dass Glücksspiele und Wetten krankhaftes Suchtverhalten hervorrufen können. Die WHO hat die pathologische Spielsucht in die Klassifikation krankhafter Störungen (International Classification of Diseases, ICD-10) aufgenommen. Die erwähnte Aufrüstung der modernen GSG aus der jüngsten Zeit rief die falsche Vorstellung hervor, bei der Spielsucht handele es sich um eine „Neue Sucht". Spielsüchtige gab es zu allen Zeiten. Die in Deutschland zu beobachtende Spielsucht als solche ist daher weniger besorgniserregend. Auch vergangene Generationen haben diese Sucht bewältigt. Besorgniserregend ist jedoch die Zunahme der Spielsüchtigen.[21] Die hierzu kursierenden Zahlen belaufen sich auf bis zu 290.000 Betroffene. Rechnet man die akut Bedrohten hinzu, so wird immerhin rund ein Prozent der Gesamtbevölkerung erfasst. Die Zunahme der Spielsucht wird zumeist mit dem Zuwachs von Geldgewinnspielen in Verbindung gebracht.[22]

b) Symptome

Die Diagnostischen Leitlinien der WHO für pathologisches Glücksspiel (F63.0) nach ICD-10 charakterisieren die Spielsucht wie folgt:

1. beharrliches, wiederholtes Glücksspiel
2. anhaltendes Spielen trotz negativer sozialer Konsequenzen, wie Verarmung, gestörte Familienbeziehungen und Zerrüttung der persönlichen Verhältnisse.

Die Spielsucht ist eine Verhaltenssucht. Zu unterscheiden ist zwischen Gebrauch, Missbrauch und Sucht. Die Übergänge zwischen den Phasen sind fließend. Die Suchtbekämpfung hat daher schon in der ersten Phase anzusetzen. Der Jugendschutz muss nicht gegen eine vorhandene Sucht der Minderjährigen gerichtet sein, sondern dient in erster Linie der Suchtprophylaxe. Die Symptome bei der Spielsucht gleichen den Symptomen bei anderen stoffgebundenen Süchten: ausschließliches Denken an das Glücksspiel, Kontrollverlust („Nichtaufhörenkön-

---

21 Bundeszentrale für gesundheitliche Aufklärung: Glücksspielverhalten und Glücksspielsucht in Deutschland. Ergebnisse aus drei repräsentativen Bevölkerungsbefragungen 2007, 2009 und 2011, Köln 2011; Meyer, G./Bachmann, M., Spielsucht – Ursachen, Therapie und Prävention von glücksspielbezogenem Suchtverhalten, 3. Aufl., Berlin 2011.

22 Hayer, T./Meyer, G., Die Prävention problematischen Spielverhaltens – Eine multidimensionale Herausforderung, Journal of Public Health/Zeitschrift für Gesundheitswissenschaften, 2004, 293 ff. (296). Vgl. auch Wohlfarth, J., Der Beginn einer Länderoffensive gegen ungebremstes Wachstum von Spielhallen, LKRZ 2012, 81 ff. (82) mit irreführenden Zahlenangaben.

nen“), Abstinenzunfähigkeit, Vernachlässigung von Familie, Freunden und Hobbys und schließlich Beschaffungskriminalität.

c) Folgen und Konsequenzen

Spielsucht ist eine ernste Suchterkrankung, die für die Betroffenen und ihre Familien eine große psychische Belastung bedeutet und sie häufig in den wirtschaftlichen Ruin treibt. Dass exzessives Spielverhalten an Geldspielgeräten sowohl individuelle als auch sozial schädliche Auswirkungen hat, ist daher zumindest in der Fachwelt unumstritten. Bereits die individuelle Schädigung durch die Spielsucht bringt die Schutzpflicht des Staates zum Entstehen. Insbesondere ist aber die Bekämpfung der sozialschädlichen Spielsucht[23] Schutz überragend wichtiger Gemeinschaftsgüter[24] und damit eine staatliche Aufgabe. Art und Umfang des Schutzes im Einzelnen zu bestimmen, ist in erster Linie Aufgabe des Gesetzgebers.

1.4 Staatliche Suchtbekämpfung

Unter Berücksichtigung des weiten gesetzgeberischen Gestaltungsspielraums kann die staatliche Suchtbekämpfung in vielfältiger Form erfolgen.[25]

a) Repressives Verbot

Das archaische Modell für die Bekämpfung der Spielsucht besteht im Verbot des Glücksspiels, dem mit strafrechtlichen Mitteln Nachdruck verliehen wird und das mit staatlichem Zwang durchgesetzt werden kann.

aa) Strafrecht

Illegale Glücksspiele sind strafbar nach § 284, § 287 StGB. Die Vorschriften wurden durch Gesetz vom 23. Dezember 1919[26] eingeführt. Das machte die Abgrenzung zu den Geschicklichkeitsspielen erforderlich.[27] Nach der Rechtsprechung erfolgt die Abgrenzung dahingehend, dass unter einem Glücksspiel ein Spiel zu

---

23 Vgl. Becker, T., Soziale Kosten des Glücksspiels in Deutschland, Frankfurt 2011.

24 BVerfG, Urteil vom 28.03.2006 - 1 BvR 1054/01, BVerfGE 115, 276 (304); EuGH, Urteil vom 06.11.2003 - C-243/01 (Gambelli u. a.), Slg. 2003, 13076.

25 Vorliegend nicht näher behandelte gesetzliche Regelungen des Glücksspiels: Anhang § 3 Abs. 3 UWG Nr.12; § 104 Abs.2 StPO; § 4 Abs.1 Nr.1 GastG; § 3 Abs.4 Nr.4 TMG; § 6 JuSchG.

26 Gesetz gegen das Glücksspiel (RGBl. 1919, S. 2145).

27 Hierzu bereits PrOVG Urteil vom 05.02.1912 E 61, 350; RG vom 18.12.1923, JW 1923,125; Jellinek, W., Verwaltungsrecht, 3. Aufl., Offenburg 1931/1948, S. 470.

verstehen ist, bei dem die Entscheidung über Gewinn und Verlust nicht wesentlich von den Fähigkeiten, den Kenntnissen und der Aufmerksamkeit der Spieler abhängt, sondern allein oder hauptsächlich vom Zufall. Ein Glücksspiel liege auch und bereits dann vor, wenn dem Zufallselement ein Übergewicht zukomme.[28] Auch in der strafrechtswissenschaftlichen Literatur finden sich ähnliche Aussagen: Charakteristisch für das Glücksspiel sei die Ausschaltung von Wissen, Können, Geschicklichkeit, Schnelligkeit, Aufmerksamkeit und sonstigen Parametern menschlicher Leistungsfähigkeit. Ein Glücksspiel liege vor, wenn die zufallsbedingte, nur mathematisch berechenbare Wahrscheinlichkeit des Gewinns sich durch individuelle Anstrengung nicht wesentlich steigern lasse.[29] Damit ist der Schutzzweck der Normen noch nicht geklärt. Im Oddset-Urteil vom 28. März 2001[30] hat das BVerwG den Schutzzweck wie folgt bestimmt:

> Zweck der Strafandrohung des § 284 StGB ist es unter anderem, eine übermäßige Anregung der Nachfrage von Glücksspielen zu verhindern, durch staatliche Kontrolle einen ordnungsgemäßen Spielablauf zu gewährleisten und eine Ausnutzung des natürlichen Spieltriebs zu privaten oder gewerblichen Gewinnzwecken zu verhindern. Mit dieser Zielsetzung hat der Gesetzgeber im Rahmen einer Strafrechtsreform eine Verschärfung des § 284 StGB vorgenommen (vgl. BT-Dr 13/8587, S. 67). Dem liegt die Einschätzung zu Grunde, dass das Glücksspiel grundsätzlich wegen seiner möglichen Auswirkungen auf die psychische (Spielsucht) und wirtschaftliche Situation der Spieler (Vermögensverlust) und seiner Eignung, Kriminalität namentlich im Bereich der Geldwäsche zu befördern, unerwünscht und schädlich ist. Andererseits ist dem Gesetzgeber bewusst, dass der Spieltrieb nicht gänzlich unterbunden werden kann. § 284 I StGB bietet deshalb mit der die Strafbewehrung aufhebenden behördlichen Erlaubnis ein Instrument zur Kanalisierung des Spieltriebs in geordnete Bahnen.[31]

---

28 BGH, Beschluss vom 28.11.2002 - 4 StR 260/02, DVBl 2003, 669.

29 Dahs, H./Dierlamm, A. Unterhaltungsautomaten ohne Gewinnmöglichkeit mit Ausgabe von Weiterspielmarken – unerlaubtes Glücksspiel?, GewArch 1996, 272 ff.; Rotsch, Th./Heissler, M., Internet-„Auktionen" als strafbares Glücksspiel gem. § 284 StGB?, ZIS 2010, 403 ff. (409); Heger, M., Strafbarkeit von Glücksspielen, Sportwetten und Hausverlosungen via Internet im Lichte des Europarechts, ZIS 2012, 39 ff.

30 -. 6 C 2.01 - BVerwGE 114, 92 = NJW 2001, 2648 = DVBl 2001, 1364 = DÖV 2001, 960 = NVwZ 2001, 1171.

31 BVerwG, Urteil vom 28.03.21 - 6 C 2.01, BVerwGE 114, 92 (95).

bb) Polizeirecht

Die allgemeinen Polizeibehörden sind zuständig zur Bekämpfung illegaler Glücksspiele.[32]

cc) Relativierung

Spielen ist eine dem Menschen angeborene unentbehrliche Eigenschaft. In der Freizeitgestaltung der Erwachsenen ermöglicht das Spiel Distanz zum Alltag. Besonders Glücksspiele erfreuen sich seit jeher in allen Kulturkreisen großer Beliebtheit. Der Spielanreiz geht hierbei weniger vom Spiel selbst aus, sondern beruht hauptsächlich auf der Möglichkeit eines erzielbaren (Geld-)Gewinns sowie der spannungsgeladenen Ungewissheit im Bezug auf den Spielausgang. Allzu rigide Verbote des Glücksspiels sind noch immer am natürlichen Spieltrieb der Menschen gescheitert. Aufgabe des Staates ist es, das Glücksspielangebot in geordnete Bahnen zu lenken. Bei Glücksspielen, die infolge anderweitiger Regulierung hinreichend kontrolliert werden, schießt die strafrechtlich sanktionierte Kontrolle über das Ziel hinaus[33]. Schon allein deswegen ist das Internetverbot in § 4 Abs. 4 Erster GlüÄndStV rechtlich bedenklich.

b) Staatsmonopol

Die erste Regulierungsmöglichkeit unterhalb eines Verbots besteht in der Begründung eines Staatsmonopols. Dies ist das erstmals 1638 mit dem Palazzo Dandolo in Venedig verwirklichte Modell der staatlichen Spielcasinos, das nach der Schließung der öffentlichen Spielbanken im deutschen Kaiserreich[34] 1933 reaktiviert wurde[35] und nach dem Krieg beibehalten blieb.[36] Das Modell steht freilich unter Verdacht, primär fiskalischen Zwecken zu dienen. Maßnahmen gegen private Gewerbetreibende, die ebenfalls Kapital aus dem menschlichen Spieltrieb schlagen wollen, provozieren den Vorwurf, staatliche Monopole vor Konkurrenz zu schützen. Staatliche Monopolbetriebe können Suchtbekämpfung betreiben. Ob das aber real ihr Hauptzweck ist, ist fraglich, mag auch gerade diese

---

32 Martens, W., in: Drews, B./Wacke, G./Martens, W./Vogel, K., Gefahrenabwehr, Köln 1983, S. 172.

33 Vgl. auch OLG München, Urteil vom 17.06.2008 - 5 Str 28/08,5St -, NJW 2008, 3151. Anders früher OVG NW, Urteile vom 27.09.167 - IV A 384/66 -, GewArch 1968,89, vom 28.02.1979 - I A 2356/77 -, OVGE 24, 70.

34 § 1 Gesetz, betreffend die Schließung und Beschränkung der öffentlichen Spielbanken vom 01.07.1868 (Bundesgesetzblatt des Norddeutschen Bundes S. 367).

35 § 1 S. 1 Gesetz über die Zulassung öffentlicher Spielbanken vom 14.07.1933 (RGBl. I S. 480).

36 BVerfG, Beschluss vom 18.03.1970 - 1 BvO 1/65 -, BVerfGE 28,119.

Zwecksetzung als Reaktion auf das Urteil des BVerfG vom 28. März 2006[37] in die Spielbankgesetze der Länder aufgenommen worden sein.[38] Hinsichtlich der Sportwetten ist die Frage der Vereinbarkeit des innerstaatlichen Glücksspielmonopols mit den unionsrechtlichen Grundfreiheiten noch völlig offen.[39]

c) Gewerberecht

Das Gewerberecht ist eine Spezialmaterie des Polizeirechts und zugleich Recht der Wirtschaft und als solches dem Bundesgesetzgeber als Reglungsmaterie zugewiesen (Art. 74 Abs. 1 Nr. 11 GG).[40] Dem Bundesgesetzgeber ist es somit überlassen, zu bestimmen, welche Tätigkeiten unter den Gewerbebegriff fallen und damit die Gewerbefreiheit beanspruchen können. Diese Definitionsmacht steht dem Bund auch nach der Föderalismusreform 2006[41] zu.

d) Ordnungsrecht: Glücksspielstaatsvertrag

Als Recht der Wahrung der öffentlichen Sicherheit und Ordnung zählt das Glücksspielrecht zum originären Aufgabenbereich der Länder.[42] Die Länder schlossen zur einheitlichen Wahrnehmung dieser Aufgabe den am 1. Januar 2008 in Kraft getretene Staatsvertrag zum Glücksspielwesen in Deutschland (Glücks-

---

37 BVerfG, 1 BvR 1054/01 - Sportwetten, BVerfGE 115, 276; hierzu Kment, M., Ein Monopol gerät unter Druck. NVwZ 2006, 17 ff.; Becker, A./Gabiel, U., Staatliches Sportwettenmonopol business as usual, NVwZ 2006, 662 ff.

38 Weitergehend Höchster, H.-J., Die Spielbankgesetze der Bundesrepublik Deutschland eine allgemeine Einführung mit Anmerkungen zur aktuellen Situation – http://www.isa-casinos.de/mediafiles/2009-03/isa-guide-00010908-8d15473ox4.pdf. Wohl überholt BVerfG, Urteil vom 19.07.2000 - 1 BvR 539/96, BVerfGE 102, 197.

39 BVerwG, Urteile vom 24.11.2010 - 8 C 14.09 -, BVerwGE 138, 201; vom BVerwG vom 01.06.2011 - 8 C 5.10 -, MMR 2011, 843 = NVwZ 2011, 1319; BayVGH, Beschluss vom 19.07.2011 - 10 CS 10.1923, DÖV 2011,900; Urteile vom 13.01.2012 - 10 BV 10.2271 u. 10 BV 2505, juris; OVG BBb Beschluss vom 10.02.2012 - 1 S 164.11, juris; HessVGH, Beschluss vom 16.08.2011 - 8 B 926/1-, DVBl 2011,1436; OVG NW, Urteil vom 29.09.2011 - 4 A 17/08 -, GewArch 2012, 25; SächsOVG Beschluss vom 04.01 -3 B 07/09 -, ZfWG 2011,133; VG Düsseldorf, Beschluss vom 26.05.2009 -27 L 1147/08- openJur 2011, 63963; VG Potsdam, Urteil vom 27.03.2012 - 6 K 936.2012, Juris; VG Karlsruhe, Beschluss vom 27.08.2012 - 3 K 882/12 Juris. Ältere Entscheidungen: OVG RP, Beschluss vom 02.09.2006 - 6 B 1089/06 -, NVwZ 2006, 1423; BWVGH, Beschluss vom 28.07.2006 - 6 S 1987/05 -, NVwZ 2006,1440; OVG SH, Beschluss vom 02.01.2007 - 3 MB 38/06 -, NJW 2007,1547.

40 Das verkennt Peters, F., Die Spielverordnung, ZRP 2011, 134 ff.

41 BGBl. I 2006, S. 2034.

42 BVerfG, Beschluss vom 18.03.1970 - 2 BvO 1/65 -, BVerfGE 28,119; BVerwG, Urteil vom 23.08.1994 - 1 C 19.91-, BVerwGE 96,302 (306).

spielstaatsvertrag) ab, der zu einem am 31. August 2008 von der Europäischen Kommission eröffneten Vertragsverletzungsverfahren[43] und den drei erwähnten Vorabentscheidungen des EuGH vom 8. September 2010 führte[44] und am 31. Dezember 2011 außer Kraft trat. Vor allem, um den unionsrechtlichen Bedenken zu begegnen, schlossen wiederum die Länder (zunächst außer Schleswig-Holstein) am 15. Dezember 2011 den Ersten GlüÄndStV, nachdem am 15. April 2011 der Vertragsentwurf gemäß RL 98/34/EG[45] notifiziert worden war. Die Bedenken der Europäischen Kommission[46] bestehen fort, obwohl die Länder das Glücksspielwesen nunmehr umfassend geregelt haben. Dafür bestehen nunmehr verfassungsrechtliche Bedenken. Das Glücksspielrecht ist nämlich eine Querschnittsmaterie und erfasst auch Bundeskompetenzen. Die ordnungsrechtliche Kompetenz der Länder besteht somit nur vorbehaltlich vorrangiger Bundeskompetenzen. Der umfassende Geltungsanspruch des Ersten GlüÄndStV bedarf daher der Relativierung. Dies gilt bereits für die Ziele des Ersten GlüÄndStV, setzt sich fort beim Anwendungsbereich und betrifft vor allem die einzelnen Aufsichtsmittel.

aa) Ziele

Wesentliche Ziele des Ersten GlüÄndStV sind nach dessen § 1 Satz 1:

- Prävention und Bekämpfung der Glücksspielsucht und Wettsucht
- Jugendschutz
- Spielerschutz
- geordnete Durchführung des Glücksspiels
- Schutz vor betrügerischen Machenschaften
- Kriminalitätsprävention
- Integrität des sportlichen Wettbewerbs bei Sportwetten

bb) Anwendbarkeit und Regulierungsregime

Der Erste GlüÄndStV betrifft die Veranstaltung, Durchführung und die Vermittlung von öffentlichen Glücksspielen und damit grundsätzlich alle fünf

43 Vertragsverletzungsverfahren Nr, 2007/4866.

44 Oben mit Fn. 2.

45 Richtlinie 98/34/EG des Europäischen Parlaments und des Rates vom 22. Juni 1998 über ein Informationsverfahren auf dem Gebiet der Normen und technischen Vorschriften und der Vorschriften für die Dienste der Informationsgesellschaft (ABl. Nr. L 204 vom 21.07.1998 S. 37; 98/48/EG - ABl. Nr. L 217 vom 05.08.1998 S. 18).

46 Stellungnahme vom 18. Juli 2011; Mitteilung 792 der Kommission vom 20.03.2012 - SG(2012) D/50777.

Hauptspielarten. Zur Erreichung der Vertragsziele sind nach Art 1 Satz 2 Erster GlüÄndStV „differenzierte Maßnahmen für die einzelnen Glücksspielformen vorgesehen, um deren spezifischen Sucht-, Betrugs-, Manipulations- und Kriminalitätsgefährdungspotentialen Rechnung zu tragen." Gesetzestechnisch werden hierzu für alle Glücksspielarten gültige Regelungen und auf die einzelne Glücksspielart bezogene Spezialregelungen getrennt. Das ermöglicht Unterscheidungen beim Regulierungsregime. Casinospiele dürfen weiterhin nur in den anzahlmäßig begrenzten, staatlich beherrschten Spielbanken angeboten werden (§ 20 Abs. 1 Erster GlüÄndStV). Für Lotterien mit Ausnahme solcher mit geringem Gefährdungspotential bleibt es beim staatlichen Monopol (§ 10 Abs. 1, 2 und 6, §§ 12 ff. Erster GlüÄndStV). Bei den Sportwetten außer den Pferdewetten entschied man sich auf der Grundlage einer Experimentierphase (§ 10a Erster GlüÄndStV) für ein Konzessionsmodel, wonach für einen Zeitraum von sieben Jahren bis zu 20 Konzessionen für die Veranstaltung der Wette vergeben werden können. Dabei handelt es sich im klassischen Sinn um die Übertragung einer öffentlichen Aufgabe,[47] für die der Aufgabenträger eine Konzessionsabgabe verlangen kann.[48] Hinsichtlich der Pferdewetten hat § 27 Erster GlüÄndStV das Regulierungsregime des Rennwett- und Lotteriegesetzes vom 8. April 1922 (RGBl I S. 393), das nach Art. 125 Nr. 1 GG als Bundesrecht fortgalt[49], in der Sache nicht geändert. Bei den GSG besteht eine Gemengelage von Gewerberecht des Bundes und Ordnungsrecht der Länder, die insbesondere bei den Spielhallen zu schwierigen Kollisionsverhältnissen führt.

cc) Gemeinsamkeiten und Unterschiede

Die Ziele des Staatsvertrags gelten einheitlich für alle Spielarten. Die Ziele werden im jeweiligen Anwendungsbereich auf teils gemeinschaftlichen, teils unterschiedlichen Wegen verfolgt. Einheitlich vorgesehen ist der allgemeine Erlaubnistatbestand für öffentliche Glücksspiele (§ 4 Abs.1 Erster GlüÄndStV). Unterschiede bestehen etwa in Bezug auf Internetverbot, Werbebeschränkungen, Sozialkonzept und Aufklärungspflichten. Vor allem aber sind an das übergreifende Sperrsystem (§§ 8, 23 Erster GlüÄndStV) nur Spielbanken und Veranstalter von Sportwetten und Lotterien mit besonderem Gefährdungspotenzial angeschlossen.

---

47 Vgl. Fleiner, F., Institutionen des Deutschen Verwaltungsrechts, 8. Aufl. Tübingen 1928, S. 292 ff.

48 Problematisierend Müller-Franken, S., Sportwettenkonzessionsabgabe und Grundgesetz, VerwArch 2012, 315 ff.

49 Vgl. BVerwG, Urteil vom 24.11.2010 - 8 C 13.09 -, NVwZ 2011, 54.

dd) Spielersperre

Gleichwohl ist das Sperrsystem tragender Baustein des Staatsvertrags. Bei der Spielersperre ist gesperrten Spielern die Teilnahme an Lotterien staatlicher Veranstalter, die häufiger als zweimal pro Woche veranstaltet werden, und Wetten sowie der Zutritt zu den Spielbanken verboten. Hierzu wurde bei den Spielbanken auch für das Automatenspiel eine Zugangskontrolle eingeführt. Namentlich die Spielbanken sind verpflichtet, ein Sperrsystem einzurichten, das sowohl die Selbstsperre als auch die Fremdsperre beinhaltet. Demnach müssen sie Personen sperren, die (z. B. aufgrund Beobachtungen durch geschultes Personal) als spielsuchtgefährdete Problemspieler identifiziert wurden. Die Spielersperre wird jeweils für mindestens ein Jahr ausgesprochen. Bei Automatenspielern stellt die Spielersperre keine wirkliche Hürde dar, da zum einen gerade in Casinos beim kleinen Spiel die Einlasskontrollen unzulänglich sind und zum anderen die gesperrten Spieler auf die Spielhallen ausweichen können.[50] In Spielhallen sind Spielersperren zwar ebenfalls möglich, jedoch außer in Hessen nicht obligatorisch. Fremdsperren laufen daher auf ein schlichtes Hausverbot hinaus und bewirken nur einen Ortswechsel. Selbstsperren wären faktisch wirkungslos, wenn sie jederzeit widerrufen werden könnten. Denn das wäre was aufgrund der hohen Rückfallgefährdung von pathologischen Spielern häufig der Fall. Daher ist vorgesehen, dass ein Widerruf frühestens nach einem Jahr möglich ist. Gleichwohl wurde das Problemlösungspotential der Spielersperre hinsichtlich der Suchtbekämpfung wurde wegen der geschilderten Ausgestaltungsmängel in der Vergangenheit zu gering veranschlagt.

1.5 Besonderheit der Spielhallen

a) „Spielhallenflut"

Die in jüngster Zeit deutlich merkbare Zunahme an Spielhallen in den Städten und Gemeinden[51], die Umwandlung der „Flipper-Hallen" in „Mini-Casinos" und „Entertainment Center" sowie der angebliche Spitzenplatz beim Suchtrisiko[52] machen aus Ländersichtspezifische Regulierungen des Spielhallenwesens erforderlich, die jedoch nicht auf ein faktisches Geldspielverbot hinführen dürfen.

---

50 Beck, M., Wenn Geldspielautomaten süchtig machen. Präventionsmöglichkeiten der Sozialen Arbeit, Bachelorthesis, Evangelische Hochschule Ludwigsburg, Ludwigsburg 2007, S. 50.

51 Oben mit Fn. 23.

52 Oben mit Fn. 3.

b) Planungsrecht

Planungsrechtlich kann die Ansiedlung von Spielhallen reguliert und restriktiv gehandhabt werden. Das ist aber eine Angelegenheit der kommunalen Planungshoheit und weniger eine Aufgabe der Suchtbekämpfung. Für einen Nutzungsausschluss nach § 1 Abs. 5, Abs. 9 BauNVO ist eine städtebauliche Rechtfertigung (z. B. Trading down effect) erforderlich.[53] Ob die Dichte von Vergnügungsstätten durch Abstandregelungen bauplanungsrechtlich gesteuert werden kann, ist noch umstritten.[54]

c) Gewerberechtlicher Ansatz

aa) §§ 33c ff. GewO

Geldspielautomaten, die zu keiner Vermögensgefährdung führen, unterliegen nicht dem staatlichen Glücksspielmonopol, sondern fallen bundesrechtlich unter das Gewerberecht und damit bundesweit unter die Gewerbefreiheit. Die gewerbsmäßige Aufstellung solcher Automaten ist folglich grundsätzlich erlaubt. Die Automaten dürfen freilich öffentliche und private Belange nicht beeinträchtigen. Zum Schutz derartiger Belange findet eine rigide Kontrolle statt. 1933 wurde eine gesetzliche Genehmigungspflicht für den gewerblichen Betrieb von Spielen eingeführt und die Kompetenz für Durchführungsverordnungen dem damaligen Reichswirtschaftsminister zugeordnet.[55] Die maßgebliche Bestimmung

---

53 BVerwG, Urteile vom 22.05.1987 - 4 N 4.86 -, BVerwGE 77, 308 (312); vom 20.08.1992, - 4 C 54/89 -, NVwZ-RR 1993, 65; Beschluss vom 14.0.2008 - 4 BN 9.08 -, BauR 2009,75; OVG NW, Beschluss vom 15.06.2012 - 2 A 2992/11 -, DÖV 2012.818; Brandenburg, Ch./ Brunner, Die Steuerung von Spielhallenansiedlungen, BauR 2010,1851 ff.; Dzihllheis, O./ Kuhlig, Ch., Baurecht und Glücksspiel. Aktuelle Tendenzen, ZBau 2012,284 ff.; Jacob, R., Die bauplanungsrechtliche Zulässigkeit von Spielhallen und Wettbüros – Systematik und aktuelle Regelungsansätze städtebaulicher Innenentwicklung, ZfWG 2012, 140 ff.; Guckelberger, A., Die verschiedenen, insbesondere baurechtlichen Instrumente zur Steuerung des Spielhallenangebots, GewArch 2011, 177 ff., 231 ff.; Kraus, K, Spielhallen im Bauplanungsrecht – Steuerungsmöglichkeiten in Bezug auf die Ansiedlung von Spielhallen, UPR 2011, 288 ff.; Lieber, Th., Genehmigung und planungsrechtliche Steuerung von Spielhallen, VBlBW 2011, 6 ff.; Mitschang, S., Der Vergnügungsstättenbebauungsplan nach § 9 Abs. 2b BauGB-neu, ZfBR 2012, 419 ff.; Otto, Ch. W., Die Zulassung von Spielhallen: Planungsrecht vs. Spielhallenrecht, DVBl 2011,1330 ff.; Stüer, B., Der Spielhallen-Boom, Planerische Steuerung von Vergnügungsstätten, ZfWG 2010,386 ff.; Tanner, M., Die Ansiedlung von Vergnügungsstätten mit den Mitteln des Bauplanungsrechts unter besonderer Berücksichtigung des § 9 Abs. 2 a BauGB, BauR 2012,1273 ff.; Worms, Ch., Spielhallen in Gewerbe- und Industriegebieten nach der BauNVO 1977 und heute NVwZ 2012, 280 ff.

54 Bejahend Birk, H.-J., Abstandsregelungen für Spielhallen – eine Ergänzung zu Otto, DVBl 2011, 1330, DVBl 2012, 873 ff.

55 Parallel wurden Regelungen zur Zulassung und Betrieb öffentlicher Spielbanken erlassen.

war § 33d GewO in der Fassung des 4. ÄndG von 1960,[56] auf den § 33c GewO zurückgeht. Seither besteht ein präventives Verbot mit Erlaubnisvorbehalt.[57] Gem. § 33c GewO dürfen Geldspielautomaten prinzipiell nur mit Erlaubnis der zuständigen Behörde aufgestellt werden. Diese darf die Erlaubnis nur dann erteilen, wenn die Bauart der Geldspielgeräte von der Physikalisch-Technischen Bundesanstalt (PTB) zugelassen ist. Die Erlaubnis ist zu versagen, wenn beim Antragsteller subjektive Versagungsgründe vorliegen oder objektive Gründe gegen den Aufstellungsort sprechen. Die Details ergeben sich aus den auf der Grundlage von § 35f Abs. 1 Nr. 1 GewO zu erlassenden Durchführungsvorschriften. Einschlägig sind die Spielverordnung[58] und Verwaltungsvorschriften zum Vollzug der §§ 33c, 33d, 33i und 60a Abs. 2 und 3 der Gewerbeordnung sowie der Spielverordnung (SpielVwV) vom 29. Mai 2006. Die Bauartzulassungen richten sich nach strengen Kriterien, die der Verordnungsgeber durch die Spielverordnung näher ausgestaltet hat. Art. 80 Abs. 1 Satz 2 GG wurde dabei strapaziert, aber durch die Novelle von 2006 mit Art. 12 Abs. 1 GG in Einklang gebracht.

bb) Spielverordnung

Die rechtlichen Rahmenbedingungen für Geldspielgeräte wurden zum 1. Januar 2006 mit der 5. ÄnderungsV zur SpielV[59] grundlegend neu gestaltet. Während zuvor auf die Ausgestaltung des einzelnen Spieles abgestellt wurde, sind seither für den Spielerschutz Höchstgrenzen für den Stundenverlust sowie für den Gewinn entscheidend. Darüber hinaus gibt es noch weitere, den Spielerschutz fördernde Restriktionen. Immerhin ist in Spielhallen die Aufstellung von max. zwölf und in Gaststätten bzw. Wettannahmestellen die Aufstellung von max. drei Geldspielgeräten gestattet. Zwei Geräte dürfen nur mit einem Mindestabstand von einem Meter und getrennt durch eine Sichtblende nebeneinander aufgestellt werden. Bis 2005 waren in Spielhallen lediglich max. zehn Spielgeräte erlaubt und in Gaststätten bzw. Wettannahmestellen max. zwei Geräte. Gem. § 13 SpielV ist die Bauart eines Spielgerätes bei der Erfüllung folgender Bedingungen zulässig:

---

56 Viertes Gesetz zur Änderung der Gewerbeordnung vom 05.02.1960 (BGBl. I S. 61).

57 Hahn, D., Neuregelungen zum gewerblichen Spielrecht, GewArch 2007, 89 ff.; Reeckmann, M., Gewerbliches Automatenspiel in Deutschland, Berlin 2009, S. 84; Guckelberger, A., GewArch 2011,177 ff.(178). Zu den Konsequenzen BVerwG, Urteil vom 31.03.2010 - 8 C 12.09 -, NVwZ - RR 2010, 636.

58 Spielverordnung in der Fassung der Bekanntmachung vom 27.01.2006 (BGBl. I S. 280).

59 Fünfte Verordnung zur Änderung der Spielverordnung vom 17.12.2005 (BGBl. I S. 3495).

- Mindestspieldauer: fünf Sekunden
- max. Einsatz: 0,20 €
- max. Gewinn: 2,00 €
- Summe der Verluste in einer Stunde: max. 80,00 €
- Summe der Gewinne in einer Stunde: max. 500,00 €
- Spielpause von mind. fünf Minuten nach einer Stunde Spielbetrieb
- Speichern von Einsätzen bzw. Gewinnen: max. 25,00 €.

d) Ordnungsrechtlicher Ansatz

Parallel zum gewerberechtlichen Kontrollregime wurden die Spielhallen dem Regulierungsinstrumentarium der Art. 24 bis 26 Erster GlüÄndStV und der Spielhallengesetze der Länder[60] unterworfen.

---

60 Baden-Württemberg: Landesglücksspielgesetz (LGlüG) vom 20.11.2012 (GVB.S.604); Bayern: Ausführungsgesetz zum Glücksspielstaatsvertrag (AGGlüStV) idF des Gesetzes vom 25.06.2012 (GVBl. S. 270); Berlin: Gesetz zur Regelung des Rechts der Spielhallen im Land Gesetz zur Regelung des Rechts der Spielhallen im Land Berlin (Spielhallengesetz Berlin – SpielhG Bln) vom 20.05.2011 (GVBl. S. 223); Bremen: Spielhallengesetz Bremen (Bremisches Spielhallengesetz – BremSpielhg vom 17.05.2011 BremGBl. S. 27), zuletzt geändert durch Gesetz vom 12.06.2012 (BremGBl. S. 255); Hamburg: Zweites Gesetz zur Neuregelung des Glücksspielwesens vom 29.06.2012 (HmbgGVBl. S. 235); Hessen: Hessisches Spielhallengesetz (HSpielhG) vom 28.06.2012 (GVBl. I S. 213); Mecklenburg-Vorpommern: Gesetz zur Änderung glücksspielrechtlicher Vorschriften vom 22.06.2012, (GVBl. S. 232); Niedersachsen: Niedersächsisches Glücksspielgesetz (NGlüSpG)vom 17. 12. 2007 (Nds. GVBl. S. 756) zuletzt geändert durch Gesetz vom 21.06.2012 (Nds. GVBl. S. 190); Nordrhein-Westfalen: Gesetz zur Ausführung des Glücksspielstaatsvertrages (Ausführungsgesetz NRW Glücksspielstaatsvertrag – AG GlüStV NRW) vom 13.11.2012 (GV S. 524); Rheinland-Pfalz: Landesgesetz zu dem Ersten Glücksspieländerungsstaatsvertrag und dem Staatsvertrag über die Gründung der GKL Gemeinsame Klassenlotterie der Länder (Landesglücksspielgesetz – LGlüG) vom 22.06.2012 (GVBl. S. 166); Sachsen: Gesetz zum Ersten Glücksspieländerungsstaatsvertrag, zum Staatsvertrag über die Gründung der GKL Gemeinsame Klassenlotterie der Länder und zur Änderung des Sächsischen Ausführungsgesetzes zum Glücksspielstaatsvertrag sowie weiterer Gesetze vom 14.06.2012 (GVBl. S. 270); Sachsen-Anhalt: Gesetz zur Regelung des Rechts der Spielhallen im Land Sachsen-Anhalt (Spielhallengesetz Sachsen-Anhalt – SpielhG LSA) vom 25.06.2012 (GVBl. LSA S. 204); Saarland: Saarländisches Spielhallengesetz (SSpielhG) vom 20.06.2012 (Amtsbl. I S. 156); hierzu Guckelberger, A./Gerber, F., Das neue saarländische Spielhallengesetz, LKRZ 2012, 393 ff.; Schleswig-Holstein: Gesetz zur Errichtung und zum Betrieb von Spielhallen (Spielhallengesetz – SpielhG) vom 17.04.2012 (GVOBl. Schl.-H. S. 431); Thüringen: Thüringer Gesetz zur Regelung des gewerblichen Spiels (Thüringer Spielhallengesetz – ThürspielhallenG) vom 21.06.2012 (GVBl. 2012, S. 153, 159); vgl. auch Odenthal, H.-J., Das Recht der Spielhallen nach dem Ersten Glücksspieländerungsstaatsvertrag, GewArch 2012, 345 ff.; Heeg, V./Levermann, T., GlüStV 2012 –

Vorgesehen sind:

- eigenständiger glücksspielrechtlicher Erlaubnistatbestand
- Mindestabstand und Verbot mehrere Spielhallen in einem Gebäudekomplex
- Beschränkung der Außendarstellung
- Spielersperren

Nach § 24 Erster GlüÄndStV und einigen Landesgesetzen verlieren gewerberechtliche Erlaubnisse für Spielhallen ihre Zulassungswirkung, sei es, dass sie durch speziellere Spielhallengenehmigungen ersetzt werden müssen, sei es, dass solche Genehmigungen zusätzlich zu den gewerberechtlichen Erlaubnissen erforderlich werden. Die verfassungsrechtliche Zulässigkeit der Regelung bedarf noch der Klärung.

e) Novellierung des Bundesrechts

aa) Evaluierung

Im Rahmen der Fünften Novelle der Spielverordnung des Jahres 2006 verpflichtete sich das Bundesministerium für Wirtschaft und Technologie, dem Bundesrat nach vier Jahren einen Bericht über die Auswirkungen der Novelle, insbesondere im Hinblick auf die Problematik des pathologischen Glücksspiels, vorzulegen.[61] Mit der Evaluierung wurde das Institut für Therapieforschung (IFT) betraut, das 2010 eine Studie vorlegte,[62] mit der es Defizite bei der Suchtbekämpfung konstatierte. Als Verbesserungsmaßnahme schlug die IFT-Studie die Einführung einer bundesweit einheitlichen Spielerkarte für das Spielen an GSG zur zentralen Kontrolle der Spielgeräte und Zugangsmerkmale vor. Damit könnten laut IFT-Studie zahlreiche unerwünschte Merkmale aktuellen Spielverhaltens beendet werden, und der Unterhaltungscharakter stünde wieder stärker im Vordergrund. Die Spielerkarte sollte folgende Merkmale aufweisen:

- Die Software für die Karte wird von der PTB erstellt.

Marktöffnung oder Scheinliberalisierung?, MMR 2012, 726 ff.

61 BR-Drs 655/05 vom 30.08.2005.

62 Bühringer, G. et al., „Abschlussbericht Untersuchung zur Evaluierung der Fünften Novelle der Spielverordnung vom 17.12.2005“, München 9. September 2010 (IFT-Studie), 2010; vgl. auch Bühringer, G. et al., „Kurzbericht Untersuchung zur Evaluierung der Fünften Novelle der Spielverordnung vom 17.12.2005“, München 3. November 2010.

- Auf der Karte werden ausschließlich folgende Daten erfasst: einbezahlter Geldbetrag, Datum, Abbuchungen. Spielverläufe und Gewinne werden nicht registriert und gespeichert.
- Es kann nur eine Karte pro Tag und Spielstätte erworben werden.
- Die Karte ist ausschließlich auf eine Spielstätte bezogen.
- Beim Laden der Karte in der Spielstätte wird im Zweifelsfall das Alter geprüft.
- Bei Verwendung der Karten an einem GSG werden automatisch alle anderen Geräte gesperrt; außerdem werden alle bestehenden Spielvorgänge gelöscht (kein „Vorladen" mehr möglich; die Zwangspause nach einer Stunde Spielen wird durch Abschalten aller Spielvorgänge erzwungen).
- Pro Tag kann maximal ein Betrag von 200 Euro einbezahlt werden, Nachladen bis zu dieser Obergrenze ist möglich.
- Gewinne werden pro Stunde ausbezahlt und nicht auf der Karte gespeichert.
- Restbeträge können bis zum Schließen der Spielstätte ausbezahlt werden; ansonsten verfallen sie.

Eine zentrale Registrierung des Spielers auf oder mit der Karte wurde nicht empfohlen, da dann GSG-Betriebe und Spielbanken in den Zugangskontrollen gleichgestellt wären und damit die Begründung für die starken Restriktionen bei den Spiel- und Aufstellmerkmalen der GSG im Vergleich zu Spielbanken entfallen würde. Der Bericht des Bundesministeriums für Wirtschaft und Technologie zur Evaluierung der Novelle der Spielverordnung vom 8. Dezember 2010[63] räumte Handlungsbedarf zur Verbesserung des Spieler- und Jugendschutzes bei der Aufstellung von Spielgeräten mit Gewinnmöglichkeit ein und präsentierte unter anderem auch ein Sozialkonzept, das Maßnahmen zur Vermeidung von Spielsucht aufzeigt. Der Bericht zeigte zudem die Vorteile einer Spielerkarte auf. Für diese Maßnahmen sei eine gesetzliche Regelung notwendig.

b) Parlamentarische Initiativen

Der Antrag der SPD-Fraktion des Bundestags „Glücksspielsucht bekämpfen" vom 29.06.2011[64] enthielt die Aufforderung an die Bundesregierung:

> 3. auf Basis der Empfehlungen eines bei der Drogenbeauftragten der Bundesregierung einzurichtenden Beirates ein verpflichtendes Identifikati-

---

63 BR-Drs 881/10.

64 BT-Drs 17/6338.

onssystem für den Bereich der Geldspielautomaten einzuführen, das ein Sperrsystem ermöglicht, sicherstellt, dass nur volljährige Personen an den Glücksspielautomaten spielen können, Manipulation der Geldspielautomaten auf Basis von so genanntem Player Tracking – also die Ermittlung des Spielverhaltens – ausschließt und auf suchtverschärfende Geldkartenfunktionen verzichtet; dabei ist folgendes Modell einer laufend nummerierten Spielerkarte zu prüfen:
Auf der Spielerkarte sind der Name des Gewerbetreibenden, in dessen Betrieb das Spielgerät aufgestellt ist sowie Name, Geburtsdatum und Lichtbild des Spielteilnehmers sowie das (Erst-) Ausstellungsdatum angebracht, wobei durch den Gewerbetreibenden, in dessen Betrieb das Spielgerät aufgestellt ist, oder dessen Vertragspartner sicherzustellen ist, dass pro Spieler nur jeweils eine Spielerkarte ausgestellt wird, oder, wenn mehrere Spielerkarten für einen Spieler ausgestellt wurden, jeweils nur eine Spielerkarte für einen Spieler gültig ist und nur diese Spielerkarte zur Teilnahme am Spiel berechtigt; die Karte darf abgesehen von der Spieldauer keine Informationen über das Spielverhalten beinhalten; die Dauer der bereits absolvierten Spielteilnahmen muss bei Ausstellung einer neuen Spielerkarte für einen Spielteilnehmer auf diese Spielerkarte übertragen werden;
4. bis zur Einführung des neuen Sperr- und Warnsystems eine Ausweispflicht für das Spiel an Geldspielautomaten in Spielhallen sowie Schankwirtschaften, Speisewirtschaften, Beherbergungsbetrieben und Wettannahmestellen der konzessionierten Buchmacher einzuführen.

Im federführenden Ausschuss für Gesundheit (14. Ausschuss), wurde der Antrag abgelehnt.[65] Interessant sind hierzu die Stellungnahmen der Mehrheitsfraktionen:

> Die Fraktion der CDU/CSU teilte die Ansicht, dass das Automatenglücksspiel das höchste Suchtpotential habe. Aus den Ergebnissen der Anhörung müsse man aber die richtigen Schlüsse ziehen. Zwar bestehe zur geplanten Spielerkarte noch Diskussionsbedarf, wichtig sei aber zu erkennen, dass nicht das Spielangebot ursächlich für die Sucht sei, sondern krankhafte Strukturen in der Persönlichkeit der Spieler. Das heißt wenn eine bestimmte Spielform verboten oder erschwert werde, höre der Spieler nicht auf, sondern wende sich anderen Formen zu. Daher müsse man bei der Eindämmung der Automatenspiele verhindern, dass diese Menschen zum Spielen in

65 BT-Drs 17/10695.

das Internet abwanderten, wo man keine Kontrolle über ihr Spielverhalten habe. Richtig sei es, das Thema Glücksspiele in Gaststätten und insbesondere auch den Jugendschutz noch einmal zu problematisieren. Deshalb sei man auch mit den Verbänden in konstruktiven Gesprächen. Diese hätten ein eigenes Interesse daran, „schwarze Schafe“ zu finden, um das Renommee der Branche nicht zu gefährden. Die Kommunen seien in letzter Zeit selbst aktiv geworden, etwa in der Steuerung des Glücksspiels durch die Bauleitplanung. Man sei auf einem guten Weg, halte aber die Forderungen der SPD nicht für richtig und werde den Antrag ablehnen.

Die Fraktion der FDP stimmte zu, dass es sich bei Geldspielsucht um ein ernst zu nehmendes Thema handele und merkte an, dass zwar nur ein Prozent der Bevölkerung davon betroffen sei, man sich um diese Menschen aber kümmern müsse. Es gebe bereits gesetzliche und freiwillige informative und präventive Regelungen und Angebote, auch in der Automatenindustrie, wie beispielsweise die Hinweise auf die Beratungshotline der BZgA. Der Reformvorschlag der Regierung sehe Verschärfungen der gerätebezogenen Regelungen vor, unter anderem die Einführung einer Spielunterbrechung. Auch werde die Mehrfachbespielung von Automaten durch eine Reduzierung der Geldspeicherung eingedämmt und die Bauartzulassung und Aufstelldauer der Geräte befristet. Man handelt also bereits und werde deshalb den Antrag ablehnen.

cc) Entwürfe der Bundesregierung

Die Bundesregierung sah sich gleichwohl nunmehr veranlasst, am 10. August 2012 einen eigenen Gesetzentwurf einzubringen, den Entwurf eines Gesetzes zur Änderung der Gewerbeordnung und anderer Gesetze[66]. Vorausgegangen war der Entwurf des Bundesministeriums für Wirtschaft und Technologie Sechste Verordnung zur Änderung der Spielverordnung Stand: 24. April 2012.

Im Gesetzentwurf der Bundesregierung heißt es apodiktisch:

> Die Ermächtigungsgrundlage für die Einführung einer Spielerkarte wird geschaffen.[67]

Und weiter:

---

66 BR-Drs 472/12.
67 BT-Drs 17/10695, S. 2.

Der elektronische Identitätsnachweis kommt zumindest kurzfristig nicht als Identifikationsmittel im Sinne einer Spielerkarte in Betracht, da sein Einsatz mit umfangreichen Änderungen des Zulassungsverfahrens verbunden wäre; zudem müsste eine Lösung auch für ausländische Staatsangehörige gefunden werden. Stattdessen wird § 33f Abs.1 dergestalt geändert, dass Nr. 3 unter Buchstabe h eine Regelung zu den personenungebundenen Identifikationsmitteln erhält, die der Spieler einsetzen muss, um den Spielbetrieb an einem Spielgerät zu ermöglichen (insbesondere an deren Ausgabe, Aktivierung, Gültigkeit und Sicherheitsmerkmale).In einem ersten Schritt wird eine personenungebundene Spielerkarte angestrebt. Die Entwicklung einer personengebundenen Spielerkarte ist dagegen ein mittelfristiges Projekt. Denn die Entwicklung einer derartigen Karte, die einen noch höheren Grad des Spielerschutzes gewährleisten soll, erfordert zunächst die Klärung einer Reihe datenschutzrechtlicher und technischer Fragen sowie die Bereitstellung einer dazugehörigen Infrastruktur einschließlich der Umstellung des Zulassungsverfahrens bei der Physikalisch Technischen Bundesanstalt. Die dafür notwendigen Untersuchungen werden zügig angegangen.

dd) Kritik

Mit dieser Konzeption der Spielerkarte stieß die Bundesregierung auf massive Kritik, namentlich der Suchtbeauftragten. Die Rede war vom „Placebo gegen die Spielsucht" oder von einem „Riesengeschenk für die Industrie".[68]

ee) Bundesrat

Im Bundesrat wurde die Kritik aufgegriffen durch das Land Nordrhein-Westfalen[69], das zu Artikel 1 Nummer 5 Buchstabe b den Antrag stellte, in § 33f Absatz 1 Nummer 3 Buchstabe das Wort „personenungebundene" zu streichen.
Begründung:

> Eine personenungebundene Spielerkarte, wie im Gesetzentwurf formuliert, ist im Sinne des Jugend- und Spielerschutzes nicht hinreichend zielführend (Weitergabe der Karte ist möglich; es besteht kein Schutz durch individuelle Begrenzung von Spieldauer, Einsätzen, Verlusten unter strengen technischen und datenschutzrechtlichen Rahmenbedingungen). In der Begrün-

---

68 Vgl. Strzyk, J. L., Regierung stößt mit „Spielerkarte" auf Kritik, SPIEGEL vom 21.08.2012; unwatchedRPVOnline vom 22.08.2012.

69 BR-Drs 474/3/12.

dung des Gesetzentwurfs wird die Einführung einer personengebundenen Spielerkarte „als zweiter Schritt“ nach Prüfung datenschutzrechtlicher und technischer Fragen angekündigt. Dies findet sich jedoch nicht im vorliegenden Gesetzentwurf wieder. Es wird vorgeschlagen, § 33f Absatz 1 Nummer 3 Buchstabe h GewO zunächst allgemeiner zu formulieren. Die Prüfung der mit einem personengebundenen Identifikationsmittel verbundenen Risiken etwa im Hinblick auf das so genannte Player-Tracking oder datenschutzrechtliche Aspekte wird sorgfältig, aber auch zeitnah erfolgen müssen. Dies darf jedoch keinesfalls die vorrangig anstehende Novellierung der Spielverordnung verzögern. Die Bundesregierung bleibt insoweit aufgefordert, den im Rahmen der Evaluierung dieses Regelwerkes bereits Ende 2010 festgestellten Fehlentwicklungen umgehend entgegenzuwirken, den Spieler- und Verbraucherschutz bei der Ausgestaltung der Geräte zu verbessern und die technischen Parameter so auszugestalten, dass das gewerbliche Automatenspiel wieder stärker in Richtung eines bloßen Unterhaltungsspiels akzentuiert wird.

Der Bundesrat beschloss in seiner 900. Sitzung am 21. September 2012, zu dem Gesetzentwurf gemäß Artikel 76 Absatz 2 des Grundgesetzes wie folgt Stellung zu nehmen:

Zu Artikel 1 Nummer 5 Buchstabe b (§ 33f Absatz 1 Nummer 3 Buchstabe GewO):

In Artikel 1 Nummer 5 Buchstabe b sind in § 33f Absatz 1 Nummer 3 Buchstabe h nach dem Wort ‚personenungebundene‘ die Wörter ‚oder personengebundene‘ einzufügen.

Begründung:

Wie sich aus der Begründung des Gesetzentwurfs (S. 10) ergibt, wird durch den neuen § 33f Absatz 1 Nummer 3 Buchstabe h GewO in einem ersten Schritt eine personenungebundene Spielerkarte angestrebt. Die Entwicklung einer personengebundenen Spielerkarte, die einen noch höheren Grad des Spielerschutzes gewährleisten soll, sei ein mittelfristiges Projekt, das die Klärung einer Reihe datenschutzrechtlicher und technischer Fragen erfordere. Es ist nicht auszuschließen, dass ein Spieler mehr als eine personenungebundene Spielerkarte erhält. Dies führt dazu, dass er – entgegen dem Ziel des Spielerschutzes – mehrere Geldgewinnspielgeräte gleichzeitig bespielen kann. Außerdem ist die Jugendschutzfunktion der personenungebundenen Spielerkarte davon abhängig, ob die Volljährigkeit des Spielers im konkreten Einzelfall in vertrauenswürdiger Weise verifiziert wird. Es wird vorgeschlagen, bereits jetzt in der Gewerbeordnung die Alternative eines personengebundenen Identifikationsmittels als Alternative neben dem personenungebundenen Identifikationsmittel vorzusehen. Die Einführung der personengebundenen Spielerkarte setzt zu gegebener Zeit dann keine Änderung der Gewerbeordnung, sondern nur noch eine Änderung der Spielverordnung voraus. Es ist legitim, diese Alternative im Gesetz vorzusehen. Denn bereits jetzt bestünde eine Möglichkeit zur Einführung einer (zumindest alternativ einsetzbaren) personengebundenen Spielerkarte in Gestalt des neuen Personalausweises und des mit identischen Funktionen ausgestatteten Elektronischen Aufenthaltstitels. Die datenschutzrechtliche und technische Prüfung ist bei dem elektronischen Identitätsnachweis gemäß § 18 Personalausweisgesetz bereits abgeschlossen. Auch die technische Infrastruktur für die Verwendung des neuen Personalausweises für die Zwecke der Altersverifikation besteht bereits. Am Einsatzort wird ein vom Bundesamt für die Sicherheit in der Informationstechnik (BSI) zertifiziertes Kartenlesegerät vorausgesetzt. Der Dienstanbieter muss im Besitz eines vom Bundesverwaltungsamt ausgegebenen Berechtigungszertifikats sein, um Daten aus dem Ausweis auslesen zu dürfen. Der Chip im Ausweis prüft diese Berechtigung, bevor er die Daten übermittelt. Der Ausweisinhaber entscheidet in jedem Einzelfall, welche Daten ausgelesen werden dürfen, und bestätigt dies mit der Eingabe der nur ihm bekanntensechsstelligen Geheimnummer (PIN). Der neue Personalausweis ist zudem geeignet, unter Wahrung der Anonymität lediglich festzustellen, ob der Ausweisinhaber volljährig ist (weitere personenbezogene Daten werden in diesem Fall nicht an den Dienstanbieter übermittelt). Gemäß Personalausweisgesetz besteht für Deutsche die Ausweispflicht. Niemand darf mehr als einen auf seine Person ausgestellten gültigen Ausweis besitzen Die Nutzung des elektronischen Identitätsnachweises durch Dritte ist eine Ordnungswidrigkeit, die von der Bundespolizei mit einer Geldbuße bis 30 000 Euro geahndet wird. Die Weitergabe des Ausweises nebst Geheimnummer (PIN) an Dritte ist somit äußerst unwahrscheinlich. Auch die gleichzeitige Bespielung mehrerer Geldgewinnspielgeräte, wie sie bei personenungebundenen Spielerkarten vorkommen kann, scheidet aus. Das Bundesministerium des Innern unterstützt ausdrücklich die Suche nach neuen Anwendungen für den neuen Personalausweis, damit auch die hoheitlichen elektronischen Anwendungen (E-Government) eine bessere Akzeptanz finden. Inzwischen sind bis zum

30. Juni 2012 rund 14,7 Mio. neue Personalausweiseausgestellt worden. Die Einschaltquote für den elektronischen Identitätsnachweis (Eid-Funktion) liegt bislang bei 28,5 Prozent. Diese Werte würden voraussichtlich steigen, wenn in der Bevölkerung eine weit verbreitete Anwendungsmöglichkeit für den Ausweis bekannt wird. Der elektronische Identitätsnachweis gemäß § 18 Personalausweisgesetz ließe sich auch in anderen Glücksspielsektoren nutzen, beispielsweise für die seit 1. Juli 2012 grundsätzlich erlaubnisfähigen Lotterien und Sportwetten im Internet sowie am Schalter und an Selbstbedienungsterminals in Lottoannahmestellen und Wettvermittlungsstellen. In öffentlichen Anwendungen muss die sichere, vertrauliche Eingabe der Geheimnummer gewährleistet sein. Kosten entstehen auf staatlicher Seite nicht, da die Ausgabe der neuen Personalausweise und elektronischen Aufenthaltstitel ohnehin bereits (gebührenpflichtig) stattfindet.

1.6 Folgerung

Defizite bei der Bekämpfung der Glücksspielsucht sollen durch die Einführung einer bundeseinheitlichen Spielerkarte behoben werden. Die Wirksamkeit von Spielerkarten ist aber umstritten. Das beruht vor allem darauf, dass über den Inhalt und die datenschutzrechtlichen Auswirkungen von Spielerkarten keine klaren Vorstellungen bestehen. Anschließend wird versucht, hier zur Klärung beizutragen.

2 Spielerkarte

2.1 Bedeutung und Funktionsweise

Ehe man rechtliche Bewertungen von sog. Spielerkarten vornimmt oder gar Folgerungen aus ihrem Einsatz zieht, muss man sich darüber klar werden, welche Funktionen eine derartige Spielerkarte erfüllt, welchen Inhalt sie hat und welchen rechtlich relevanten Zwecken sie dient. Im Grunde geht es darum, das präventive Verbot mit Erlaubnisvorbehalt technisch umzusetzen. Daher wird das GSG zu Kontrollzwecken gesperrt und mit Hilfe eines mobilen (personenbezogenen) Speicher- und Verarbeitungsmediums,[70] das grob vereinfachend „Spielerkarte" bezeichnet wird, entsperrt. Die grundsätzlich spielberechtigten Erwachsenen ha-

70 § 3 Abs. 10 BDSG.

ben dem GSG ihre Berechtigung nachzuweisen, um es bespielbar zu machen. Der Nachweis erfolgt mit Hilfe des erwähnten mobilen Speicher- und Verarbeitungsmediums, auf dem die erforderlichen Informationen gespeichert sind oder mit dem auf die erforderlichen Informationen zugegriffen werden kann.

Dabei muss sich der Spieler über dieses Medium zunächst einmal gegenüber dem System eines GSG identifizieren. Zur Identifikation kommen in Betracht:

- Magnetstreifenkarten
- Smartcards

ferner (keine eigentlichen Spielerkarten)

- USB-Tokens
- Mobilfunkgeräte

Mit der Identifizierung einherzugehen hat die Authentifizierung, welche sicherstellen soll, dass Inhaber der Karte ist, wer vorgibt, es zu sein. Die Authentifizierung dient insbesondere dem Schutz vor missbräuchlicher Verwendung bei Kartenverlust, der durch den Einsatz von PIN-Codes möglich ist. Der weitergehende Schutz vor beabsichtigtem Missbrauch von Spielerkarten erfordert weitere Maßnahmen wie zusätzliche TAN-Codes oder biometrische Mittel. Die funktionsrelevanten Informationen können entweder lokal auf dem Speichermedium selbst oder zentral auf einem Server gespeichert werden. Im Übrigen unterscheiden sich die Spielerkarten konstruktiv so gravierend, dass pauschale Aussagen nicht sinnvoll erscheinen. Generell lässt sich nur sagen, dass die Spielerkarte von einem Spieler benutzt wird und Informationen an das Geldspielgerät vermitteln soll, die dessen Funktionsweise beeinflussen. Welche Informationen das sein können, lässt sich am besten an einigen Beispielen aufzeigen.

2.2 Beispiele

a) Karten für die Teilnahme an Lotterien und Sportwetten

- Seit 1997 gibt es bei West-Lotto Spielerkarten in Gestalt von Lotto-Online Cards als Kundenkarten. 2008 wurde die West-Lotto-Basiscard für Sportwetten und KENO eingeführt.
- In Berlin können ebenfalls seit Januar 2008 KENO, ODDSET und TOTO nur noch in Verbindung mit einer Kundenkarte (LOTTO-Karte oder Spieler-Karte) und einem Personaldokument (Personalausweis, Reisepass) gespielt

werden. Als ergänzenden Service bietet LOTTOBerlin an, dass die genannten Lotterien und Sportwetten auch mit Kundenkarte und Passfoto gespielt werden können. Dieses wird in der LOTTO-Zentrale gespeichert und erscheint bei jeder Spielabgabe nach Einstecken der Karte in den Kartenleser. Die Annahmestellen-Mitarbeiterinnen oder Mitarbeiter können das Passfoto am Monitor der Annahmestelle sehen. Hierdurch entfällt das Vorzeigen des Personaldokuments vor jeder Spielabgabe.

- Auch in Baden-Württemberg und Bayern können KENO, ODDSET und Toto nur in Verbindung mit einer Kundenkarte gespielt werden, in Sachsen ist ein Spielschein nötig.

b) Ausland

- In Kanada führte die Provinz Nova Scotia 2005/2006 eine Spielerkarte für die Geldspielgeräte im Zusammenhang mit den umstrittenen Video Lottery Terminals (VLT) ein: Die Spielerkarte enthält ein Responsible Gaming Device (RGD), das den Spieler über den Spielverlauf informiert.[71]
- In Norwegen[72] ist ebenfalls eine Spielerkarte für die VLTs vorgeschrieben.
- In Schweden sind Spielerkarten für online-Spieler obligatorisch. Auch hier wird der Gedanke von social welfare zur Legitimation herangezogen, der freilich das seit 1934 bestehende staatliche, seit 1997 unter dem Namen „Svenska Spel" organisierte, staatliche Glücksspielmonopol rechtfertigen soll.
- In Australien[73] gibt es Spielerkartensysteme in den Staaten Queensland, Victoria, South Australia und New South Wales.
- In Österreich[74] sollen nach dem Anschluss der Spielhallen an das Datenrechenzentrum betreiberunabhängige Spielerkarten eingeführt werden. Dies ist bis 2013 vorgesehen.

Die deutschen Beispiele betreffen nur ein Glücksspielsegment. Die ausländischen Systeme sind so spezifisch, dass sie kaum Aussagen für die Verhältnisse

---

71 Focal Research (2007): Assessment of the Behavioral Impact of Responsible Gaming Device (RGD) Features: Analysis of Nova Scotia Playercard Data o.O., 2007.

72 Engebø, J., From slot machines to gaming terminals – experiences with regulatory changes in Norway, Wien September 2010.

73 Zur australischen Perspektive Dickerson, M., Exploring the limits of "responsible gambling": harm minimization or consumer protection? Sydney 2003.

74 Bericht des Finanzministeriums an den Nationalrat über eine betreiberunabhängige Spielerkarte, Beilage III 108. Oberösterreich: Landesgesetz über das Aufstellen und den Betrieb von Glücksspielautomaten sowie die Glücksspielautomatenabgabe (Oö. Glücksspielautomatengesetz), LGBl. Nr. 35/2011 (GP XXVII RV 247/2010 AB 327/2011 LT 14).

in Deutschland zulassen. Die Beispiele schöpfen somit den möglichen Inhalt von Spielerkarten nicht aus. Sie liefern aber erste Anhaltspunkte und geben Anlass, bestimmte Erscheinungsformen von Spielerkarten auseinander zu halten.

2.3 Formen

Zu unterscheiden sind betreiberabhängige und betreiberunabhängige, personenungebundene und personengebundene Spielerkarten. Diese können als auf den reinen Spielbetrieb beschränkte Basiskarte und zusätzliche weitere Dienstleistungen enthaltende Kundenkarte ausgestaltet sein

a) Betreiberabhängige Spielerkarte
Betreiberabhängige Spielerkarten werden für den jeweiligen Glücksspielbetrieb ausgestellt.

b) Betreiberunabhängige Spielerkarte
Betreiberunabhängige Spielersysteme erfordern die elektronische Anbindung an ein zentrales IT-System.

c) Personenungebundene Spielerkarte
Ähnlich den Prepaidkarten können personenungebundene Spielerkarten in der jeweiligen Spielstätte erworben und beladen werden. Mit den Spielerkarten müssen sich Spielerin oder Spieler am Spielgerät autorisieren lassen. Möglich sind auch Karten, die vom Aufstellungsuntenehmen den Kunden ausgehändigt werden und mit denen dieser am Automaten den Münzeinwurf aktivieren und deaktivieren kann. Dadurch kann verhindert werden, dass ein Spieler an mehreren Geräten gleichzeitig spielt. Auch der Jugendschutz lässt sich verbessern. Zu verhindern ist die Weitergabe der Karte aber nicht. Als Ausweg werden Fingerabdruck-Lesegeräte zum Abgleich mit den auf dem Medium gespeicherten biometrischen Daten gefordert. Damit ist aber bereits ein Personenbezug hergestellt.

d) Personengebundene Spielerkarte
Die personengebundene Spielerkarte ist einem bestimmte Spieler zugeordnet. Auf ihr sind u. a. Name, Adresse, Geburtsdatum und Lichtbild der Spieltreibenden und das Ausstellungdatum angebracht.

e) Kundenkarte
Die Kundenkarte enthält weitere Serviceleistungen bis hin zur Geldkartenfunktion.

2.4 Informationsgehalt

a) Personenungebundene Spielerkarte
Die personenungebundene Spielerkarte enthält regelmäßig:

- Ausgabedatum
- Spielstätten
- Einbezahlter Geldbetrag
- Abbuchungen

b) Personengebundene Spielerkarte
Der Informationsgehalt der personifizierten Spielerkarte betrifft in der Regel folgende zusätzliche Daten:

- Name, Geburtsdatum, Adresse und Identifikationsmittel des Spielteilnehmers
- Spielfähigkeiten
- Aufzeichnung und Abberufung der historischen Spielaktivitäten (Zeitdauer des Spielens, Aufwendungen für das Spiel)
- Aufzeichnung und Abrufung der Aktivitäten des aktuellen Spiels
- Bestenlisten
- Bewertungen durch und über andere Spiele
- Limits für Spieldauer und Spielerausgaben
- Sperrzeiten

c) Kundenkarte
Der Inhalt ist praktisch beliebig. Angeboten werden üblicherweise:

- automatische Überweisung der Gewinne aufs Konto
- Speicherung der ausgefüllten Spielscheine
- Gewinnauszahlung beim Verlust der Spielquittung

2.5 Ausgestaltung und Auswirkungen

Die vorstehend genannten Informationen lassen sich nur effektiv nutzen, wenn die Angaben auf dem mobilen Medium selbst gespeichert werden oder die GSG an ein zentrales System angeschlossen werden, auf dem die Angaben gespeichert sind oder werden sollen. Die Speicherung auf der Spielerkarte hat den Nachteil, dass eine Vielzahl von personifizierten Spielerkarten hervorgerufen wird. Die Spielerkarte ermöglicht dem suchtgefährdeten Spieler zwar eine Verhaltenskontrolle. Dieses Verhalten ist aber auch jedem zugänglich, der Zugriff auf die Spielerkarte hat. Manipulationen sind damit Tür und Tor geöffnet. Schon allein deswegen sind Spielerkarten datenschutzrechtlich problematisch.[75] Die zentrale Speicherung ist vor allem im Einsatz als übergreifende Sperrdatei ein effektives Instrument der Gefahrenabwehr. Zum Schutz der Spieler und zur Bekämpfung der Glücksspielsucht könnte jeder, der GSG bereit hält, verpflichtet werden, an dem übergreifenden Sperrsystem teilzunehmen. Zu sichernde Daten wären dann:

- Namen
- Geburtsdatum
- Geburtsort
- Anschrift
- Lichtbilder
- Grund / Dauer der Sperre und
- meldende Stelle

Daneben müssten die Gründe, die zur Sperrung geführt haben, dokumentiert und zentral gespeichert werden. Die Vielzahl der hochsensiblen Daten ist ebenfalls datenschutzrechtlich problematisch. Dass Kundenkarten besonders missbrauchsgefährdet sind, liegt schon an dem von ihnen verfolgten Zweck der Verhaltenssteuerung des Karteninhabers.

2.6 Folgerung

Alle Spielerkarten sind datenschutzrechtlich relevant. Der Grad der Relevanz hängt jedoch von der konkreten Ausgestaltung der Spielerkarte ab. Erforderlich ist folglich eine datenschutzrechtliche Würdigung der einzeln Formen der Spielerkarten, die im Interesse einer strukturellen Darstellung zu Typen zusammengefasst werden.

In Kombination ergeben sich folgende Typen von Spielerkarten:

- Betreiberabhängige-personenungebundene Spielerkarte
- Betreiberabhängige-personengebundene Spielerkarte
- Betreiberunabhängige-personenungebundene Spielerkarte
- Betreiberunabhängige-personengebundene Spielerkarte.

---

75 KOM(2010)609.

3 Datenschutz

3.1 Informationen und Daten

Spielerkarten enthalten eine Vielzahl von Informationen. Voraussetzung von Informationen sind Daten. Werden personenbezogene Daten[76] automatisiert erhoben, verarbeitet oder genutzt, stellt sich die Frage nach dem Datenschutz. Der Datenschutz ist eine staatliche Querschnittsaufgabe, die in allen Lebensbereichen eine Rolle spielt. Er ist kein Selbstzweck, sondern muss mit anderen Zwecken und Rechtspositionen in Einklang gebracht werden. Das gilt auch für die Suchtbekämpfung. Bei der Suchtbekämpfung sind somit die datenschutzrechtlichen Regeln zu beachten, die sich auf Landes-, Bundes- und europäischer Ebene in den vergangenen 50 Jahren herausgebildet haben.[77]

3.2 Datenschutzrecht

a) Deutschland
Beeinflusst durch die US-amerikanische Diskussion der 60er Jahre über die Verfassungsmäßigkeit einer allumfassenden Datenbank reagierte als erster der hessische Gesetzgeber durch Erlass des weltweiten ersten Datenschutzgesetzes vom 7. Oktober 1970.[78] Der Bundesgesetzgeber zog mit dem Bundesdatenschutzgesetz vom 27. Januar 1977[79] nach. Die Gesetze stammten aus einer Zeit, in der wenige Daten aus begrenzten Lebensbereichen formularmäßig erfasst und in Rechenzentren mit Großrechnern in erster Linie für Verwaltungszwecke verarbeitet wurden. Die mehr erahnten als realen Gefährdungen des Persönlichkeitsrechts, die eine massenhafte und schnelle Datenverarbeitung ermöglichte, schürten Ängste und lösten Widerstand aus. Die Gesetzgeber in Bund und Ländern versuchten dem frühzeitig gegenzusteuern, vermochten aber nicht die Wogen zu glätten, die im Zusammenhang mit der Datenerhebung nach dem Volkszählungsgesetz 1983 hoch schlugen. Im Zuge des Rechtsstreits um dieses Gesetz gelang die Versachlichung der Diskussion. Im Urteil vom 15. Dezember 1983 kreierte das BVerfG das Recht auf informationelle Selbstbestimmung, das die Befugnis des Einzelnen

---

76 Personenbezogene Daten sind Einzelangaben über persönliche oder sachliche Verhältnisse einer bestimmten oder bestimmbaren natürlichen Person (§ 3 Abs. 1 BDSG).

77 Einzelheiten bei Ronellenfitsch, M., in. Wolff, H./Brink, BeckOK, Datenschutzrecht, München 2012, Einleitung zum BDSG, Teil A.

78 GVBl. I S. 625.

79 BGBl. I S. 201.

gewährleistet, grundsätzlich selbst über die Preisgabe und Verwendung seiner persönlichen Daten zu bestimmen.[80] Da ein derartiges Grundrecht im Grundgesetz nicht ausdrücklich genannt ist, hätte das Bundesverfassungsgericht allein auf die allgemeine Handlungsfreiheit zurückgreifen können. Es stützte jedoch das Recht auf informationelle Selbstbestimmung auf Art. 2 Abs. 1 GG in Verbindung mit dem auf diese Weise der Abwägung geöffneten Art. 1 Abs. 1 GG. Lediglich der „Kernbereich privater Lebensgestaltung“ ist durch Art. 1 Abs.1 GG absolut geschützt.[81] Ein Eingriff in das Recht der informationellen Selbstbestimmung (Datenschutzgrundrecht) ist jeder persönlichen Lebenssachverhalten geltende Akt staatlicher Informations- und Datenerhebung und -verarbeitung. Das Grundrecht auf informationelle Selbstbestimmung ist nicht schrankenlos gewährleistet. Der Einzelne muss jedoch nur solche Beschränkungen hinnehmen, die auf einer verfassungsmäßigen gesetzlichen Grundlage beruhen, die strenger sind als der Schrankentrias des Art. 2 Abs. 1 GG. Die Anforderungen an die Ermächtigungsgrundlage richten sich nach der Art und Intensität des Grundrechtseingriffs.[82]

b) Europa

Am 28. Januar 1981 wurde die Europaratskonvention 108 zum Datenschutz unterzeichnet, die bereits wichtige Datenschutzgrundsätze enthielt.[83] Mit der Konvention verpflichten sich die unterzeichnenden Staaten, für die Achtung der Rechte und Grundfreiheiten, insbesondere den Persönlichkeitsbereich bei der automatisierten Datenverarbeitung, Sorge zu tragen. Auf Gemeinschaftsebene

---

80 1 BvR 209, 269, 342, 420, 440, 484/83 -, BVerfGE 65,1 (43); ferner BVerfG, Beschluss vom 09.03.1988 - 1 BvL 49/8, BVerfGE 78, 77, 84; Beschluss vom 11.06.1991 - 1 BvR 239/90 -, BVerfGE 84, 192, 194; Beschluss vom 12.04.2005 - 2 BvR 1027/32 -, BVerfGE 113, 29, 46; Urteil vom 02.03.2006 - 2 BvR 2099/04 -, BVerfGE 115, 166, 188; Beschluss vom 04.04.2006 - 1 BvR 518/02 -, BVerfGE 115, 320, 341 f.; Urteil vom 13.02 2007 - 1 BvR 421/05 -, BVerfGE 117, 202; Beschluss vom 13.06.2007 - 1 BvR 1550/03, 2357/04, 603/05, BVerfGE 118, 168; Urteil vom 27.02.2008 - 1 BvR 370, 595/07-,BVerfGE 120, 274, 312; Urteil vom 11.03.2008 - 1 BvR 2074/05, 1254/07 -, BVerfGE 120, 378, 397 ff.; BVerwG Urteile vom 30.04.2008 - 3 C 16.07-, BVerwGE 131, 147; vom 02.01.2012 - 6 C 9.11 - BVerwGE 141,329; BGH, Urteil vom 01.03.2007 - IX ZR 189/05 -, BGHZ 171, 252, 256; Urteil vom 23.06.2009 - VI ZR 196/08 -, NJW 2009, 2888, 2891. BAG, Urteil vom 21.06.2012 - 2 AZR 153/11, ZD 2012, 268.

81 Zuletzt BVerfG, Beschluss vom 07.12.2011 - 2 BvR 2500/0,1857/10 -, BVerfGE 130,1 (22).

82 BVerfG, Urteil vom 11.03.2008 - 1 BvR 2074/05, 1254/07 -, BVerfGE 120,378 (401).Vgl. auch BAG, Urteil vom 21.06.2012 - 2 AZR 153/11 -, NJW 2012, 3594.

83 Übereinkommen zum Schutz des Menschen bei der automatischen Verarbeitung personenbezogener Daten, SEV-Nr. 108 (BGBl. 1985 II 539).

wurde das Datenschutzrecht vor allem durch die Richtlinie 95/46/EG vom 24. Oktober 1995 zum Schutz natürlicher Personen bei der Verarbeitung personenbezogener Daten und zum freien Datenverkehr fortentwickelt.[84] Des Weiteren wurde der Datenschutz auch in die Charta der Grundrechte der Europäischen Union[85] aufgenommen (Art. 8). Seither haben sich technische Möglichkeiten und soziales Umfeld bei der Erhebung, Verarbeitung und Nutzung personenbezogener Daten durch weltweit vernetzte PC, PDA (personaler digitaler Assistent) und Smartphones rasant verändert. Entsprechend wandelten sich die Anforderungen an den Datenschutz, der nunmehr im globalen Maßstab zu betreiben ist. Das europäische Datenschutzrecht muss dementsprechend modernisiert werden. Auf Ersuchen des Rats („Stockholmer Programm") ergriff daher die Kommission die Initiative zu einer grundlegenden Novellierung des Datenschutzrechts. Seit 2009 fanden öffentliche Anhörungen zum Datenschutz statt. Am 4. November 2010 veröffentlichte die Kommission die Mitteilung über ein Gesamtkonzept für den Datenschutz in der EU. Es folgte eine intensive Diskussion, bei der die Frage der Vereinbarkeit der vorgesehenen Regelungen mit dem Europäischen Vertragsrecht und dem Verfassungsrecht der Mitgliedstaaten allenfalls gestreift wurde. So kam es zu den Vorschlägen vom 25. Januar 2012 für eine Verordnung zum Schutz natürlicher Personen bei der Verarbeitung personenbezogener Daten und zum freien Datenverkehr (Datenschutz-Grundverordnung – GVE)[86] sowie für eine Richtlinie zum Schutz natürlicher Personen bei der Verarbeitung personenbezogener Daten durch die zuständigen Behörden zum Zwecke der Verhütung, Aufdeckung, Untersuchung oder Verfolgung von Straftaten oder der Strafvollstreckung sowie zum freien Datenverkehr (RLE).[87] Die Gesamtkonzeption ist erläutert in der Mitteilung „Der Schutz der Privatsphäre in einer vernetzten Welt. Ein europäischer Datenschutzrahmen für das 21. Jahrhundert".[88] Für den „zukunftsfesten" Datenschutz werden fünf Eckpunkte vorgebracht:[89]

- das Recht auf Vergessenwerden
- Transparenz
- Datenschutz durch Gestaltung

---

84 ABl. L 281 vom 23.11.1995, S. 31.
85 ABl. C 364/1 vom 18.12.2000, S. 1.
86 KOM(2012)11 endg.
87 KOM(2012)10 endg.
88 KOM(2012)9 endg.
89 Reding,V., Herausforderungen an den Datenschutz bis 2020: Eine europäische Perspektive, ZD 2011, 1 ff.

- Verantwortung für den Umgang mit personenbezogenen Daten und
- eine unabhängige Datenschutzkontrolle.

Das Reformpaket stieß auf Zustimmung und Kritik.[90] Der Bundesrat erhob am 30. März 2012 die Subsidiaritätsrüge.[91] In der Tat bestehen kompetenzrechtliche Bedenken.[92] Die kompetenzrechtlichen Bedenken können im vorliegenden Kontext jedoch noch hintangestellt bleiben. Dass datenschutzrechtliche Grundsätze auch durch EU-Recht verbindlich gemacht werden können, steht außer Zweifel.

c) Datenschutzgrundsätze

Die Erhebung, Verarbeitung und Nutzung personenbezogener Daten greifen in die informationelle Selbstbestimmung der Betroffen ein. Eingriffe in die informationelle Selbstbestimmung der Betroffenen durch den Staat oder durch private Dritte sind prinzipiell verboten. Das Verbot wird hinsichtlich der Erhebung, Verarbeitung und Nutzung personenbezogener Daten erst aufgehoben, soweit eine Rechtsvorschrift den Eingriff erlaubt oder anordnet oder der Betroffene eingewilligt hat (repressives Verbot mit Befreiungsvorbehalt).[93] Die Regel ist der Schutz der Privatsphäre, Ausnahme ist der Eingriff. Während der Staat sich häufig auf gesetzliche Eingriffsermächtigungen berufen kann, ist im privaten Bereich zumeist eine Einwilligung des Betroffenen erforderlich. Bei Eingriffen in die informationelle Selbstbestimmung, die es ermöglichen, „Profile" zu erstellen (Persönlichkeitsprofil, Kundenprofil, Spielerprofil), kommt es darauf an, dass die aus dem allgemeinen und besonderen Datenschutzrecht herausdestillierten, die EU- und verfassungsrechtlichen Vorgaben des Datenschutzrechts konkretisierenden Datenschutzgrundsätze konsequent eingehalten werden.

Datenschutzgrundsätze ergeben Anforderungen an die Datenqualität, an die Datenverarbeitung sowie an die Informationserfordernisse.

---

90 Ronellenfitsch, M., Fortentwicklung des Datenschutzes, DuD 2012, 652 ff.

91 BR-Drs 52/12. Hierüber Mitteilung des Rechtsausschusses des Europäischen Parlaments an die Mitglieder, MittRA (0046/2012).

92 Vgl. Ronellenfitsch, M., Europäisierung des Datenschutzes bei der Bahn, DVBl 2012 (im Druck).

93 Vgl. Ronellenfitsch, M., Buchbesprechung Peter Gola/Rudolf Schomerus, BDSG, Komm., 8. Aufl., C.H. Beck, München 2005, DÖV 2006, 132. Die Annahme eines präventiven Verbots würde ein Grundrecht auf Informationen über personenbezogene Daten Dritter voraussetzen. Das ist nicht nur absurd, sondern verstößt gegen Art. 5 Abs 1 Satz 1 GG (argumentum e contrario). Zu ungenau daher BSG, Urteil vom 25.01.2012 - B 14 AS 65/11 R, ZD 2012, 573 (575).

Im Einzelnen:

- Ausgangspunkt aller Datenschutzgrundsätze ist das Erfordernis einer Eingriffsermächtigung. Eine Befreiung vom repressiven Verbot kann durch jedes verfassungsmäßige Gesetz oder sonstige Rechtsvorschrift getroffen werden. Der die nachstehend behandelten Datenschutzgrundsätze berücksichtigende Schutz der Selbstbestimmung impliziert ferner das Recht, auf den Schutz zu verzichten. Dies geschieht in der Weise, dass der Betroffene in den Eingriff einwilligt. Die Einwilligung muss freiwillig gegeben werden,[94] spezifisch sein (sich auf einen bestimmten Zweck beziehen),[95] den tatsächlichen Willen des Betroffenen ausdrücken und in voller Kenntnis der Sachlage ohne jeden Zweifel gegeben werden.
- Aus dem Regel-Ausnahmeverhältnis folgt der Zweckbindungsgrundsatz. Der Grundsatz besagt, dass personenbezogene Daten nur für eindeutig festgelegte rechtmäßige Zwecke erhoben und vor allem nur diesem Zweck entsprechend weiterverarbeitet werden dürfen.[96]
- Der Grundsatz der Zweckbestimmung setzt sich fort im Grundsatz der zweckgebundenen Aufbewahrung. Länger als es für die Realisierung der legitimierenden Zwecke geboten ist, dürfen personenbezogene Daten nicht aufbewahrt oder verarbeitet werden. Diese Grundsätze gelten auch im privaten Bereich. Eine Fortentwicklung dieses Grundsatzes stellt das Recht auf Vergessenwerden dar (Art. 17 GVE).
- Aus dem Regel-Ausnahme-Verhältnis folgt weiter der Transparenzgrundsatz. Der Transparenzgrundsatz ist in Erwägungsgrund 38 RL 95/46/EG ausformuliert: „Datenverarbeitung nach Treu und Glauben setzt voraus, dass die betroffenen Personen in der Lage sind, das Vorhandensein einer Verarbeitung zu erfahren und ordnungsgemäß und umfassend über die Bedingungen der Erhebung informiert zu werden, wenn Daten bei ihnen erhoben werden.“ Für mobile personenbezogene Speicher- und Verarbeitungsmedien, präzisiert § 6 c Abs. 3 BDSG den Transparenzgrundsatz. Danach müssen Kommunikationsvorgänge, die auf dem Medium eine Datenverarbeitung auslösen, für den Betroffenen eindeutig erkennbar sein.[97]
- Datenschutz ist nicht nur Eingriffsabwehr, sondern auch Sicherheitsgewährleistung beim Datenverkehr. Diesem Zweck dienen technische Vorkehrungen,

94 § 4a Abs. 1 S.1 BDSG; Art. 7 a) RL 95/46.
95 § 4a Abs. 1 Satz 2 BDSG.
96 Art. 6 Abs. 1 b RL 95/46.
97 Vgl. auch § 8 Abs. 2 HDSG.

für die sich die Bezeichnung Privacy by Design[98] eingebürgert hat. Alle, die mit personenbezogenen Daten Dritter umgehen, müssen dies verantwortlich mit dem gebotenen technischen Aufwand tun.

- Der Grundsatz der Erforderlichkeit hängt mit der Schrankendogmatik bei den Grundrechten zusammen. Die informationelle Selbstbestimmung ist nicht schrankenlos gewährt, sondern kann zur Wahrung von Gemeinwohlbelangen vom Gesetzgeber eingeschränkt werden.[99] Der Gesetzgeber unterliegt dabei seinerseits Schranken, namentlich dem Grundsatz der Verhältnismäßigkeit. Daraus folgt, dass der Eingriff für den Verwendungszweck erforderlich sein muss. Die Erforderlichkeit ist im Datenschutzrecht noch rigider als das allgemeine Übermaßverbot. Die Erhebung, Verarbeitung und Übermittlung personenbezogener Daten ist nur zulässig, wenn sie zur rechtmäßigen Erfüllung der Aufgaben der datenverarbeitenden Stelle für den jeweils damit verbundenen Zweck erforderlich ist; hinzu kommt, dass bei der automatisierten Verarbeitung personenbezogener Daten das Verfahren auszuwählen oder zu entwickeln ist, das die zur Zweckerreichung nötige Menge personenbezogener Daten so gering wie möglich hält.
- Ein weiterer Datenschutzgrundsatz ist somit der Grundsatz der Datenverminderung und Datensparsamkeit, der letztlich eine Konkretisierung des Erforderlichkeitsgrundsatzes darstellt und für alle datenverarbeitenden Stellen gilt.
- Die Datenschutzkontrolle muss schließlich unabhängig und in der Lage sein, die Daten effektiv zu schützen. Daraus ergeben sich funktionale und organisatorische Anforderungen an die Ausgestaltung der Kontrolle, die kumulativ zu erfüllen sind.[100]

3.3 Anwendung auf Spielerkarten bei GSG

a) Eingriffsermächtigung

aa) Eingriffsverbot / Ausnahme

Der Einsatz von Spielerkarten bei GSG hat zunächst dem kategorial unterschiedlichen Regelungsgehalt eines präventiven und eines repressiven Verbots Rechnung zu tragen. Repressive Verbote qualifizieren bestimmte Tätigkeiten als von

---

98 Schaar, P., Privacy by Design http://www.bfdi.bund.de/ SharedDocs/Publikationen/ „PrivacyByDesign".pdf?__blob=publicationFile.

99 BVerfG, Urteil vom 15.12.1983 - 1 BvR 209, 269, 342, 420, 440, 484/83 -, BVerfGE 65, 1 (43 ff.).

100 EuGH, Urteil vom 16.10.2012 - Rs.C-614/10 (Kommission / Österreich), ZD 2012, 563.

vornherein sozialschädlich und generell verboten.[101] Vom Verbot kann nur in Ausnahmefällen befreit werden. Auf die Befreiung besteht kein Anspruch. Präventiv verbotene Tätigkeiten oder Einrichtungen sind dagegen nicht als solche verboten.[102] Das präventive Verbot dient nur der Kontrolle, ob gesetzliche Anforderungen erfüllt sind. Ist das der Fall, besteht nach dem grundrechtlichen Verteilungsprinzip ein subjektives Recht auf Genehmigung.[103] Daher auch die treffendere Bezeichnung „Kontrollerlaubnis".[104] Beide Regelungsformen reflektieren die Grundrechteordnung, sind klar zu trennen und dürfen nicht in das Belieben des Gesetzgebers gestellt werden.[105] Das gilt auch für die berufliche Betätigung im Glücks- und Gewinnspielsektor und für den dortigen Datenschutz. Für die Spielhallen, Gaststätten und Wettannahmestellen der Buchmacher, die GSG bereithalten, ist die Unterscheidung von existenzieller Bedeutung. Für diese wäre es fatal, wenn sie die Befreiung von einem repressiven Verbot benötigten, um die Befreiung von einem weiteren repressiven Verbot zu erreichen. Man könnte nämlich – und in diese Richtung bewegt sich die aktuelle politische Diskussion – argumentieren, die Erlaubnispflicht für das Bereithalten von GSG beruhe auf einem repressiven Verbot, von dem allenfalls befreit werden könne, wenn zugleich der Zugriff auf personenbezogene Daten der Spieler erlaubt werde. Auch hier sei zwar eine Befreiung vom Verbot möglich. Der Normalfall sei aber das Verbot. Eine Ausnahme vom Glücksspielverbot dürfe nicht durch eine prinzipiell verbotene Relativierung des Datenschutzes erst zulässig gemacht werden. Eine derartige Argumentation würde aber zu kurz greifen. Das Glücksspielverbot des § 284 StGB bedeutet nicht, dass alle Glücksspiele ihrem Wesen nach als verboten anzusehen wären Die Rechtsordnung kennt die grundsätzlich erlaubte gewerbliche Veranstaltung von Glücksspielen durch Private. Die Beschränkungen des gewerblichen Geldspiels sind somit Freiheitsbeschränkungen.[106] Spielhallen,

---

101 Vgl. BVerwG, Urteil vom 31.05.1985 - 4 C 14 und 15.82, BVerwGE 71,324 (326).

102 Grundlegend Mayer, O., Deutsches Verwaltungsrecht, 1. Bd., 3. Aufl., Berlin 1923, S. 238.

103 Maurer, H., Allgemeines Verwaltungsrecht, 18. Aufl., München 2011, § 9 Rn. 51.

104 Zur historischen Entwicklung Ronellenfitsch, M., Selbstverantwortung und Deregulierung im Ordnungs- und Umweltrecht, Berlin 1995, S.16 f.; ders., Standortwahl bei Abfallentsorgungsanlagen: Planfeststellungsverfahren und Umweltverträglichkeitsprüfung, DÖV 1989, 737 ff. (743 ff.).

105 A.A. Detterbeck, S., Allgemeines Verwaltungsrecht, 9. Aufl. München 2011, Rn. 504. Mehrdeutig auch Mann, Th., in: Tettinger, P./Erbguth, W./Mann, Th., Besonderes Verwaltungsrecht, 11. Aufl. Heidelberg u. a., 2012, S. 293.

106 BVerfG; Urteil vom 28.03.2006 - 1 BvR 1054/01, BVerfGE 115, 276 (301); EuGH, Urteil vom 06.11.2003 - C-243/01 (Gambelli u. a.), Slg. 2003,-13076; Urteil vom 08.09.2010, C-46/08, (Carmen Media Group) - Slg. 2010, I-8149, Rn. 55; Urteil vom 12.07.2012 -

Gaststätten und Wettannahmestellen der Buchmacher können damit lediglich einer präventiven Kontrolle unterworfen werden. Dementsprechend gilt für sie § 4 Abs. 2 Satz 3 Erster GlüÄndStV nicht. Somit bleibt nur die Frage zu beantworten, ob im Interesse der Erfüllung der Kontrollzwecke der Zugriff auf personenbezogene Daten gestattet werde kann, d.h. wie sich das Zusammentreffen eines präventiven mit einem repressiven Verbot auswirkt.

bb) Normative Ausnahme

Das prinzipielle Verbot der Erhebung, Verarbeitung und Nutzung personenbezogener Daten Dritter ist Ausfluss der informationellen Selbstbestimmung. Diese kann zugunsten kollidierender Rechtsgüter mit Verfassungsrang durch Gesetz oder andere Rechtsvorschrift eingeschränkt werden. Geboten ist dann eine Abwägung. Wird, wie beim Staatsmonopol, die Berufs-, Dienstleistungs-[107] und Niederlassungsfreiheit schon auf der Zugangsstufe beschränkt, kann das nur durch überragend wichtige Belange des Gemeinwohls legitimiert werden. In der verfassungsgerichtlichen Rechtsprechung sind die Spielsuchtbekämpfung und -vorbeugung, der Spieler- und Jugendschutz sowie der Schutz vor Folge- und Begleitkriminalität des Glücksspiels als besonders wichtige Gemeinwohlziele anerkannt,[108] die selbst Eingriffe in die Berufswahlfreiheit rechtfertigen können. Wenn diese Gemeinwohlbelange derart weitgehende Eingriffe legitimieren, dann rechtfertigen sie auch die Aufhebung des repressiven Verbots der Erhebung, Verarbeitung und Nutzung personenbezogener Daten durch den Gesetzgeber oder lassen eine Einwilligung in den Grundrechtseingriff zu. Obendrein kollidiert die Spielerkarte nicht von vornherein mit der Selbstbestimmung der Spieler. Zumeist besteht vielmehr eine komplementäre Interessenlage. Die Gewerbefreiheit der Automatenaustellunternehmer und allgemeine Handlungsfreiheit und informationelle Selbstbestimmung der Spieler sind hier vielfach gleichgerichtet und verstärken sich wechselseitig. Nach alledem ist eine gesetzliche Regelung zulässig, die die informationelle Selbstbestimmung beschränkt, um weitergehende Eingriffe in andere Grundrechte oder Rechtsgüter von Verfassungsrang zu ver-

C-176/11(HIT und HIT LATRIX),- NVwZ 2012, 1165. Schwankend noch BayVGH, Beschluss vom 06.10.1980 - Nr. 21 CS 80 A 1037 - NJW 1981,1001 1002).

107 Tätigkeiten, die darin bestehen, den Nutzern gegen Entgelt die Teilnahme an einem Geldspiel zu ermöglichen, sind Dienstleistungen im Sinne von Art. 56 AEUV vgl. EuGH, Urteile vom 24.03.1994, C 275/92 (Schindler), Slg. 1994, I 1039, Rn. 25, und vom 21.10.1999, C 67/98 (Zenatti), Slg. 1999, I 7289, Rn. 24.

108 Oben mit Fn. 25.

meiden. Dabei ist eine am Maßstab der praktischen Konkordanz[109] orientierte Abwägung vorzunehmen. Keine Abwägung ist freilich geboten bei der betreiberunabhängigen-personenungebundenen Spielerkarte. Hier fallen einerseits keine schutzwürdigen Daten an. Andererseits trägt eine derartige Spielerkarte auch nicht zur Bekämpfung der Spielsucht bei. Abzuwägen sind dagegen auch betreiberabhängige-personenungebundene Spielerkarten, obwohl sie unmittelbar nicht in die informationelle Selbstbestimmung des Karteninhabers eingreifen. Der Erwerb oder die Verwendung solcher Karten kann aber an die Preisgabe personenbezogener Daten geknüpft sein. Unabhängig vom konkreten Informationsgehalt sind betreiberunabhängige-personenbezogene Spielerkarten immer abzuwägen. Von Hause aus abwägungsbedürftig sind betreiberabhängige-personenbezogene Spielerkarten.

cc) Einwilligung

Das Erfordernis der informierten Einwilligung ließe sich leicht mit dem Hinweis bagatellisieren, es stehe allen frei, ein Geldspielgerät zu benutzen. Wenn man schon ein Spielgerät nutzen wolle, müsse man sich eben Eingriffe in die informationelle Selbstbestimmung gefallen lassen. In Verbindung mit der Privatautonomie könnten Automatenunternehmer Kundenkarten mit beliebigen Daten durchsetzen. Mit dem gerade im privaten Rechtsverkehr maßgeblichen Einwilligungserfordernis für die Erhebung, Verarbeitung und Nutzung personenbezogener Daten ist eine derartige Verhaltensweise indessen unvereinbar. Auch hier sind alternativlose Überschussinformationen nicht zulässig. Neben einer Kundenkarte muss folglich eine Basiskarte angeboten werden. Bei einer Spielsperre ist fraglich, ob ein pathologischer Spieler überhaupt einwilligungsfähig ist. Hierfür spricht freilich das Faktum, dass eine derartige Sperre beantragt wurde.

b) Zweckbindung

Dass eine staatlich angeordnete Spielerkarte nur für die Zwecke der Spielsuchtbekämpfung verwendet werden darf, versteht sich von selbst. Aber auch ein privater Glücksspielunternehmer, der Zugriff auf die Daten der Spielerkarte nehmen kann, darf diese nicht zweckfremd verwenden, es sei denn, der Karteninhaber stimmt der spielunabhängigen Verwendung (bei einer Kundenkarte) seiner Daten freiwillig und widerruflich zu.

---

109 Zur Methode Hesse, K., Grundzüge des Verfassungsrechts der Bundesrepublik Deutschland, 2. Aufl., Stuttgart 1995, Rn. 308.

c) Aufbewahrung

Generelle Regeln für Aufbewahrungsfristen lassen sich nicht aufstellen. Maßgeblich sollte die Dauer der konkreten Rechtsbeziehungen zwischen Karteninhaber und Spielveranstalter sein. Nach Abwicklung der Rechtsbeziehungen kann der Karteninhaber Löschung seiner Daten verlangen. „Schwarze Listen" von pathologischen Spielern und Spielerinnen würden gegen deren Recht auf Vergessenwerden verstoßen.

d) Transparenz

Inhaber von Spielerkarten verfügen in der Regel nur über beschränkte IT-Kenntnisse und sind daher nicht in der Lage, die Tragweite der Preisgabe ihrer personenbezogenen Daten abzuschätzen. Hinzu kommt die Ungewissheit, die gegenwärtig über den Inhalt der Spielerkarten besteht. Daher müssen die verwerteten Daten ausdrücklich bezeichnet und beschrieben werden. Ferner ist auf die Möglichkeiten des Datenmissbrauchs hinzuweisen. Zu einer zeitgemäßen Datenschutzkultur gehört freilich, dass jedem bewusst sein muss, was er mit der Preisgabe seiner Daten anrichtet.

e) Privacy by Design

Der Transparenzgesichtspunkt leitet über zum Konzept der Privacy by Design, das schon in Erwägungsgrund 46 der RL 95/46 angelegt war[110] und besagt, dass ein technischer Grundschutz das Gefährdungspotential eines Datenverarbeitungssystems vorwegnimmt und zum Zeitpunkt des Einsatzes des Datenverarbeitungssystems zur Verfügung steht. Hinsichtlich der Spielerkarte könnte man in Anlehnung an die elektronische Gesundheitskarte einen Katalog für das Design aufstellen:

---

110 Für den Schutz der Rechte und Freiheiten der betroffenen Personen bei der Verarbeitung personenbezogener Daten müssen geeignete technische und organisatorische Maßnahmen getroffen werden, und zwar sowohl zum Zeitpunkt der Planung des Verarbeitungssystems als auch zum Zeitpunkt der eigentlichen Verarbeitung, um insbesondere deren Sicherheit zu gewährleisten und somit jede unrechtmäßige Verarbeitung zu verhindern. Die Mitgliedstaaten haben dafür Sorge zu tragen, daß der für die Verarbeitung Verantwortliche diese Maßnahmen einhält. Diese Maßnahmen müssen unter Berücksichtigung des Standes der Technik und der bei ihrer Durchführung entstehenden Kosten ein Schutzniveau gewährleisten, das den von der Verarbeitung ausgehenden Risiken und der Art der zu schützenden Daten angemessen ist.

- Datenhoheit: Der Spieler hat umfassende Kontrolle über seine Spielerdaten, die in der elektronischen Spielerkarte oder in speziellen zentralen Rechnern verarbeitet werden sollen.
- Freiwilligkeit: Spielerdaten sollen nur auf freiwilliger Basis, nach Belieben des Spielers gespeichert werden.
- Datenumfang: Der Spieler muss in der Lage sein, zu entscheiden, welche Spielerdaten aufgenommen werden und wann sie gelöscht werden sollten.
- Datenzugang: Der Spieler muss in der Lage sein, im Einzelfall zu entscheiden, wer Zugang zu welchen Daten haben soll.
- Informationsrecht: Der Spieler hat das Recht, seine eigenen Daten zu lesen und über sie und alle sie betreffenden Verfahren informiert zu werden.
- Überprüfungsmöglichkeit: Der Spieler muss in der Lage sein, mit Hilfe von Protokollen zu überprüfen, wer wann auf welche Daten zugegriffen hat.
- Die Software der Spielerkarten sollte durch die PTB entwickelt werden.

Legt man diesen strengen Maßstab an, dann nimmt man der Spielerkarte einen guten Teil ihrer Wirksamkeit, weil die Möglichkeit der Fremdsperren entfällt. Datenhoheit, Freiwilligkeit und Datenumfang müssen daher restriktiver behandelt werden. Andererseits schießt § 8 Abs. 2 Erster GlüÄndStV über das Ziel hinaus. Danach ist viel zu unbestimmt, wer als Dritter die Fremdsperre beantragen kann sowie unter welchen Voraussetzungen das Spielhallenpersonal von einer Suchtgefährdung des Spielers ausgehen kann. Hinzu kommt die ungenaue Formulierung der Voraussetzungen für die Aufhebung der Sperre.

f) Verhältnismäßigkeit

Den Kern der Kontroverse um die Spielerkarte betrifft die Frage, ob der mit ihr verbundene Eingriff in die informationelle Selbstbestimmung ein verhältnismäßiges Mittel zu Bekämpfung des pathologischen Spielverhaltens darstellt.

Der Grundsatz der Verhältnismäßigkeit besteht bekanntlich aus drei Teilgeboten:[111]

- Gebot der Geeignetheit
- Gebot der Erforderlichkeit
- Gebot der Angemessenheit

---

111 BVerfG, Urteil vom 27.02.2008 - 1 BvR 370/07 u. a. -, BVerfGE 120,274 (318 f.), BVerwG, Urteil vom 25.01.2012 - 6 C 9.11 -, BVerwGE 141,329 (342 f.). Weitere Nachweise bei Ronellenfitsch, M., Die Verfassungswidrigkeit der Entschädigungsregelung für gerichtliche Sachverständige, WiVerw. 202 1f. (38 ff.)

Geeignet ist eine Maßnahme, wenn mit ihrer Hilfe der gewünschte Erfolg näher rückt. Es kommt darauf an, ob mit Hilfe des gewählten Mittels der gewünschte Erfolg gefördert werden kann. Erforderlichkeit bedeutet, dass nur solche Mittel eingesetzt werden dürfen, die die am geringsten einschneidenden Folgen hervorrufen. Angemessenheit verlangt, dass bei einer Gesamtabwägung zwischen der Schwere des Eingriffs und dem Gewicht und der Dringlichkeit der ihn rechtfertigenden Gründe die Grenze der Zumutbarkeit gewahrt bleibt. Alle drei Teilgebote setzen voraus, dass überhaupt legitime Gemeinwohlzwecke verfolgt werden. Die Spielsuchtbekämpfung und -vorbeugung, der Spieler- und Jugendschutz sowie der Schutz vor Folge- und Begleitkriminalität des Glücksspiels sind fraglos legitime Gemeinwohlzwecke.[112] Bereits die personengebundene Spielerkarte trägt zum Jugendschutz bei, weil bei ihrer Ausgabe eine Alterskontrolle stattfinden kann. Dies erleichtert insbesondere die Kontrolle in Gaststätten. Allerdings besteht die Möglichkeit, die Karte weiterzugeben. Dem könnte man begegnen durch biometrische Autorisierung des Karteninhabers am Automaten. Hiergegen bestehen aber nicht nur unter dem Aspekt der Datensparsamkeit Bedenken. Die vorgeschlagene Verwendung von Fingerabdrücken wäre schon deshalb ein gravierender Eingriff in die informationelle Selbstbestimmung, weil ihr Nutzen wegen der Überwindungsmöglichkeit äußerst fragwürdig ist.[113] Nicht selten spielsuchtfördernd und schon damit offensichtlich ungeeignet ist die Kundenkarte. So ist der Einsatz der Kreditkarte zur Geldbeschaffung beim Spielen ein Hinweis auf problematisches Spielerverhalten. Eine Kundenkarte mit Kreditkartenfunktion würde solche Verhaltensweisen fördern. Die Verknüpfung der Kundenkarte mit spielfremden Funktionen könnte das Spielen zu einem alltäglichen, gleichsam routineförmig ablaufendem (harmlosen) Vorgang machen. Vor allem aber verschafft die Kundenkarte der Daten verarbeitenden Stelle Informationen, die über da Spielverhalten hinausgehen.

g) Datensparsamkeit

Wesentliche Elemente der Datensparsamkeit sind die Trennung personenbezogener Identifizierungsmerkmale und der Inhaltsdaten, die Verwendung von Pseudonymen und die Anonymisierung oder möglichst baldige Löschung personenbezogener Daten. Hinsichtlich der technischen Realisierung derartiger Konzepte besteht noch Klärungsbedarf. Insofern findet ein intensiver Dialog zwischen dem Hessischen Innenministerium und dem HDSB statt, der u. a. die verfassungs-

---

112 Nachweise Fn. 20.

113 Vgl. Der Hessische Datenschutzbeauftragte, 40. Tätigkeitsbericht 2011, Wiesbaden 2012, S. 134.

konforme Handhabung der mit § 3 Erster GlüStV wortgleichen Regelung in § 11 HSpielhG zum Ziel haben muss. Die Vorschrift lautet:

> (1) Mit der Sperrdatei werden die für eine Sperrung erforderlichen Daten verarbeitet und genutzt. Es dürfen folgende Daten gespeichert werden:
> 1. Familiennamen, Vornamen, Geburtsnamen,
> 2. Aliasnamen, verwendete Falschnamen,
> 3. Geburtsdatum
> 4. Geburtsort,
> 5. Anschrift,
> 6. Lichtbilder,
> 7. Grund der Sperre,
> 8. Dauer der Sperre und
> 9. meldende Spielhalle.
>
> Daneben dürfen die Dokumente, die zur Sperrung geführt haben, gespeichert werden.
>
> (2) Die gespeicherten Daten sind im erforderlichen Umfang an die Spielhallen zu übermitteln, die die Spielverbote zu überwachen haben. Die Datenübermittlung kann auch durch automatisierte Abrufverfahren erfolgen
>
> (3) Datenübermittlungen an öffentliche Stellen, insbesondere an Strafverfolgungsbehörden und Gerichte, sind im Rahmen bestehender gesetzlicher Verwendungsregeln zulässig
>
> (4) Erteilte Auskünfte und Zugriffe im elektronischen System sind zu protokollieren.
>
> (5) Die Daten sind sechs Jahre nach Ablauf der Sperre zu löschen.
>
> (6) Soweit in diesem Gesetz nichts anderes bestimmt ist, sind die jeweiligen Vorschriften für den Schutz personenbezogener Daten anzuwenden, auch wenn die Daten nicht in Dateien verarbeitet oder genutzt werden.
>
> (7) Die für den Betrieb des Sperrsystems zuständige Behörde wird durch die für das Glücksspielwesen zuständige Ministerin oder den hierfür zuständigen Minister im Einvernehmen mit der Ministerin oder dem Minister der Finanzen durch Rechtsverordnung bestimmt. Der zuständigen Behörde kann in der Rechtsverordnung gestattet werden, dritte Personen mit dem Betrieb des Sperrsystems zu beauftragen. In der Rechtsverordnung können Einzelheiten zur Einrichtung und Ausgestaltung des Sperrsystems getroffen werden.

Die lange Löschungsfrist dürfte wohl nicht auf die Selbstsperre beziehbar sein. Die Bedenken gegen die Ausgestaltung der Fremdsperren wurden bereits angesprochen.[114]

h) Effektive Kontrolle

Art. 28 Abs. 1 RL 95/46/EG GG schreibt vor, dass die Datenschutzaufsichtsbehörden der Mitgliedstaaten die ihnen zugewiesenen Aufgaben „in völliger Unabhängigkeit" wahrnehmen. Diese Voraussetzung war nach Ansicht des EuGH in Deutschland nicht erfüllt,[115] Im Zuge der Umsetzung des Urteils vom 9. März 2010 durch die Änderung der Datenschutzgesetze[116] wurde die Unabhängigkeit

---

114 Nähere Begründung durch Rydzy, HessLT. StenBer der 73. Sitzung des Innenausschusses vom 26. April 2012, INA/18/73, S. 37 f.

115 EuGH, Urteil vom 09.03.2010 Rs. C-518/07 (Kommission / Deutschlan),Slg. 2010, I-1885 = MMR 2010, 352 = NJW 2010, 1265 = EuZW 2010, 296 = K&R 2010, 326 = DÖV 2010, 446.

116 Baden-Württemberg: Gesetz zum Schutz personenbezogener Daten (Landesdatenschutzgesetz – LDSG) idF vom. 18.09.2000 (GBl. S. 648), zul. geänd. durch Gesetz vom 07.02.2011 (GBl. S. 43); Bayern: Bayerisches Datenschutzgesetz (BayDSG) vom 23.07.1993 (GVBl. S. 498), zul. geänd. durch Gesetz vom 20.07.2011 (GVBl. S. 307); Berlin: Gesetz zum Schutz personenbezogener Daten in der Berliner Verwaltung (Berliner Datenschutzgesetz – BlnDSG) idF der Bek. vom 17.12.1990 (GVBl. 1991 S. 16, ber. S. 54), zul. geänd. durch Art. I Fünftes ÄndG vom 16.05.2012 (GVBl. S. 137); Brandenburg: Gesetz zum Schutz personenbezogener Daten im Land Brandenburg (Brandenburgisches Datenschutzgesetz – BbgDSG) idF vom 15.05.2008 (GVBl. I S. 114), zul. geänd. durch das Vierte Gesetz zur Änderung des Brandenburgischen Datenschutzgesetzes und anderer Rechtsvorschriften v. 25.05.2010 (GVBl. I Nr. 21); Bremen: Bremische Datenschutzgesetz idF der Bek. vom 04.03.2003 (Brem. GBl. S. 85), zul. geänd. durch Art. 1 Gesetz zur Änderung des Bremischen Datenschutzgesetzes vom 16.11.2010 (Brem. GBl. S. 573); Hamburg: Hamburgisches Datenschutzgesetz (HmbDSG) v 05.07.1990 (HmbGVBl. 1990, S. 133), zul. geänd. durch Gesetz vom 14.06.2011 (HmbGVBl. S. 255); Hessen: Hessisches Datenschutzgesetz (HDSG) idF vom 07.01.1999 (GVBl. I S. 98), zul. geänd. durch Gesetz zur Neuordnung des Datenschutzes und der Wahrung der Unabhängigkeit des Datenschutzbeauftragten in Hessen vom 20.05.2011 GVBl. I S. 208; Mecklenburg-Vorpommern: Gesetz zum Schutz des Bürgers bei der Verarbeitung seiner Daten (Landesdatenschutzgesetz – DSG M-V) vom 28.03.2002 (GVOBl. M-V 2002, S. 154) zul. geänd. durch Art. 2 des Gesetzes vom 20.05.2011 (GVOBl. M-V S. 277, 278); Niedersachsen: Niedersächsisches Datenschutzgesetz (NDSG) idF vom 29.1.2002 (Nds. GVBl. S. 22), zul. geänd. durch Art. 2 des Gesetzes vom 30.06.2011 (Nds. GVBl. S. 210); Nordrhein-Westfalen: Datenschutzgesetz Nordrhein-Westfalen – DSG NRW idF der Bek. vom 05.07.2011(GV. NRW. S. 338); Rheinland-Pfalz: Landesdatenschutzgesetz (LDSG) vom 05.07.1994 (GVBl. 1994, 293), zul. geänd. durch Artikel 2 des Gesetzes vom 20.12.2011 (GVBl. S. 427); Saarland: Saarländisches Gesetz zum Schutz personenbezogener Daten (Saarländisches Datenschutzgesetz – SDSG) idF. d. Bek. vom 28.01.2008 (Amtsbl. S. 293), zul. geänd. durch Gesetz

der Landesdatenschutzbeauftragten auch bei ihrer Aufsichtstätigkeit im nichtöffentlich Bereich hergestellt. Die nach nationalem Verfassungsrecht problematische Aufweichung der Ministerialverantwortlichkeit wurde namentlich in Hessen institutionell durch die Parlamentswahl und funktionell durch eine wirksame permanente parlamentarische Kontrolle der Datenschutzbeauftragten kompensiert. Die verfassungsrechtliche Kontroverse ist hier ausgetragen.[117] Neben den organisatorischen Mitteln wurde der HDSB auch mit den für eine wirksame Datenschutzkontrolle erforderlichen sächlichen und personellen Mitteln ausgestattet. Insbesondere die effektive Kontrolle der für das Sperrsystem zuständigen Behörde ist sichergestellt.

3.4 Folgerung

Die personenungebundene Spielerkarte per se ist datenschutzrechtlich unproblematisch. Sie erleichtert die Erfüllung der schon de lege lata bestehenden Kontrollaufgaben und trägt zur geordneten Durchführung des Glücks- und Gewinnspiels bei. In geringerem Maße dient die personenungebundene Spielerkarte auch der Kriminalprävention. Im Hinblick auf die Prävention und Bekämpfung der Glücksspielsucht und Wettsucht sind die Wirkungen der personenungebundene Spielerkarte im Vergleich zur personenbezogenen Spielerkarte gering. Die personenbezogene Spielerkarte ermöglicht eine effektive Selbst- und Fremdkontrolle suchtgefährdeter und süchtiger Spielerinnen und Spieler namentlich dann, wenn sie mit einem Anschluss an die zentrale Sperrdatei verbunden ist.

---

vom 18.05.2011 (Amtsbl. I S. 184); Sachsen: Gesetz zum Schutz der informationellen Selbstbestimmung im Freistaat Sachsen (Sächsisches Datenschutzgesetz – SächsDSG) vom 25.08.2003 (SächsGVBl. S. 330), zul. geänd. durch Zweites Gesetz zur Änderung des Sächsischen Datenschutzgesetzes vom 14.07.2011 (SächsGVBl. S. 270); Sachsen-Anhalt: Gesetz zum Schutz personenbezogener Daten der Bürger (Datenschutzgesetz Sachsen-Anhalt – DSG LSA) vom 12.03.1992 (GVBl. S. 152) idF der Bek. vom 18.02.2002 (GVBl. LSA S. 54), zul. geänd. durch Art. 1 des Gesetzes vom 27.09.2011 (GVBl. LSA S. 648); Schleswig-Holstein: Schleswig-Holsteinisches Gesetz zum Schutz personenbezogener Informationen (Landesdatenschutzgesetz – LDSG) vom 09.02.2000 (GVOBl. 2000 S. 169), zul. geänd. durch Art. 1 des Ges. vom 11.01.2012, GVOBl. S. 78); Thüringen: Thüringer Datenschutzgesetz (ThürDSG) - vom 13.01.2012 (GVBl. 2012 S. 27).

117 Vgl. hierzu: Ronellenfitsch, M., Rechtsgutachten zur Neugestaltung der Datenschutzkontrolle und zur Verfassungsmäßigkeit einer Zusammenlegung des privaten und öffentlichen Bereichs der Datenschutzkontrolle in Hessen unter Zugrundelegung des Gesetzentwurfs der Fraktion der SPD für ein Gesetz zur Neuordnung des Datenschutzes und Wahrung der Unabhängigkeit des Datenschutzbeauftragens in Hessen - Drs 18/375 -, 2010 und die darauf ergangene „Wiesbadener Erklärung“, HDSB, 39 TB, 2010, S. 25.

Die Selbstsperre ist datenschutzrechtlich durch den Einwilligungsgrundsatz gedeckt. Nicht ausreichend legitimiert ist dagegen die Fremdsperre nach § 3 Abs.2 Erster GlüÄndStV, weil sie offen lässt, welcher Dritte die Spielersperre beantragen kann. Dies lässt sich aber beheben. Ganz allgemein ist der Datenschutz kein Hindernis für den sukzessiven Aufbau einer auf eine betreiberunabhängige-personenbezogene Spielerkarte ausgerichtete Infrastruktur des Glücks- und Gewinnspielwesens, die das jeweilige Gefährdungspotential wirksam und angemessen reduziert.

4 Unions- und verfassungsrechtliche Implikationen

4.1 Unionsrechtliche Implikationen

a) Kompetenzordnung

Mit Rücksicht auf noch anhängige Vertragsverletzungsverfahren und Notifizierungsverfahren zum deutschen Glücksspielwesen[118] ist zunächst auf Folgendes hinzuweisen: Die EU ist kein Staat, sondern nur ein Staatenverbund.[119] Die Europäische Gemeinschaft wurde allein vertraglich geschaffen. Die Mitgliedstaaten sind „Herren der Verträge." Eine Kompetenz-Kompetenz steht der EU nicht zu. Gleichwohl charakterisiert den Staatenverbund eine Kompetenzordnung, die eine Verklammerung der Rechtsordnungen zulässt. Die durch Art. 23 Abs.1 Satz 2 GG vorgesehene Übertragung von Hoheitsrechten auf die EU lässt zwar die Frage offen, wie bei einer Kollision zwischen nationalem und supranationalem Recht zu entscheiden ist.[120] Im europarechtlichen Schrifttum wird aber nahezu einhellig ein Vorrang des Unionsrechts vor dem Recht der Mitgliedstaaten angenommen.[121] Soweit der Anwendungsvorrang des Unionsrechts reicht, soll es sodann Aufgabe aller Stellen der Mitgliedstaaten sein, im Rahmen ihrer jeweiligen Zuständigkeiten die Einhaltung des Gemeinschaftsrechts zu gewährleisten.[122] Der Vorrang des EU-Rechts ist ein Produkt der seit der Costa-Entscheidung ständi-

---

118 Vgl. oben mit Fn. 47.

119 BVerfG, Urteil vom 12.10.1993 -2 BvR 2134, 2159/92-, BVerfGE 89, 155 LS 3 a „Verbund demokratischer Staaten", zum Staatenverbund S. 185, 188, 190.

120 Ipsen, J., Staatsrecht I, 19. Aufl. Köln 2007, Rn. 53.

121 Vgl. etwa Nettesheim, M. in: Oppermann, Th./Classen, C.D./Nettesheim, M. Europarecht, 4. Aufl., München 2009, § 12.

122 EuGH Urteil vom 12.06.1990 -, Rs. C-8/88 (Deutschland / Kommission), Slg. 1990, I-2321; Urteil vom 13.01.2004 -, Rs. C-453/00 - (Kühne & Heitz), Slg. 2004, I-837; Urteil vom 12.02.2008 -, Rs. C-2/06 - (Kempter KG), DÖV 2008, 505.

gen Rechtsprechung des EuGH[123] und sollte im gescheiterten Verfassungsvertrag ausdrücklich verankert werden (Art. I-6). Diese Bestimmung indessen wurde in den Vertrag von Lissabon bewusst nicht übernommen. Nach Art. 4 Abs. 1 EUV verbleiben folglich alle der EU nicht in den Verträgen ausdrücklich übertragenen Zuständigkeiten bei den Mitgliedstaaten. Daraus folgt zwingend der Grundsatz der begrenzten Einzelermächtigung, der in Art. 5 Abs.1 EUV verankert ist. Eine Ausweitung der EU-Kompetenzen ist vom Sonderfall der Abrundungskompetenz nach Art. 352 AEUV abgesehen nicht möglich. Dass dennoch die Unionsorgane durch Kompetenzbeanspruchungen immer wieder versuchen, die EU in die Nähe eines Bundesstaates zu rücken, liegt in der Natur der Sache. Eine Tendenz zur Kompetenzanmaßung weisen etwa die Figur des gemeinschaftlichen Besitzstands (acquis communautaire) und der effet-util-Grundsatz auf. Die Kohärenzanforderungen dürfen sich nicht auch noch in diese Richtung entwickeln. Dem steht der Grundsatz der begrenzten Einzelermächtigung entgegen. Darüber hinaus finden die Kompetenzen der EU ihre Grenzen in der nationalen Identität der Mitgliedstaaten (Art. 4 Abs. 2 EUV). Als Residuum souveräner Staatlichkeit Deutschlands dient Art. 79 Abs. 2 und 3 GG, auf den Art. 23 Abs. 1 Satz 3 GG klarstellend Bezug nimmt. Dadurch werden die „Grundsätze" der Art. 1 und 20 GG übertragungsprohibitiv ausgestaltet. Erfasst werden zum einen die Grundrechte über Art. 1 Abs. 3 GG als Grundrechteordnung, zum anderen auch für die Grundsätze des Art. 20 GG und die Staatsstruktur der Bundesrepublik Deutschland. Ausgehend vom Schindler-Urteil fallen Glücksspiele in den Anwendungsbereich des Unionsrechts. Glücksspiele sind wirtschaftliche Tätigkeiten im Sinne des Art 3 Abs 3 EUV, die auf die Erzielung eines Gewinns gerichtet sind, zu einem spezifischen Entgelt führen und sich im Rahmen der im AEUV niedergelegten wirtschaftlichen Freiheiten bewegen.[124]

b) Grundfreiheiten

aa) Anwendungsbereich

Tätigkeiten, die darin bestehen, den Nutzern gegen Entgelt die Teilnahme an einem Geldspiel zu ermöglichen, fallen je nach den Umständen des Einzelfalls unter die Dienstleistungsfreiheit im Sinn von Art. 56 AEUV[125] oder unter die

123 Urteil vom 15.07.1964 -, Rs. 6/64, - (Costa/ENEL), Slg. 1964,1251; am weitesten gehend EuGH Urteil vom 16.06.2005, Rs. C-105/03,Slg. 2005, I-5285 - NJW 2005, 2839 - EuZW 2005, 533.

124 EuGH, Urteil vom 11.09.2003, Rs. C-6/01 (Anomar), Slg. 2003, I-8621 Rn. 44.

125 EuGH, Urteile vom 24.03.1994, Rs. C-275/92 (Schindler), Slg. 1994, I-1039, Rn. 25 = EuZW 1994, 315 m. Anm. Stein = NJW 1994, 2013; vom 21.10.1999, Rs. C 67/98 (Ze-

Niederlassungsfreiheit im Sinn von Art 49 AEUV.[126] Bei Spielautomaten kommt ferner die Warenverkehrsfreiheit in Betracht.[127]

bb) Beschränkung

Zu der Regulierung des Glücksspielwesens räumt der EuGH den Mitgliedstaaten weitgehende Beschränkungsmöglichkeiten der Freiheiten ein. Vor dem Hintergrund unterschiedlicher, kultureller, sittlicher und religiöser Bewertung des Glücksspiels[128] können die Mitgliedstaaten die Ziele und Intensität der Beschränkungsmaßnahmen der Freiheiten weitgehend autonom bestimmen.

cc) Rechtfertigung

Gleichwohl bedürfen die Beschränkungen wie alle Beschränkungen[129] der Rechtfertigung. So können solche Beschränkungen aufgrund der in Art. 62 in Verbindung mit Art. 51 und 52 AEUV vorgesehenen Ausnahmen zugelassen werden oder durch zwingende Gründe des Allgemeininteresses gerechtfertigt sein.[130] Derart zwingende Gründe sind laut EuGH:

---

natti), Slg. 1999, I-7289, Rn. 24 = EuZW 2000,151 m. Anm. Stein; vom 13.11.2003, Rs. C-42/02 (Lindman), Slg. 2003, I-13519 = DVBl 2004, 330 (Ls.) = BB 2004, 320; vom 06.03.2005, Rs. C-338/04 u. a. (Placania), Slg. 2007, I-1891 = NJW 2007,1515 m. Anm. Haltern; vom 13.09.200, Rs. C-260/04 (Kommission / Italien), Slg. 2007, I-7083 = VergabeR 2008, 213 = BauR 2008, 883; vom 08.09.2009, Rs. C-42/07 (Liga Portuguesa de Futebol Profissional), Slg. 2009 I-07633 = DVBl 2009, 1371 m. Anm. Mintas = EuZW 2009, 689 m. Anm. Winkelmüller. = NJW 2009, 3221 = JuS 2010, 460 (Streinz); vom 06.10.2009, Rs. C-153/08 (Kommission / Spanien), Slg. 2009, I-9735 = NVwZ-RR 2010, 29 (Ls.); vom 03.06.2010, Rs. C-203/08, C-258/08 (Sporting Exchange), Slg. 2010, I-4695 = EuZW 2010, 503 = MMR 2010, 850 = DÖV 2010, 696 = NVwZ 2010, 1085; vom 03.06.2010, Rs. C-258/08 (Ladbrokes), Slg. 2010, I-4757 = EuZW 2010, 593 = MMR 2010, 854 = DÖV 2010, 696 = NVwZ 2010, 1081; vom 08.07.2010, Rs. C-447/08, C-448/08 (Sjöberg), Slg. 2010, I-6917 = EuZW 2010, 668 = DÖV 2010, 781 = NVwZ 2010, 1088 = NVwZ 2010, 1428 (Ls.); sowie die Beschlüsse vom 08.10.2010 (Fn. 2); ferner vgl. BVerwG vom 01.06.2012 - 8 C 5.10 <juris> Rn. 31). OVG NRW vom 30.11.2011 - 13 B 1135/11- <juris> Rn. 13.

126 EuGH, Urteil vom 06.11.2003 - C 243/01 (Gambelli), Slg. 2003, I-13031 = DVBl 2004, 306 =EuZW 2004, 115 = MMR 2004, 92 = NJW 2004, 139 = NVwZ 2004, 87.

127 Streinz, R./Kruis, T., Unionsrechtliche Vorgaben und mitgliedstaatliche Gestaltungsspielräume im Bereich des Glücksspielrechts, NJW 2010, 3745 ff. (3746).

128 EuGH, Urteil vom 15.09.2011, Rs. C-347/09 (Dickinger/Ömer), EuZW 2011, 841 = MMR 2012, 54 = DÖV 2011, 896 (Rn. 45).

129 Classen, C. D., in: Oppermann, Th./Classen, C.D./Nettesheim, M., Europarecht, 4. Aufl. München 2009, S. 417.

130 EuGH, Urteile vom 30.11.1995, Rs. C-55/94 (Gebhard), Slg. 1995, I-4165 = NJW 1996, 579 = MDR 1996, 744 = DVBl 1996, 145 = BB 1996, 160 = DB 1996, 35 = AnwBl

- der Verbraucherschutz[131]
- der Schutz der Sozialordnung[132]
- die Vermeidung von Anreizen zu überhöhten Spielausgaben[133]
- Bekämpfung der Spielsucht[134]
- Betrugsbekämpfung.[135]

Eine Beschränkung ist jedoch nur dann gerechtfertigt, wenn sie verhältnismäßig ist.[136] Insbesondere muss sie geeignet sein, die Verwirklichung des mit ihr angestrebten Ziels zu gewährleisten,[137] und darf nicht über das hierfür Erforderliche hinausgehen.[138] Durch zwingende Gründe des Allgemeininteresses sind Be-

---

1996, 103 = NVwZ 1996, 365 (Rn. 37); vom 21.09.1999, Rs. C-24/97 (Läärä), Slg. 1999, I-6067 Rn. 31; vom 21.10.1999, Rs. C-67/98 - (Zenatti), Slg. 1999, I-7289 Rn. 29; vom 06.11.2003, Rs. C-243/01 (Gambelli) -Slg. 2003, I-13031 Rn. 60; vom 10.03.2009, Rs. C-169/07 (Hartlauer),Slg. 2009, I-1721 = EuZW 2009, 298 = DÖV 2009, 462 (Rn. 44); vom 06.03.2007, Rs. C-338/04 - (Placanica), Slg. 2007, I-1891 Rn. 45; vom 03.06.2010, Rs. C-258/08 (Ladbrokes), Slg. 2009, I-07633 Rn. 17; vom 08.09.2010, Rs. C-316/07 u. a. - (Markus Stoß), MMR 2010, 844 Rn. 69; vom 30.06.2011, Rs. C-212/08 (Zeturf), EuZW 2011, 674 = MMR 2011, 764 =NVwZ 2011, 1119 (Rn. 37); vom 15.09.2011, Rs. C-347/09 - (Dickinger und Ömer), EuZW 2011, 841 = MMR 2012, 54 = DÖV 2011, 896 (Rn. 42); vom 16.02.2012, Rs. C-72/10 u. a. (Costa u. a.), EuZW 2012, 275 = MMR 2012, 632 (Ls.) = DÖV 2012, 321 (Rn. 71).

131 Streinz/Kruis, NJW 2010,3745 ff., (3746).

132 EuGH, Urteile vom 24.03.1994, Rs. C-275/92 (Schindler), Slg. 1994, I-1039 Rn. 58; vom 06.11.2003, Rs. C-243/01(Gambelli), Slg. 2003, I-13031 Rn. 63.

133 EuGH, Urteil vom 06.03.2007, Rs. C-338/04 (Placanica), Slg. 2007, I-1891 Rn. 46; Beschluss vom 08.01.2010, Rs. C-46/08 (Carmen Media Group), Slg. 2010, I-8149 Rn. 55.

134 EuGH, Urteil vom 03.06.2010, Rs. C-258/08 (Ladbrokes), Slg. 2010, I-4757 Rn. 26.

135 EuGH, Urteil vom 08.09.2009, Rs. C-42/07 (Liga Portuguesa de Futebol Profissional), Slg. 2009 I-07633 Rn. 36.

136 EuGH, Urteile vom 06.11.2003, Rs. C-243/01(Gambelli), Slg. 2003, I-13031Rn. 75; vom 06.03.2007, Rs. C-338/04 - (Placanica), Slg. 2007, I-1891 Rn. 48; vom 08.09.2009, Rs. C-42/07 (Liga Portuguesa de Futebol Profissional), Slg. 2009, I-07633 Rn. 59; vom 03.06.2010, Rs. C-258/08 - (Ladbrokes), Slg. 2009 I-07633 Rn. 20; Beschluss vom 08.09.2010, Rs. C-316/07 u. a. - (Markus Stoß), MMR 2010, 844 Rn. 77; Urteile vom 15.09.2011, Rs. 347/09 (Dickinger/Ömer), EuZW 2011, 841 Rn. 50; vom 16.02.2012, Rs. C-72/10 u. a. (Costa u. a.),- EuZW 2012, 275 (Rn. 71).

137 EuGH Urteile vom 21.09.1999, Rs. C-124/97 - (Läärä), Slg. 1999, I-6067 Rn.39; vom 06.11.2003, Rs. C-243/01 (Gambelli). Slg. 2003, 13031 - Rn. 75; 08.09.2010, Rs. C-316/07 u. a. - (Markus Stoß), MMR 2010, 841 Rn. 79; EuGH vom 03.06.2010, Rs. C-258/08 - (Ladbrokes) Slg. 2009, I-07633 Rn. 22).

138 EuGH, Urteile vom 30.11.1995, Rs. C-55/94 (Gebhard), Slg. 1995, I-4165 Rn. 37; vom 21.09.1999, Rs. C-124/97 - (Läärä) Slg. 1999, I-6067 Rn. 31; vom 21.10.1999, Rs. C-67/98 (Zenatti), Slg. 1999, I-7289 Rn. 29; vom 06.11.2003, Rs. C-243/01 - (Gambelli), Slg. 2003,

schränkungen der Grundfreiheiten obendrein nur gerechtfertigt, wenn sie nicht in diskriminierender Weise angewandt werden[139] und dem Kohärenzgebot entsprechen.[140] Welche konkreten Folgerungen sich aus dem Gebot ergeben, ist noch nicht abschließend geklärt. Nun ist „Kohärenz“ ein schillernder Begriff, den die unterschiedlichsten Fachrichtungen der Natur- und Geisteswissenschaften mit entsprechend unterschiedlichen Konnotationen verwenden. Selbst im Europarecht bedeutet Kohärenz ein Mehrfaches. Bezweckte noch nach Art 3 EU-Vertrag (Fassung Amsterdam) die Kohärenz den Abgleich der damaligen Säulenstruktur der Gemeinschaft,[141] so betont Art 1 Abs. 4 EUV die Kohärenz der europäischen Außenpolitik, während Art 4 AEUV das Kohärenzgebot der Einheitlichkeit der Politiken und Maßnahmen der Union gewidmet ist. Schließlich bezeichnet Kohärenz die Widerspuchsfreiheit mitgliedstaatlicher Maßnahmen bei der Beschränkung der Grundfreiheiten. Im letzteren Sinn wurde das Kohärenzgebot erstmals

---

13031 Rn. 56; vom 06.03.2007, Rs. C-338/04 - (Placanica), Slg. 2007, I-1891 Rn. 45; vom 10.03.2009, Rs. C-169/07 - (Hartlauer), Slg. 2009, I-1721 Rn. 49; vom 08.07.2010, Rs. C-447/08 u. a. - (Sjöberg), Slg. 2010, I-6917 Rn. 40; vom 08.09.2010, Rs. C-316/07 u. a. - (Markus Stoß), MMR 2010, 844 Rn. 9.

139 EuGH, Urteile vom 30.11.1995, Rs. C-55/94 - (Gebhard), Slg. 1995, I-4165 Rn. 37; vom 06.11.2003, Rs. C-243/01 - (Gambelli) Slg. 2003. I-13031 Rn. 65; vom 06.03.2007, Rs. C-338/04 - (Placanica), Slg. 2007, I-1891 Rn. 45; vom 10.03.2009, Rs. C-169/07 - (Hartlauer) - Slg. 2009, I-1721 Rn. 49; vom 08.09.2009, Rs.C-42/07 - (Liga Portuguesa de Futebol Profissional), Slg. 2009, I-07633 Rn. 60; vom 08.07.2010, Rs. C-447/08 u. a. (Sjöberg), Slg. 2010, I-6917 Rn. 40; BVerwG vom 01.06.2011 - 8 C 5.10 -, MMR 2011, 843 = NVwZ 2011, 1319 (Rn. 32).

140 EuGH, Urteile vom 06.11.2003, Rs. C-243/01 (Gambelli), Slg. 2003. I-13031 Rn. 67; vom 10.03.2009, Rs. C-169/07 (Hartlauer), Slg. 2009, I-1721 Rn. 55; vom 08.09.2009, Rs. C-42/07 (Liga Portuguesa de Futebol Profissional) - Slg. 2009, I-07633 Rn. 61; vom 03.06.2010, Rs. C-258/08 - (Ladbrokes), Slg. 2009, I-07633 Rn. 21;vom 08.07.2010, Rs. C-447/08 u. a. - (Sjöberg) Slg. 2010, I-6917 Rn. 40; Beschlüsse vom 08.09.2010, Rs. C-46/09 - (Carmen Media), Slg. 2010, I-8149 Rn. 55 und 64 f.; vom 08.09.2010, Rs. C-316/07 u. a. - (Markus Stoß u. a.), MMR 2010, 844 Rn. 88 und 98; Urteil vom 15.09.2011, Rs. 347/09 (Dickinger und Ömer), EuZW 2011,841 Rn. 56; Beschluss vom 12.07.2012, Rs. C-176/11 - (HIT), EuZW 2012, 829 = NVwZ 2012,1165 Rn. 22; vgl. auch BVerwG; Urteil vom 01.06.2011 Az. 8 C 5.10 MMR 2011, 843 = NVwZ 2011, 1319.

141 „Die Union verfügt über einen einheitlichen institutionellen Rahmen, der die Kohärenz und Kontinuität der Maßnahmen zur Erreichung ihrer Ziele unter gleichzeitiger Wahrung und Weiterentwicklung des gemeinschaftlichen Besitzstands sicherstellt. Die Union achtet insbesondere auf die Kohärenz aller von ihr ergriffenen außenpolitischen Maßnahmen im Rahmen ihrer Außen-, Sicherheits-, Wirtschafts- und Entwicklungspolitik. Der Rat und die Kommission sind für diese Kohärenz verantwortlich und arbeiten zu diesem Zweck zusammen. Sie stellen jeweils in ihrem Zuständigkeitsbereich die Durchführung der betreffenden Politiken sicher.“

im Urteil Gambelli[142] erwähnt und sodann im Urteil Hartlauer[143] zu einem allgemeinen Prüfprogramm weiterentwickelt.[144] Die Kohärenzprüfung hat sektorübergreifend zu erfolgen.[145] Sie erfordert weite Beurteilungsspielräume der mitgliedstaatlichen Organe und besteht materiell in einer Folgenabschätzung.

dd) Folgerung

Für Casinospiele (Glücksspiele in Spielbanken), Lotterien, Sportwetten im Allgemeinen und Pferdewetten sowie das gewerbliche Geldspiel bestehen in Deutschland unterschiedliche Regulierungsmodelle, deren Kohärenz auf dem Prüfstand seht, die jedoch alle zumindest dem Zweck dienen, die Spielsucht zu bekämpfen. Hierfür dürfen die EU-Grundfreiheiten eingeschränkt werden, wenn der Verhältnismäßigkeitsgrundsatz gewahrt bleibt und sektorübergreifende Kohärenz hergestellt wird. Der intensivste Eingriff ist – abgesehen vom Totalverbot – das Staatsmonopol. Es ist nur dann gerechtfertigt, wenn es Ausdruck einer widerspruchsfreien Glücksspielpolitik ist. Die mit dem Staatsmonopol verbundenen Beschränkungen der Grundfreiheiten müssen auch bei den anderen Spielarten spürbar sein. Das Kohärenzgebot wird hier zum Untermaßverbot. Kohärenz besteht dann, wenn die Restriktionen des Spielverhaltens in Spielhallen in ihrer Summe den Restriktionen der anderen Spielarten vergleichbar sind. Die Spielerkarte kann je nach Ausgestaltung einen wirksamen Beitrag zur Prävention und Bekämpfung der Glücksspielsucht, zum Jugendschutz, zur geordneten Durchführung des Glücksspiels und zur Kriminalitätsprävention leisten. Dabei ist die betrei-bergebundene-nichtpersonenbezogene Spielerkarte wenig wirksam, so dass sie nicht die verschärften Kontrollmaßnahmen bei GSG ersetzen kann. Die betreiberunabhängige-personengebundene Spielerkarte, eingebunden in ein Sperrsystem, würde dagegen die meisten Verschärfungen im Recht der GSG entbehrlich machen, ohne die Kohärenz zu gefährden. Die Zulässigkeit der Ausweitung des übergreifenden Sperrsystems ist primär eine Frage des mitgliedstaatlichen Verfassungsrechts.

---

142 Urteil vom 06.11.2003, Rs. C-243/01 - (Gambelli) Slg. 2003. I-13031.

143 vom 10.03.2009, Rs. C-169/07 - (Hartlauer) - Slg. 2009, I-1721.

144 Hierzu Hecker, M., DVBl 2011, 1130 ff.

145 EuGH, Beschlüsse vom 08.09.2010, Rs. C-46/09 (Carmen Media) Slg. 2010, I-8149 Rn. 68 ff.; Rs. C-316/07 u. a. - (Markus Stoß u.a), MMR 2010,844 (Rn. 106); BVerwG vom 24.11.2010 - 8 C 14.09 - BVerwGE 138, 201 = NVwZ 2011,554 (Rn. 79 f.); 8 C 15.09, juris Rn. 78 f.; BayVGH, Urteil vom 12.01.2012 Az. 10 BV 10.2505 openJur 2012, 12064 Rn. 39 f.

4.2 Verfassungsrechtliche Implikationen

a) Kompetenzordnung

Das Glücksspielrecht ist eine Querschnittsmaterie, für die Gesetzgebungskompetenzen des Bundes und der Länder bestehen. Schwerpunktmäßig handelt es sich um das Recht der Wirtschaft, das grundsätzlich dem Bund zugewiesen ist. Der Begriff „Recht der Wirtschaft" in Art. 74 Abs. 1 Nr.11 GG ist nach ständiger Rechtsprechung des BVerfG weit auszulegen.[146] Er erfasst nicht nur diejenigen Vorschritten, die sich in irgendeiner Form auf die Erzeugung, Herstellung und Verteilung von Gütern des wirtschaftlichen Bedarfs beziehen,[147] sondern auch alle anderen das wirtschaftliche Leben und die wirtschaftliche Betätigung als solche regelnden Normen.[148] In diesen Zusammenhang gehören Gesetze mit wirtschaftsregulierendem und wirtschaftslenkendem Inhalt.[149] Der Klammerzusatz in Art. 74 Abs. 1 Nr.11GG ist daher nicht erschöpfend, sondern exemplarisch gemeint. Die Föderalismusreform hat zwar u. a. das Gaststättenrecht und das Spielhallenrecht als Teilbereiche des Rechts der Wirtschaft von der Bundeszuständigkeit ausgenommen und diese Gegenstände in die ausschließliche Gesetzgebungskompetenz der Länder übergeben.[150] Am exemplarischen Charakter der Gegenstände wurde aber festgehalten. Daher wurde selbst für die ausgenommenen Bereiche keine originär kompetenzbegründende Wirkung mit umfassendem Vorrang vor Art. 72 Abs 2 GG normiert.[151] Die Gewerbefreiheit ist ein Teilelement der durch Art. 12 Abs. 1 GG verbürgten Berufsfreiheit, kann daher im Bundesgebiet nur einheitlich gewährleistet sein. Die Länder sind für das Recht der Spielhallen nur zuständig, um einem „besonderen Regionalbezug" der zurückverlagerten Materien Rechnung zu tragen.[152] Die materielle Aussage, dass

---

146 BVerfG, Beschlüsse vom 18.03.1970 - 2 BvO -, BVerfGE 28,119 (146, Spielbank; überholt); vom 15.12.1970 - 1 BvR 559,51,586/70 -, BVerfGE 29,402 (409); vom 24.02.1976 - 2 BvL 5/73 -, BVerfGE 41,344 (352); vom 12.12.1984 -1 BvR 1249/83 u. a.-, BVerfGE 68,319 (330).

147 BVerfG, Beschluss vom 29.04.1958 - 1 BvR 238/58 - BVerfGE 8,143 (148); vom 25.06.1969 - 2 BvR 128/66 -,BVerfGE 26,246 (254), Beschluss vom 18.03.1970 - 2 BvO-, BVerfGE 28,119 (146).

148 BVerfG, Beschluss vom 29.04.1958 - 1 BvR 238/58 BVerfGE 8,143(148).

149 BVerfG, Beschluss vom 15.12.1970 - 1 BvR 559, 51,586/70 -, BVerfGE 29,402 (409); Urteil vom 06.11.1984 2 BvL 19/83 u. a. - BVerfGE 67,256 (275).

150 Vgl. nur Uwer, D./Koch S., aaO (Fn. 2) S.137, 146.

151 Wohl abweichend BVerfG, Urteil vom 01.12.2009 - 1 BvR 2857,2858/07- BVerfGE 125,39 (88).

152 BT-Drs 16/813, S. 9.

es sich bei Spielhallen bundesweit um Gewerbebetriebe handelt, fällt folglich nach wie vor in die Kompetenz des Bundes.[153] Als Recht der Wahrung der öffentlichen Sicherheit und Ordnung zählt das Glücksspielrecht auch zum originären Aufgabenbereich der Länder.[154] Wie etwa im Verhältnis von Straßenrecht zum Straßenverkehrsrecht gilt das „Selbständigkeitsmodell",[155] das im Überschneidungsfall Kollisionsregeln erfordert. Hier kommen gleich drei derartige Regeln zur Anwendung: der Vorrang des Bundes vor Landesrecht, der Vorrang des spezielleren vor dem allgemeinen Ordnungsrecht und der Vorbehalt des Statusrechts gegenüber dem Ordnungsrecht. Die allgemeine ordnungsrechtliche Kompetenz der Länder besteht somit nur vorbehaltlich vorrangiger Bundeskompetenzen. Die Spielhallengesetze der Länder sind verfassungsrechtlich angreifbar, soweit sie das repressive Glücksspielverbot auf das gewerberechtliche Spielen erstrecken.[156] Auf diese Weise darf die bundesrechtliche Zuordnung der Spielhallen zum Gewerbe jedoch nicht konterkariert werden. Auch der Landesgesetzgeber kann Spielhallen nur einem präventiven Verbot mit Erlaubnisvorbehalt unterwerfen. Die Ermessensregelungen bei den Erlaubnistatbeständen sind folglich verfassungskonform als gebundene Entscheidungen auszulegen. Die Mindestabstandsregelung in § 25 Abs.1 Erster GlüÄndStV verstößt nicht nur gegen Art. 74 Abs.1 Nr.18 GG, sondern macht aus der Gewerbeerlaubnis eine Konzession und greift demzufolge in die Berufswahl der Spielhallenbetreiber ein. Der Bundesgesetzgeber ist daher gehalten, die landesrechtlichen Übertreibungen bei der Beschränkung des gewerblichen Geldspiels zu korrigieren.[157]

b) Grundrechte

aa) Schutzbereich

Der Glücks- und Gewinnspielmarkt wurde lange Zeit zumindest in Teilbereichen als grundrechtsfreier Raum behandelt. Noch 1970 sprach das BVerfG dem Betrieb einer Spielbank den Charakter einer wirtschaftlichen Betätigung ab.[158] Daraus folgerten einige Instanzgerichte, dass der Schutzbereich eines Grundrechts

---

153 Zu weitgehend etwa Wohlfarth, J., LKRZ 2012,81 ff. (83).

154 BVerfG, Beschluss vom 18.03.1970 - 2 BvO 1/65 -, BVerfGE 28,119; BVerwG, Urteil vom 23.08.1994 - 1C 19.91-, BVerwGE 96,302 (306).

155 BVerfG, Beschluss vom 09.10.184 - 2 BvL 10/82 -,BVerfGE 67,299. Ähnlich BGH, Beschluss vom 04.12.2001 - BGH 4 Str 93/91 -, BGHSt 47,181.

156 Vgl. Hufen, F., in Schmittmann, M. Neuordnung des Glücks- und Gewinnspielmarktes in Deutschland,Wien und München, 2012.

157 Zutreffend Kauder, S., in: Schmittmann, aaO (Fn. 37), S. 33 ff.

158 Beschluss vom 18.03.1970 - 1 BvO 1/65 -, BVerfGE 28,119 = NJW 1970,1363.

nicht eröffnet sei.[159] Mit Urteil vom 2. August 1994 judizierte das BVerwG, dass das Glücksspielwesen nicht von vornherein der Grundrechteordnung entzogen sei.[160] Im Jahr 2000 entschied das BVerfG definitiv, dass das Betreiben einer öffentlichen Spielbank Ausübung eines Berufs im Sinne des Art. 12 Abs. 1 GG sei.[161] Als weitere Grundrechte kommen in Betracht Art. 14 Abs.1 GG, Art. 3 Abs. 1 GG und Art. 2 Abs. 1 GG.

bb) Schranken

Die Zuordnung des Glücks- und Gewinnspielmarktes zum Grundrechtebereich impliziert die Möglichkeit der gesetzlichen Beschränkung. Eingriffe in das Grundrecht der Berufsfreiheit sind nach Art. 12 Abs. 1 Satz 2 GG, nur auf der Grundlage einer gesetzlichen Regelung zulässig, die den Anforderungen der Verfassung an grundrechtsbeschränkende Gesetze genügt. Dies ist der Fall, wenn die eingreifende Norm kompetenzgemäß erlassen wurde, hinreichend bestimmt ist (Wesentlichkeitstheorie)[162] und durch hinreichende, der Art der betroffenen Betätigung und der Intensität des jeweiligen Eingriffs Rechnung tragende, Gründe des Gemeinwohls gerechtfertigt wird. Solche Gründe des Gemeinwohls tragen auch eine Inhalts- und Schrankenbestimmung des Eigentums nach Art. 14 Abs. 1 Satz 2, Abs. 2 GG, bei der die schutzwürdigen Interessen der Beteiligten in einen gerechten Ausgleich zu bringen sind.[163]

Die Bekämpfung des sozialschädlichen pathologischen Spielverhaltens dient dem Schutz überragend wichtiger Gemeinschaftsgüter und ist damit eine staatliche Aufgabe.[164] Bei der Erfüllung dieser Aufgabe steht dem nationalen Gesetzgeber ein weiter Gestaltungsspielraum zu. Er kann theoretisch das gesamte Regulierungsinstrumentarium vom repressiven Verbot bis zur Genehmigungsfreiheit einsetzen je nach den Erfordernissen des Gefährdungspotenzials. Mit anderen

---

159 OVG NW, Urteil vom 28.02.1979 - IV A 1663/75 -, OVGE 34,66 (68) = GewArch 1979,329; BayVerfGH, Urteil vom 24.11.1989 - Vf. 14-VII-86 -, BayVBl 1989,526 (528); BayVGH, Urteil vom 11.12.1990 -21 B 90.00884 -, GewArch 1991,102; OVG RP, Urteil vom 24.10.1990 - 2 A 10034/90 -. NVwZ-RR 1991, 554 = GewArch 1991, 99.

160 -1 C 19.19 -, BVerwGE 96,293 (307) = DVBl 1995, 47=DÖV 1995, 254NVwZ 1995, 475.

161 Beschluss vom 19.07.2000 - 1 BvR 539,96 -, BVerfGE 102,197 (213 f.) = NVwZ 2001,790; hierzu Ennuschat, J., Zur verfassungs- und europarechtlichen Zulässigkeit landesrechtlicher Restriktionen für private Glücksspielveranstalter, NVwZ 2001, 771 ff.

162 BVerwG, Urteil vom 23.08.1994 - 1 C 19.91 -, BVerwGE 96,302 (310).

163 BVerfG, Beschluss vom 12.03.1986 - 1 BvL 81/79 - BVerfGE 72,66 (76 f.).

164 Oben mit Fn. 25.

Worten: Die entscheidenden Weichen werden bei den Schranken-Schranken gestellt.

cc) Schranken-Schranken

Schranken-Schranken besagen, dass Grundrechtsschranken ihrerseits nicht unbeschränkt gelten. Die wichtigste Schranken-Schranke ist der Grundsatz der Verhältnismäßigkeit, der vorliegend in doppelter Weise zum Tragen kommt, einmal als Übermaßvebot bei der Glücksspielregulierung,[165] zum anderen als Datenschutzgrundsatz. Beide Anwendungsbereiche müssen in Einklang gebracht werde. Die Kontrolle des Glücksspiels darf nicht die informationelle Selbstbestimmung der Spieler verletzen. Die Lösung in beiderlei Hinsicht liegt auf längere Sicht in der Einrichtung eines staatlich kontrollierten Sperrsystems mit möglichst wenig Spielerbezug. Die Ausweitung des Sperrsystems auf alle GSG ist dabei der Königsweg, auf dem das Unionsrecht die Marschrichtung bestimmt. Um den Weg endgültig gangbar zu machen, bedarf es technischer Lösungen für die Identifizierung und Authentifizierung des Karteninhabers. Dass Lösungen möglich sind, steht aber fest. Zu klären ist lediglich, welche Lösung wirtschaftlich vertretbar und mit welchem Zeithorizont zumutbar ist. Bis zur Installation eines solchen Systems muss und kann es bei den bundesrechtlich vorgeschlagenen Verschärfungen des gewerblichen Spielrechts verbleiben, um die Korrelation von unionsrechtlichem Kohärenzprinzip und nationalem Übermaßverbot zu wahren.

dd) Folgerung

Die Durchführung von Geldspielen unterliegt in Deutschland der Gewerbefreiheit. Die Bewertung, dass das gewerbliche Geldspiel auf Grund seiner möglichen Auswirkungen auf die psychische und wirtschaftliche Situation der Spieler und seiner Eignung, Kriminalität namentlich im Bereich der Geldwäsche zu befördern, unerwünscht und schädlich sei, mag politisch vertreten werden, entspricht jedoch nicht der Rechtslage. Die Suchtgefahren der Geldspielgeräte mögen gravierend sein, aber sie betreffen nur einen geringen Teil der Bevölkerung und werden vielfach instrumentalisiert um ideologisch motivierte Aversionen gegen das Geldspiel als solches durchzusetzen oder auch nur ein fiskalisch aus-

---

165 Zur Verhältnismäßigkeit von Eingriffen in Art. 12 Abs. 1 GG, BVerfG, Beschluss vom 12.03.1986 - 1 BvL 81/79 -, BVerfGE 72,66 (80 f.), in Art.14 Abs.1 Satz 2, Abs. 2 GG Beschluss vom 14.01.2004 - 2 BvR 564/95 -, BVerfGE 110,(128), in Art. 2 Abs.,1 GG BVerwG, Urteil vom 23.06.2004 - 3 C.41.03 -, BVerwGE 121,115 (128), zur Verhältnismäßigkeit bei kumulativen Eingriffen BVerfG, Beschluss vom 27.03.2012 - 2 BvR 2258/09 -; BVerfGE 130, 372 (392).

gerichtetes Staatsmonopol abzusichern. Mit Einsatz einer datenschutzkonformen Spielerkarte verbunden mit einem übergreifenden Sperrsystem werden sich die schädlichen Folgen des Glücksspiels auf ein akzeptables Maß zurückschrauben lassen. Eine konzeptionelle Korrektur der Novelle der SpielV von 2006 ist dann nicht mehr geboten.

5 Ergebnis

Nach zahlreichen Turbulenzen befindet sich das deutsche Glücksspielwesen unionsrechtlich, wie ausgeführt, im Landeanflug. Es ist als Querschnittsmaterie schwer überschaubar und steht unter dem Verdacht der mangelnden Kohärenz. Um diesen Verdacht zu entkräften, muss der Nachweis erbracht werden, dass die Spielsucht einheitlich bekämpft wird. Das ist beim Einsatz des in Deutschland geplanten Sperrsystems mit Spielerkarte der Fall. Mehr kann unionsrechtlich nicht gefordert werden. Der rechtsstaatliche Grundsatz der Verhältnismäßigkeit setzt sich auch insoweit durch (Art. 23 Abs. 1 Satz 3 GG). Restriktive Platzrunden sind auch vor dem Hintergrund von Vertragsverletzungsverfahren nicht angebracht. Ohnehin hat sich der Kriegsschauplatz verändert. Im Blickpunkt stehen zunehmend die Online-Glücksspiele, auf die sich nunmehr die Aktivitäten der EU-Kommission konzentrieren.[166] Dort besteht Regulierungsbedarf, bei den GSG nicht.

---

166 Ein umfassender europäischer Rahmen für das Online-Glücksspiel „Mitteilung der Kommission vom 23.10.2012; COM(2012) 596 final.

Erfahrungen bei der Zulassung von Geldspielgeräten

Dieter Richter[1]

Zusammenfassung

Die Bauartzulassung von Geldspielgeräten ist gesetzlich geregelt. Im Zulassungsverfahren wird die Einhaltung der in der Spielverordnung niedergelegten gesetzlichen Anforderungen, nicht aber von darüber hinaus gehenden Eigenschaften geprüft.

Mit der Novellierung der Spielverordnung im Jahre 2006 ist ein Paradigmenwechsel vollzogen worden, bei dem einerseits von Spielelemente bezogenen Beschränkungen auf direkte Geldmengenbegrenzungen und andererseits von Vorabprüfung aller Spielsituationen auf automatische Prüfungen im laufenden Betrieb umgestellt worden ist. Damit ist auf die bis dahin stets nachlaufende Anpassung der gesetzlichen Regelungen an die sich weiterentwickelnde Technik reagiert worden.

Zentrales Element der Geldspielgeräte und deren Prüfung ist die Kontrolleinrichtung, die die Überwachung im laufenden Betrieb vornimmt. Daneben spielt die Prüfung der Geldtechnik, der Rückwirkungsfreiheit sonstiger Funktionen und der Sicherheit eine wichtige Rolle.

In den Zulassungsprozess wirkt ein systematischer Grundkonflikt zwischen den wirtschaftlichen Interessen der Hersteller bzw. Aufsteller und den aus Spielerschutzgründen vorgenommenen Beschränkungen hinein. Er besteht darin, dass Bauarten den gesetzlichen Spielraum voll ausschöpfen wollen und es dabei zu unterschiedlichen Bewertungen über die Zulassungsfähigkeit kommen kann.

Die mit der Bauartzulassung entstehenden Dokumente sind gleichzeitig Grundlage für die regelmäßige Überprüfung der Geldspielgeräte durch Sachverständige oder zugelassene Stellen und für die Überwachung der aufgestellten Geräte durch die Gewerbeaufsichtsämter.

---

1 Prof. Dr. Dieter Richter ist Leiter des Fachbereiches Metrologische Informationstechnik an der Physikalisch-Technischen Bundesanstalt und in dieser Funktion auch zuständig für die Zulassung von Geldspielgräten.

Die von der Kontrolleinrichtung erfassten Daten sind zur Ermittlung der dem Aufstellunternehmer aus dem Betrieb eines Geldspielgerätes zur Verfügung stehenden Einnahmen geeignet. Darauf lässt sich ein Steuererhebungsverfahren aufbauen, dass das derzeitige anfällige Verfahren ablösen könnte.

1 Einleitung

Die gesetzlichen Grundlagen für den Betrieb von Geldspielgeräten in Spielhallen oder Gaststätten sind in der Gewerbeordnung[2] geregelt. Insbesondere gilt eine Zulassungspflicht für Bauarten von Geldspielgeräten. Zuständig für die Zulassung ist die Physikalisch-Technische Bundesanstalt. In den gesetzlichen Regelungen ist der Maßstab für die Versagung von Bauartzulassungen wie folgt festgelegt: „Die Zulassung der Bauart eines Spielgerätes oder … sind zu versagen, wenn die Gefahr besteht, dass der Spieler unangemessen hohe Verluste in kurzer Zeit erleidet“[3]. Das Regelungssystem wird durch eine Verpflichtung der Hersteller ergänzt, nur Geräte in Verkehr zu bringen, die der zugelassenen Bauart entsprechen. Weitere Einzelheiten regelt die Spielverordnung[4,5]. Unter anderem sind dort nähere Vorschriften zum Zulassungsverfahren und zu den Anforderungen an zulassungsfähige Spielgerätebauarten erlassen worden[6]. Die Anforderungen untersetzen den gesetzlichen Maßstab der Vermeidung der Gefahr eines unangemessen hohen Verlustes in kurzer Zeit sowie weitere Schutzaspekte, zu deren Regelung die Ermächtigung in der Gewerbeordnung vorhanden ist[7]. Die Zulassung einer Bauart darf nur dann erteilt werden, wenn die geltenden Anforderungen für diese Bauart erfüllt sind. Die Zulassungsbehörde muss Untersuchungen und Prüfungen in einem solchen Umfang und in solcher Tiefe durchführen, dass die Erfüllung der Anforderungen bestätigt werden kann. Es liegt in ihrem Ermessen, sich auf Prüfungen vertrauenswürdiger Dritter zu stützen[8]. Eine Ausnahme

---

2 Gewerbeordnung (GewO) in der Fassung der Bekanntmachung vom 22. Februar 1999 (BGBl. I S. 202), zuletzt geändert am 4. März 2013 (BGBl. I S. 362).

3 § 33e Abs. 1 GewO.

4 Spielverordnung (SpielV) in der Fassung der Bekanntmachung vom 27. Januar 2006 (BGBl. I S. 280).

5 Zum Zeitpunkt des Abfassens dieses Beitrages wird die Novellierung der geltenden Spielverordnung vorbereitet.

6 §§ 11 ff SpielV.

7 § 33f GewO.

8 Im gegenwärtigen Entwurf zur Novellierung der Spielverordnung ist vorgesehen, zur Manipulationsfestigkeit von Spielgeräten Sicherheitsgutachten von anerkannten Stellen bei-

bilden die Anforderungen in § 12 Abs. 2 SpielV. Sie haben einen ergänzenden Charakter zu den Kernanforderungen in § 13 SpielV und sind von einer Art, dass sie bereits im Entwicklungsprozess zu berücksichtigen sind, später aber nicht mehr erschöpfend überprüft werden können.

Durch die in der Spielverordnung vorgenommene Konkretisierung der grundsätzlichen Regelungen in der Gewerbeordnung ist es nicht mehr Aufgabe der Bauartzulassung, eine weitere Konkretisierung vorzunehmen. Es ist vielmehr Aufgabe der Bauartzulassung, die bereits konkretisierten Vorgaben auf die unterschiedlichen technischen Entwürfe der Spielgerätebauarten anzuwenden.

Die genannten gesetzlichen Regelungen stellen den spielrechtlichen Handlungsrahmen für die Bauartzulassung dar. Vor diesem Hintergrund ist das Zulassungsverfahren ein Verwaltungsakt, in dem die Zulassungsbehörde die Konformität einer vorgestellten Bauart mit den gesetzlichen Anforderungen zu prüfen und im positiven Fall zu bescheinigen hat. Sie hat nicht das Recht, zusätzliche, gesetzlich nicht verankerte Anforderungen aufzustellen. Die Hersteller von Spielgeräten sind dort frei bei der Gestaltung ihrer Produkte, wo es keine gesetzlich geregelten Beschränkungen gibt. Insbesondere kann das Zulassungsverfahren nicht die nachfolgenden Erwartungen erfüllen:

- Allgemeine Qualitätssicherung der Spielgeräte,
- Prüfung anderer Technik, die in Spielstätten genutzt wird, aber nicht zur Bauart eines Spielgerätes gehört (z. B. Geldwechsler, Komponenten der Vernetzungstechnik),
- Bewertung des Suchtpotentials von Spielelementen,
- Prognose des Spielerverhaltens, d. h. welche Spielelemente durch welche Spielergruppen in welcher Häufigkeit voraussichtlich genutzt werden,
- Einflussnahme auf des Kräfteverhältnis am Markt,
- Überwachung aufgestellter Geräte.

Abschnitt 2 befasst sich mit Erfahrungen im Umgang mit den gesetzlichen Regelungen. Dabei wird insbesondere auf die Entwicklung eingegangen, die zur Novellierung der Spielverordnung 2006 führte sowie auf die gegenwärtig geltende Regelung. Im Abschnitt 3 werden wichtige Prüfabschnitte erläutert und über

---

bringen zu lassen. Auf diese Gutachten kann sich die PTB bei der Zulassungsprüfung stützen.

Erfahrungen bei der Prüfung berichtet. Schließlich werden im Abschnitt 4 die Potenzen für die Überwachung und für die Umsatzsteuererhebung erläutert, die sich aus der Bauartzulassung ergeben.

2 Erfahrung mit den gesetzlichen Regelungen

2.1 Entwicklung bis zur Novellierung der Spielverordnung 2006

Die Entwicklung der Durchführungsbestimmungen zu den gesetzlichen Regelungen im Bereich der Geldspielgeräte, später Spielverordnung, ist seit 1950 von einer wiederholten Anpassung der Bestimmungen an die technische Entwicklung gekennzeichnet. Einen besonderen Schub hat es seit den 80er Jahren mit der beginnenden Verwendung elektronischer Bauteile gegeben. Das hat die Möglichkeiten zur Gestaltung von Spielen weiter verbreitert. Z. B. hat es dazu geführt, dass die als Gewinnanreizbegrenzung gedachte Einführung einer Obergrenze von 100 Sonderspielen, die in einem Spiel gewonnen werden dürfen, zwar eingehalten, aber durch intelligente andere Gewinnangebote ihre Wirkung verlor. Zum Anderen begann in den 80er Jahren die Einbindung so genannter Risikoschritte, bei denen unter Gefahr des Verlustes eines bereits erspielten Gewinns der Gewinn eines noch höheren Geldbetrages in Aussicht gestellt wird. Sonderspiele und aneinander gereihte Risikoschritte (Risikoleiter) prägten das Bild der Spielgeräte von den 80er Jahren bis nach 2000. Die Abbildung 1 zeigt ein typisches Spielgerät aus den 90er Jahren.

Abb. 1: Geldspielgerät aus dem 90er Jahren (Quelle: Zulassungsarchiv der PTB)

Wegen der Umgehungsmöglichkeiten der Sonderspielbegrenzung und wegen des Spielanreizes, der von den Risikoleitern unter Einsatz von Sonderspielen ausging, hat der Verordnungsgeber die Verordnung abermals[9] ergänzt. 1985[10] wurden u. a. die folgenden Anforderungen hinzugefügt:

- In Risikospielen dürfen nicht mehr als 50 Sonderspiele gewonnen werden.
- Merkmale, die Sonderspiele auslösen, dürfen nicht von einem Spiel auf ein anderes übertragen werden.

Aus heutiger Sicht fällt auf, dass die gesetzlichen Beschränkungen stets die sichtbaren Spielelementen (Sonderspiele, Risiko, Merkmale) zum Gegenstand hatten. Was damals vermutlich noch nicht erkennbar war, später mit der fortschreitenden Computerisierung der Spielgeräte aber offensichtlich wurde, ist die Tatsache, dass die immer größere Vielfalt bei der Darstellung von Spielabläufen, Gewinnangeboten und Entscheidungssituationen nicht mehr durch Regulierung der zusammengefasst als Spielfeatures bezeichneten äußeren Darstellungen beherrscht werden kann. Denn für jedes regulierte Spielfeature entwickelten sich beliebig viele alternative Features, die nicht reguliert sind, aber eine vergleichbare Spielanreizwirkung auslösen.

Die technische Entwicklung ging auch nach der Novellierung von 1985 weiter. Als Alternative zur begrenzten Länge von Sonderspielserien entstanden unterschiedliche Wertigkeiten von Sonderspielen und die Möglichkeit, aus Sonderspielen heraus neue Sonderspiele zu gewinnen (Kumulation von Sonderspielen). Letzteres war der Schlüssel, einerseits der geltenden Längenbeschränkung von Sonderspielserien gerecht zu werden, andererseits aber doch Sonderspielserien beliebiger Länge nach und nach zu generieren. Ein anderes Spielfeature, das immer weiter ausgebaut wurde, waren die so genannten Ausspielungen. Das sind mehrere Gewinnangebote, zwischen denen der Automat zufällig auswählt. Die Ausspielungen waren nicht geregelt und waren deshalb frei gestaltbar. Gefördert wurde diese Entwicklung nun durch die aufkommende Verwendung von programmierten Spielgerätesteuerungen. Die Gestaltung von Spielfeatures wurde zu einer Frage der Programmierkunst mit einem weit offenen neuen Gestaltungsspielraum.

---

9 Vorausgegangen waren eine Reihe von Änderungen und Ergänzungen.
10 Bekanntmachung der Neufassung der Spielverordnung vom 11. Dezember 1985 (BGBl. I 1985, S. 2245-2250).

In der der bisherigen Wechselwirkung von technischer Entwicklung und gesetzlichen Regelungen innewohnenden Logik wäre eine abermalige Erweiterung der Anforderungen an Geldspielgeräte fällig geworden. Diesen Weg ist der Verordnungsgeber aber zum ersten Mal nicht mehr gegangen, sondern hat die Industrie aufgefordert, die Gefahr, die immer wieder von neuen, Spielanreiz fördernden Spielfeatures ausgeht, durch Selbstbeschränkungen einzudämmen. In diesem Zuge sind die Selbstbeschränkenden Vereinbarungen der Automatenwirtschaft[11] entstanden, in denen u. a. die Kumulation von Sonderspielen auf 150 begrenzt worden ist. Im Übrigen ist in diesen Vereinbarungen auch erstmalig eine Zwangspause nach einer Stunde Spielbetrieb eingeführt worden.

Hinsichtlich der gesetzlichen Anforderungen an die Bauart von Geldspielgeräten blieb es im Grunde bis zur Novellierung im Jahre 2006[12] bei den 1985 festgelegten Vorgaben in der Spielverordnung und den Ergänzungen in den Selbstbeschränkungsvereinbarungen der Automatenwirtschaft von 1990.

Die technische Entwicklung ging aber auch nach 1990 weiter. Die später durchweg softwaregesteuerten Geldspielgeräte bauten die Spielfeatures immer weiter aus. In der Folge wurde die Wirkung der geltenden Anforderungen, insbesondere der featureorientierten Anforderungen, immer fraglicher. In einer Studie[13] hat die PTB z. B. im Jahre 1999 nachgewiesen, dass unter Einhaltung der in der Spielverordnung verankerten Bedingungen sehr lange Sonderspielserien durch Kumulation erreicht werden konnten, die in Verbindung mit einem Höchstgewinn von 4,- DM und der damals üblichen Trefferquote von knapp 80% bei Sonderspielen zu Gewinnerwartungen von bis zu 2.000 DM in drei Stunden und 4.200 DM in zehn Stunden führen konnten. Natürlich waren solche lange Serien äußerst selten. Ebenso verlor das Verbot der so genannten Merkmalsübertragungen (Transportverbot von Sonderspielgewinnen von einem Spiel auf ein anderes Spiel) seine Wirkung, weil die Übertragung solcher Eigenschaften nun viel subtiler möglich war als durch offensichtlich in das Auge fallende Anzeigen. Auch die Anforderung nach einer Mindestauszahlquote von 60% (später dann noch verrin-

11 Bericht der Bundesregierung über Selbstbeschränkungsvereinbarungen der Automatenwirtschaft vom 15. Januar 1990, Unterrichtung des Deutschen Bundestages durch die Bundesregierung, Drucksache 11/6224.

12 Spielverordnung (SpielV) in der Fassung der Bekanntmachung vom 27. Januar 2006, BGBl. 2006 I, S. 280-286.

13 Untersuchungen zu Vorgaben für die Regelung von Geldspielgeräten, Studie des Fachbereichs „Metrologische Informationstechnik“ der PTB vom 30. November 1999.

gert um den geltenden Umsatzsteuersatz), die ohnehin als Spielerschutzfunktion schon fraglich ist, verfehlte immer mehr das Ziel. Mit der Einführung von Risikoschritten sind so viele Spielkombinationen entstanden, dass es unmöglich war, all diese Kombinationen hinsichtlich Einhaltung der Auszahlquotenregelung zu prüfen. In der Spielverordnung behalf man sich mit der Festlegung, dass die Quote beim „unbetätigten Spiel" und bei „dauerhafter Betätigung der Risikotaste" zu gelten habe. Für Mischstrategien, die in der Praxis überwiegend gespielt wurden, gab es keine Festlegungen. Zuletzt kam sogar ein Grundelement des gesamten Regelungssystems, das Spiel, um das herum nahezu alle Anforderungen angesiedelt waren, ins Wanken. Es wurde zwar immer noch der geforderte Abstand zwischen dem Beginn eines Spiel und dem Beginn des nächsten Spiels von zuletzt 12 Sekunden eingehalten, aber die Spiele wurden unterschiedlich lang, überlappten sich bzw. liefen parallel, und Gewinne waren nicht mehr immer klar einem Spiel zuordenbar. Schließlich wurde im Jahre 2005 – vor der Novellierung im darauf folgenden Jahr – bereits das erste so genannte Punktespiel vorgestellt. Es erhielt die Zulassung, weil es für Punkte oder andere Geldäquivalente keine Regelungen in der Verordnung gab.

Die oben beschriebene Situation vor Augen drängte die PTB ab Mitte der 90er Jahre auf einen grundlegenden Wandel bei den gesetzlichen Anforderungen. Die Sicherheit beim Erlassen rechtskräftiger Bescheide, so dass sie einer Überprüfung vor dem Verwaltungsgericht standhalten können, nahm ab. In der Tat häuften sich zu dieser Zeit die Verfahren beim Verwaltungsgericht.

Die Entwicklung hatte sich im Laufe der Zeit soweit zugespitzt, dass eine abnehmende Wirkung der in der Spielverordnung niedergelegten Beschränkungen zu verzeichnen war, gleichzeitig aber der Aufwand für ihre Prüfung wuchs. Es waren immer mehr und immer wieder neue Spielsituationen zu analysieren, was den Anteil (subjektiver) Interpretationen der gesetzlichen Vorschriften bei der Bewertung von Zulassungsanträgen ständig erhöhte. Prüfaufwand und Nützlichkeit der geprüften Eigenschaften drifteten auseinander. Neben dem schon dargestellten Missverhältnis zwischen dem Charakter der (featureorientierten) Anforderungen an Spielgeräte und der technischen Entwicklung der Spielgeräte war ein zweiter Aspekt maßgebend für die entstandene Situation: Dem Charakter der Anforderungen lag die Annahme zu Grunde, dass das gesamte Verhalten eines Gerätes vorab am Baumuster geprüft werden kann und damit jede erdenkliche Situation im realen Betrieb der baugleichen Spielgeräte vorab bewertet worden ist. Diese Annahme war in der Frühphase der mechanischen Spielgerätetechnik aufgrund der geringen Variabilität der Spielangebote noch gerechtfertigt. Sie begann sich aber nach und nach aufzulösen. Heute ist es nicht mehr möglich, nach der abgeschlossenen Entwicklung und unabhängig von der Entwicklung alle eintretenden Situationen im Voraus erkennen und bewerten zu können.

2.2 Die Novellierung der Spielverordnung im Jahre 2006

1999 wurde vom Verordnungsgeber die Diskussion um eine Novellierung der Spielverordnung, die auch die grundlegenden Probleme berücksichtigen sollte, angestoßen. Die Diskussionen und Vorarbeiten für eine Erneuerung der Spielverordnung führten 2006 zu wesentlich erneuerten gesetzlichen Vorschriften[14]. Einer der Gründe für die lange Vorbereitungszeit waren die grundlegenden Umstellungen, die mit der Novelle 2006 vorgenommen wurden und die erheblichen Klärungsbedarf auslösten.

Die Novelle 2006 nahm zwei Paradigmenwechsel vor, in denen die oben dargestellten Erfahrungen ihren Niederschlag fanden. Zum Einen wurden sämtliche featureorientierten Anforderungen gestrichen. Das Spielerschutzziel ist durch direkte Geldmengenbegrenzungen für Gewinne und Verluste in Bezug auf bestimmte Zeiteinheiten umgesetzt worden. Zum Anderen ist die Vorabprüfung aller Spielgeräteeigenschaften durch den verpflichtenden Einbau einer so genannten Kontrolleinrichtung (symbolische Darstellung in Abbindung 2), die im laufenden Betrieb die Einhaltung der Vorschriften überwacht und bei Bedarf erzwingt, ersetzt worden. Beide neuen Paradigmen bedingen sich, denn eine automatische Überwachung im laufenden Betrieb ist nur bei mathematisch exakten, programmtechnisch umsetzbaren Anforderungen möglich. Dies trifft bei Geld-Zeit-Bedingungen zu.

Die technischen Anforderungen, die nun im § 13 Abs. 1 SpielV niedergelegt sind und die im Rahmen des Zulassungsverfahrens zu prüfen sind, lassen sich in drei Gruppen aufteilen:

- Geldmengenbegrenzungen für Verluste und Gewinne in Bezug auf Zeiteinheiten,
- Technische Anforderungen an den Umgang mit Geld,
- Anforderungen zur Sicherung der Prüfbarkeit und zum Manipulationsschutz.

---

14 Spielverordnung (SpielV) in der Fassung der Bekanntmachung vom 27. Januar 2006, BGBl. 2006 I, S. 280-286.

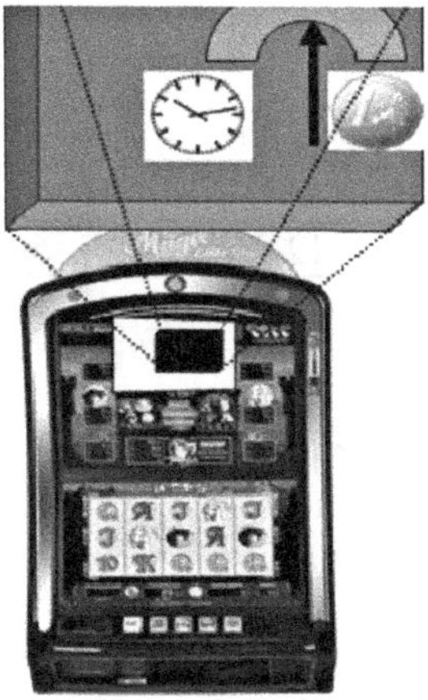

Abb. 2: Symbolische Darstellung des Einbaus einer Kontrolleinrichtung
Quelle: Zulassungsarchiv der PTB (Spielgerät)

Bei den Geldmengenbegrenzungen[15] wird nun erstmalig nicht mehr auf die Einheit eines Spiels abgestellt, sondern es werden Obergrenzen für Geldgewinne und Geldverluste in bestimmten Zeiteinheiten sowie zeitliche Mindestabstände zwischen zwei (Geld-) Einsatzleistungen und zwischen zwei (Geld-) Gewinnzahlungen festgelegt (siehe auch Begründung zur Novellierung der Spielverordnung[16]). Das Verständnis hat sich entsprechend dahin gehend verändert, dass nicht mehr ein Einsatz für ein Spiel entrichtet wird, sondern dass sich der Spieler für einen bestimmten Einsatz eine bestimmte Spielzeit mit der Option kauft, einen Gewinn in festgelegten Grenzen erzielen zu können.

Diese Anforderungen werden durch die Kontrolleinrichtung im laufenden Betrieb überwacht und durchgesetzt[17].

Die Tabelle 1 vergleicht tabellarisch die Eckwerte für Verlust und Gewinn der ab 2006 geltenden Regelung mit der Regelung davor. Vor 2006 waren nicht alle Eckwerte explizit geregelt. Sie ergaben sich jedoch rechnerisch aus anderen geregelten Größen.

---

15 § 13 Abs. 1 Nr. 1 bis 4 SpielV.

16 Verordnung des Bundesministeriums für Wirtschaft und Arbeit vom 30. August 2005: Fünfte Verordnung zur Änderung der Spielverordnung, Bundesrat, Drucksache 655/05.

17 § 13 Abs. 1 Nr. 8 SpielV.

	vor 2006	ab 2006
Eckwerte		
Verlust pro Stunde	60 €	80 €
Gewinn pro Stunde	600 €	500 €
Einsatz-/Gewinn-Frequenz	12 Sek.	5 Sek.

Tabelle 1: Vergleich von Eckwerten vor und nach der Novellierung 2006

Wertmäßige Beschränkungen für jedwede Art von dargestellten Spielelementen nichtmonetärer Art gibt es nicht mehr. Das trifft sowohl für Darstellungselemente mit völlig unbestimmtem Wert, für Darstellungselemente, denen eine Wahrscheinlichkeitsverteilung für den Wert zugeordnet ist, als auch für Darstellungselemente mit einer festen Wertzuordnung (z. B. Punkte) zu. Die Gründe für diese Umstellung sind weiter oben dargelegt.

In die Kategorie der geld- bzw. zeitbezogenen Begrenzungen fällt auch die Einführung einer Zwangspause[18]. Diese Anforderung ist aus den Selbstbeschränkungsvereinbarungen von 1990[19] übernommen und gesetzlich verankert worden. Sie schreibt in ihrem Kern vor, dass das Gerät nach einer Stunde ununterbrochenem Spielbetrieb zwangsweise eine Pause von fünf Minuten einzulegen hat[20].

Der Umgang mit Geld unterliegt in der Spielverordnung aus Spielerschutzgründen einer besonderen Aufmerksamkeit[21]. Die seit 2006 geltenden Vorschriften sind zum Teil aus der davor geltenden Fassung und zum Teil aus den Selbstbeschränkungsvereinbarungen übernommen sowie durch weitere Anforderungen ergänzt worden, die sich aus den praktischen Erfahrungen ergeben haben.

Hinsichtlich der Prüfbarkeit unterscheidet die Spielverordnung zwischen der Prüfung im Rahmen der Bauartzulassung und der Überprüfung der Nachbaugeräte auf Baugleichheit mit der zugelassenen Bauart. Für die Bauartzulassung sind

---

18 § 13 Abs. 1 Nr. 5 SpielV.

19 Bericht der Bundesregierung über Selbstbeschränkungsvereinbarungen der Automatenwirtschaft vom 15. Januar 1990, Unterrichtung des Deutschen Bundestages durch die Bundesregierung, Drucksache 11/6224.

20 Im gegenwärtigen Entwurf zur Novellierung der Spielverordnung ist vorgesehen, zusätzlich nach jeweils drei Stunden Spielbetrieb eine Rücksetzung des Spielgerätes auf den Anfangszustand vorzunehmen.

21 § 13 Abs. 1 Nr. 6 und 7 SpielV.

die erforderlichen Voraussetzungen durch den Antragsteller zu schaffen[22]. Diese Regelung gehört zur Absicherung des Zulassungsverfahrens. Die Überprüfbarkeit der Nachbaugeräte mit der zugelassenen Bauart ist dagegen eine technische Anforderung an die Spielgeräte[23].

Die Manipulationsschutzanforderung[24] ist mit der Novelle 2006 wesentlich verstärkt worden. War vor 2006 nur der Schutz gegen Veränderungen mit einfachen Mitteln gefordert, ist seit 2006 eine dem Stand der Technik entsprechende Sicherung des Spielgerätes bzw. seiner einzelnen Komponenten vorgeschrieben. Der Verordnungsgeber hat dabei ein Angemessenheitsgebot vorgesehen, indem für die jeweiligen Funktionen eine der Bedrohungslage adäquate Sicherung zu erreichen ist. Vorschriften über die Anwendung bestimmter Sicherungsverfahren gibt es nicht.

Eine Besonderheit der Spielverordnungsnovelle von 2006 ist, dass über die zu prüfenden Eigenschaften im § 13 Abs. 1 hinaus weitere Anforderungen im § 12 Abs. 2 verankert wurden. Das sind Eigenschaften, die ihrem Charakter nach nur im Entwurfs- bzw. Entwicklungsprozess der Spielgerätesoftware berücksichtigt werden können und sich einer nachträglichen erschöpfenden Bewertung entziehen. Diese Anforderungen haben ergänzenden Charakter. Ihre Erfüllung ist durch den Antragsteller schriftlich zu erklären. Sie können, falls Missachtungen festgestellt werden, auch zur Versagung der Bauartzulassung führen.

Die Technik moderner Geldspielgeräte ist weiter perfektioniert worden. Es wird inzwischen durchgängig Bildschirmtechnik zur Darstellung der Spiele verwendet. Hochauflösende Bildschirme mit Darstellungen in hD-Qualität sind zum Standard geworden. Der hohe Qualitätsmaßstab gilt entsprechend auch für die Audiotechnik.

2.3 Aktuelle Entwicklungen

Moderne Spielgeräte nutzen heute überwiegend eingebettete PC und Standard-Betriebssysteme, oft aus der Windows-Familie. Damit wird auch die für PC bereits existierende Software für die Spielgeräte nutzbar. Das betrifft z.B. Software

22 § 12 SpielV.
23 § 13 Abs. 1 Nr. 10 SpielV.
24 § 13 Abs. 1 Nr. 9 SpielV.

für graphische Darstellungen, Akustik und Animationen, aber auch für Zufallsgeneratoren und Datensicherungsverfahren. Die Vorteile liegen auf der Hand, denn die Spielgeräteindustrie profitiert direkt von der Entwicklung der PC-Technik und von Anwendungen in anderen Bereichen.

Diese Entwicklung bringt aber auch neue Gefahren mit sich, indem die Schwachstellen und Angriffsszenarien auf PC-Betriebssysteme ebenfalls in den Bereich der Geldspielgeräte importiert werden. Insbesondere wird dies zu einem Problem, wenn neue Angriffsszenarien auf Betriebssysteme erst bekannt werden, nachdem diese Systeme mit den Spielgeräten in die Nutzung gegangen sind. Tatsächlich sind auf diese Weise, d. h. über die Ausnutzung von Schwachstellen der Betriebssysteme in aufgestellten Geldspielgeräten, erfolgreiche Angriffe gelungen, bei denen der Zufall umgangen und künstlich Gewinne erzeugt worden sind.

Ein neues, erst in den letzten Jahren entstandenes Phänomen ist die hohe Verbreitungsgefahr solcher Manipulationen, insbesondere bei Geräten von Herstellern mit einem größeren Marktanteil. Denn die auf Betriebssystemen basierenden Kerne der Spielgerätesoftware sind identisch für viele, wenn nicht gar alle Bauarten. Damit erschließt sich der Hersteller ein enormes Rationalisierungspotential, nicht nur in der Entwicklung und Herstellung, sondern auch bei der Wartung der Spielgeräte. Die Technologie eines erfolgreichen Angriffs ist damit aber nicht nur auf Geräte der gleichen Bauart, sondern auch auf die Geräte all jener Bauarten übertragbar, die den gleichen Softwarekern einschließlich Betriebssystem verwenden.

Die Spielangebote (im Folgenden kurz als Spiele bezeichnet, aber nicht zu verwechseln mit dem vor 2006 geregelten Einzelspiel) sind in den letzten Jahren enorm verbreitert worden. Es ist inzwischen üblich, ein Geldspielgerät mit vielen, nicht selten mehr als 100 unterschiedlichen Spielen zu bestücken, unter denen der Spieler eine Auswahl treffen kann. In der Regel werden nicht alle Spiele sofort beim Inverkehrbringen angeboten, sondern nach und nach zur Nutzung freigegeben. Dahinter verbirgt sich eine Vermarktungsstrategie, die jenseits des Zulassungsverfahrens liegt. Aus Sicht der Zulassung ist es nur wichtig, dass alle, auch die erst zur späteren Freischaltung vorgesehen Spiele Bestandteil der Bauartzulassung sind. Ein späteres Hinzufügen von Spielen, die nicht im Umfang der Bauartzulassung enthalten sind, ist nicht erlaubt.

Neben der großen Anzahl von Spielen in den Geldspielgeräten ist heute charakteristisch, dass die Spiele selbst sehr komplex geworden sind. Sie enthalten viele

Verzweigungen und bieten dem Spieler zahlreiche Entscheidungssituationen an. Mit solchen Entscheidungen kann der Spieler zwar nicht die grundsätzlich zufälligen Gewinnentscheidungen aushebeln, aber in kleinem Rahmen die Wahrscheinlichkeitsparameter, wie z. B. die Gewinnstreuung, beeinflussen oder auch nur eine Illusion der Beeinflussung vermittelt bekommen. Diese Komplexität macht es schwer, die Abläufe nachzuvollziehen. Hinter der vielfältigen Spielgestaltung verbergen sich aufwändige mathematische Algorithmen. Es bleibt nicht aus, dass bei der Implementierung solcher Algorithmen Fehler unterlaufen. Werden solche Fehler entdeckt, führt dies zu Änderungen der Software, die auch dem Zulassungsverfahren zu unterwerfen ist. Solche Änderungen werden in Zulassungsnachträgen genehmigt. Diese Entwicklung trägt dazu bei, dass die Anzahl der Zulassungsnachträge inzwischen konstant hoch ist.

Eine weitere Erscheinung bei modernen Spielgeräten mit gegenwärtig zunehmender Tendenz stellen die so genannten Mehrfachspielgeräte dar. Solche Bauarten sind nicht auf die Benutzung von nur einer Person, sondern auf die gleichzeitige Benutzung durch mehrere Personen an je einer Spielstelle ausgelegt. Die einzelnen Spielstellen erfüllen jede für sich die Vorgaben der Spielverordnung, und die Gewinnchancen an einer Spielstelle hängen nicht davon ab, ob an anderen Spielstellen gespielt und wie dort gespielt wird. Zu einem Mehrfachspielgerät werden die Spielstellen erst dadurch, dass sie gemeinsame Komponenten nutzen, wie z. B. eine Monitoranlage mit Anzeigen, die für alle Spielstellen gelten. Im Rahmen der Zulassung ist geprüft worden, dass auch jede Spielstelle in Kombination mit der Zusatzkomponente die Bedingungen der Spielverordnung erfüllt. Dass Mehrfachspielgeräte grundsätzlich erlaubnisfähig sind, ist 1968 in einem Urteil des Bundesverwaltungsgerichtes[25] festgestellt worden. In einer Zusatzerklärung zur Umsetzung der aktuellen Spielverordnung[26] hat der Verordnungsgeber eine Obergrenze von vier Spielstellen pro Bauart festgelegt[27].

Zum Erscheinungsbild heutiger Geldspielgeräte gehört das so genannte Punktespiel. Das sind Spielabläufe, bei denen die Geldeinsätze zunächst in Geldäquivalente, in der Regel als Punkte bezeichnet, gewandelt und danach im Punkte-

---

25 Urteil des Bundesverwaltungsgerichtes vom 5. März 1968 - I C 21/67 - in Gewerbearchiv 14 Nr. 1 (1968) S. 129-130.

26 Anweisung des Bundesministeriums für Wirtschaft und Technologie an die PTB hinsichtlich Beschränkung der Zahl von Spielstellen vom 22. August 2007.

27 Im gegenwärtigen Entwurf zur Novellierung der Spielverordnung ist vorgesehen, diese Zusatzerklärung zum Verordnungsbestandteil zu machen.

bereich fortgesetzt werden. Der Spieler entscheidet sich zu einem bestimmten Zeitpunkt, einen erspielten Punktevorrat in Geld zu wandeln, oder dieser Wandlungsprozess wird zwangsweise vom Spielgerät angestoßen. Was bei dieser Art von Spielgestaltung passiert, ist die Abtrennung der spielerischen Abläufe vom Geld und damit die Freiheit, bei der Gestaltung sich nicht mehr an die für Geld geltenden Begrenzungen halten zu müssen. Das ist für die Spieleentwicklung von Vorteil, denn auf der nicht regulierten Punkteebene können die Zufallsprozesse ohne Einschränkungen laufen. Gleichzeitig generieren diese Prozesse auf Punkteebene aber keine unmittelbaren Geldgewinne, sondern nur Zustände, die zu Geldgewinnen werden können. Und bei diesem Übergang von Geld in Spielzustände und umgekehrt werden die geldbezogenen Begrenzungen erfüllt.

Freilich werden die Punktespiele benutzt, um Gewinnerwartungen in einer Höhe zu wecken, wie sie im Geldbereich nicht erlaubt sind. Unterstützt wird das oft durch Darstellungen, die der Geldmengendarstellung sehr nah sind und durch die Verwendung von Begrifflichkeiten wie Spiel, Einsatz und Gewinn im Punktebereich. Das hat zu erheblicher Kritik geführt, oft mit der Forderung verbunden, Punktespiele zu verbieten. Nun sind Punktespiele aber nur die äußerste Eskalationsstufe der Darstellung von Gewinnversprechen im nicht regulierten Bereich der Spiele. Es gab immer Gewinnversprechen in diesem Bereich (z. B. Sonderspiele als Anzahl oder in einer bestimmten Qualität), die so im regulierten Bereich der Spiele nicht möglich gewesen wären. Ein Punktespielverbot würde konsequenterweise bedeuten, alle spielerischen Abläufe unter Verwendung von Geldäquivalenten zu verbieten. Bei der heutigen Komplexität der Spiele ist dies nicht durchsetzbar, weil nicht kontrollierbar. Denn Geldäquivalente findet man nicht nur in einem zentralen, transparenten Punktespeicher, sondern auch beliebig verteilt in den Spielsequenzen. Verböte man dennoch Punktespiele, würden ein Verstecken und eine Ausweichbewegung bei der Darstellung von Gewinnversprechen in den nicht regulierten Bereich der Spiele einsetzen. Eine Verhinderung würde nicht erreicht werden.

Zum Schluss sei noch darauf hingewiesen, dass Punktespiele nicht ein Resultat der Spielverordnungsnovellierung von 2006 sind, wie es oft behauptet wird. Die erste Bauartzulassung für ein Geldspielgerät mit Spielabläufen auf Punktebasis stammt aus dem Jahre 2005, also noch auf der Basis der vor 2006 geltenden Spielverordnung. Auch damals gab es keine Regelung zur Verwendung von Geldäquivalenten. Punktespiele haben dann erst später, ca. ein Jahr nach Inkrafttreten der Novellierung von 2006, eine größere Verbreitung erfahren. Die Entwicklung hat mit dem Agieren der Marktteilnehmer zu tun; sie hätte auch früher oder später einsetzen können.

3 Erfahrungen bei der Bauartzulassung

3.1 Die Rolle der Technischen Richtlinie

Vor der Bauartzulassung findet die Prüfung der Bauart statt. Das Ziel der Bauartprüfung ist die Feststellung durch die Zulassungsbehörde, ob die zur Zulassung eingereichte Bauart die gesetzlich festgelegten Anforderungen erfüllt. Der Bauartprüfung liegen ein Baumuster und die dazugehörigen Unterlagen zugrunde.

Eine grundsätzliche Frage bei der Bauartprüfung ist die technische Auslegung der im Allgemeinen kaum technisch formulierten gesetzlichen Anforderungen. Auslegungsfragen stellen sich aufgrund der unterschiedlichen Konstruktionsprinzipien von Spielgeräten in sehr vielfältiger Weise. Auslegungsfragen stellen sich sowohl bei der Zulassungsbehörde im Zusammenhang mit dem Zulassungsverfahren als auch während der Entwicklung beim Hersteller bzw. bei dem von ihm beauftragen Subunternehmer. Divergieren die Auslegungen zu ein und demselben Sachverhalt, kann es zu unterschiedlichen Bewertungen über die Zulassungsfähigkeit bestimmter Eigenschaften der Spielgeräte kommen. Das ist nicht nur eine theoretische Option, sondern geschieht real. In der Regel wird in solchen Fällen das Fachgespräch gesucht, um zunächst auf diesem Wege Auslegungsdifferenzen auszuräumen. Gelingt dies in einzelnen Fällen nicht, muss die Zulassungsbehörde über akzeptable Auslegungsvarianten entscheiden.

Aus den besagten Gründen, aber auch um möglichst viel Transparenz zu schaffen, hat die PTB eine Technische Richtlinie[28] herausgegeben, in der unter anderem solche technische Auslegungen der gesetzlichen Anforderungen niedergelegt sind, von denen ein breiteres Interesse angenommen wird. Die Hersteller können sich bei der Entwicklung neuer Spielgerätetypen daran orientieren. Es wird auch dringend empfohlen, diese Hinweise zu beachten, um die Bauartprüfungen nicht mit grundsätzlich gelösten Auslegungsfragen zu belasten. Für Hersteller, die erstmalig einen Antrag auf Bauartzulassung stellen wollen, wird durch die

---

28 Die Technische Richtlinie für Geldspielgeräte ist unter www.ptb.de/spielgeraete abrufbar. Zurzeit gilt die Version TR 4.1 vom 21. April 2009.

Veröffentlichung der Technischen Richtlinie ein Teil der Unsicherheit über die Auslegung der gesetzlichen Bestimmungen genommen.

Eine weitere Funktion der Technischen Richtlinie ist die Bekanntmachung aller technischen Spezifikationen, die ein Baumuster einhalten muss. Das betrifft insbesondere Datenübertragungsprotokolle und Datenformate. Ein Teil der Prüfungsabschnitte besteht aus automatischen Teilprozessen. Dabei kommuniziert das Spielgerät mit einem Prüfrechner, der die übertragenen Daten auswertet. Die Einhaltung der vorgegebenen Schnittstellen ist unabdingbar. Sonst kann die Kommunikation mit dem Prüfrechner nicht durchgeführt werden, und das Spielgerät ist nicht prüfbar.

3.2 Die Prüfung der Kontrolleinrichtung

Eine wesentliche Komponente der Geldspielgräte ist die Kontrolleinrichtung (kurz KE). Sie stellt eine integrierte Überwachungseinheit dar, die laufend die Einhaltung der gesetzlichen Anforderungen gemäß § 13 Abs. 1 Nr. 1 bis 5 SpielV prüft und, falls erforderlich, weitere Einsatzleistungen oder Gewinngewährungen zeitweilig unterbindet. Ihre Funktion ist damit nicht geringer, als die Erfüllung der genannten gesetzlichen Anforderungen im laufenden Betrieb zu garantieren. Zur Prüfung der Kontrolleinrichtung sind drei verschiedene Prüfkonfigurationen erforderlich[29]. Bei der ersten, als Prüfkonfiguration A bezeichneten Konfiguration geht es um die korrekte Funktionsweise der im Geldspielgerät eingebauten Kontrolleinrichtung. Das Ziel ist die Feststellung, ob sämtliche Funktionen der Kontrolleinrichtung korrekt ausgeführt werden und ob die korrekten Daten zu Einsätzen und Gewinnen für die Weiterverarbeitung zur Verfügung gestellt werden. Dazu wird die Kontrolleinrichtung des Spielgerätes über einen angeschlossenen Prüfrechner mit Testdaten beschickt. Diese Testdaten stellen Serien von Einsatz- und Gewinnanfragen sowie Zustandsinformationen dar. Die Sollreaktion der zu prüfenden KE ist durch die gesetzlichen Anforderungen in § 13 Abs. 1 Nr. 1 bis 5 vorbestimmt. Zur Ermittlung der Sollreaktion für jeden einzelnen Datensatz wird eine Referenzkontrolleinrichtung verwendet, die in der PTB entwickelt worden ist. Zu diesem Zweck sind in der PTB inzwischen über 20.000 Testdatensätze entstanden, die alle erdenklichen Entscheidungssituation für eine KE simulieren.

29 Eine Übersichtsgraphik und ausführliche Darstellungen befinden sich in der Technischen Richtlinie.

Das gesamte Verfahren wird einheitlich bei allen Zulassungsprüfungen angewendet.

Bei der Prüfkonfiguration B besteht das Prüfziel in der Feststellung, ob das Spielgerät bestimmungsgemäß auf die Anweisungen der KE reagiert. Das betrifft die Umsetzung der Ab- bzw. Aufbuchung am Geldspeicher in genau der Höhe, wie die KE den Einsatz bzw. den Gewinn bestätigt hat. Das betrifft weiter das Unterlassen von Ab- und Aufbuchungen am Geldspeicher, wenn die KE eine Anfrage nicht bestätigt hat. Es muss gesichert sein, dass ohne Freigabe durch die KE keine Einsatz- oder Gewinnbuchungen im Geldspeicher vorgenommen werden können.

Schließlich wird bei der Prüfkonfiguration C ein Monitoring des Datenverkehrs zwischen dem Spielprogramm und KE des Gerätes im Realbetrieb durchgeführt. Das Prüfziel ist hier die Feststellung, ob der reale Datenverkehr zwischen Spielprogramm und KE identisch zur Kommunikation in den Prüfkonfigurationen A und B ist, wo einmal das Spielgerät und das andere Mal die KE durch den Prüfrechner ersetzt worden sind. Diese Identität und die Gültigkeit der vom Spielgerät gesetzten Zeitstempel sind eine Voraussetzung für die Gültigkeit der Prüfergebnisse in den Konfigurationen A und B für den Realbetrieb.

3.3 Prüfung der Geldtechnik

Bei der Prüfung der im Spielgerät eingebauten Geldtechnik stehen die Zuverlässigkeit der Geldprüfung, die Verfügbarkeit des Geldes, die Obergrenze für die Geldannahme und die Umschaltbarkeit zwischen betätigter Einzeleinsatzabbuchung und automatischer Einsatzabbuchung im Mittelpunkt. Die Zuverlässigkeit der Geldprüfung meint, dass gültige Euro-Münzen und Euro-Geldscheine mit dem richtigen Wert sicher erkannt werden. Alle anderen Münzen und Banknoten oder münz- bzw. banknotenähnliche Einwürfe müssen zurückgewiesen werden. Geldspielgeräte verwenden für die Münz- bzw. Banknotenprüfung durchgängig Standardtechnik, die von dafür spezialisierten Anbietern stammt. Das ist die gleiche Prüftechnik, die in vielen anderen Automaten (Warenautomaten, Ticketautomaten, etc.) Verwendung findet. Solche Prüftechnik erfüllt wegen der weiten Verbreitung und der unmittelbaren Betroffenheit der Kunden beim Versagen einen hohen Qualitätsstandard. Aus diesem Grund ist keine besondere Aufmerksamkeit für die Geldprüftechnik im Rahmen der Bauartprüfung erforderlich.

Bei der Frage der Verfügbarkeit des Geldes geht es zum Einen darum, dass am Geldspeicher angezeigtes Geld durch den Spieler ohne Einschränkungen und ohne die Einschaltung anderer Personen bzw. Nutzung anderer Hilfsmittel als Bargeld ausgegeben werden können muss. Dazu ist zu prüfen, ob eine leicht als solche erkennbare Bedienvorrichtung für die Geldauszahlung zur Verfügung steht und zuverlässig funktioniert. Es geht zum Anderen im Zusammenhang mit der Verfügbarkeit von Geld auch darum, dass eingeworfenes Geld richtig auf dem Geldspeicher verbucht wird. Das ist ein durchaus reales Problem, wie einige Problemfälle aus der jüngeren Zeit zeigen.

Die Spielverordnung schreibt eine Obergrenze von 25 Euro[30] für Geldspeicher bei Geldannahme vor. Diese Grenze soll die Spieler vor unkontrolliertem Geldeinwurf bewahren. Es muss geprüft werden, ob diese Obergrenze in allen erdenklichen Situationen eingehalten wird.

Die Spielverordnung schreibt weiter vor, dass dem Spieler eine Option zur handbetätigten Einzeleinsatzabbuchung vom Geldspeicher angeboten werden muss. Das soll ihm bei Bedarf eine bessere Kontrolle über seine Einsätze ermöglichen[31]. Entsprechend ist die Vorrichtung zum Umschalten zwischen Einzeleinsatz und automatischem Einsatz Gegenstand der Prüfung.

Die Prüfung der Geldtechnik im Rahmen der Bauartprüfung wird von erfahrenen Technikern durchgeführt. Sie haben im Laufe der Jahre eine besondere Fähigkeit zum Aufspüren von kritischen Situationen entwickelt.

3.4 Analyse weiterer Funktionen

Mit den beschriebenen Prüfungen der Kontrolleinrichtung und der Geldtechnik ist der größte Teil der in § 13 Abs. 1 SpielV niedergelegten funktionalen Anforderungen abgedeckt. Es verbleibt der Ausschluss von verordnungswidrigen funktionalen Eigenschaften, der ebenfalls zu betrachten ist. Dazu sind individuelle Analysen bei den Bauarten erforderlich.

---

30 Im gegenwärtigen Entwurf zur Novellierung der Spielverordnung ist vorgesehen, die Obergrenze auf 10 Euro festzusetzen.

31 Im gegenwärtigen Entwurf zur Novellierung der Spielverordnung ist vorgesehen, automatisch getätigte Einsätze auf einen Maximalbetrag von 2,30 Euro zu begrenzen.

Verordnungswidrige funktionale Eigenschaften können vielfältige Ursachen haben. Ein Bereich von großer Bedeutung ist die Kontrolle der Einstellungen, die dem Spielgerätebetreiber angeboten werden. Mit solchen Einstellungen können z. B. Spiele freigeschaltet oder abgeschaltet werden, die Aufnahmelimits der Geldaufbewahrungstechnik verändert werden, betriebswirtschaftliche Daten ausgelesen werden, etc. Erlaubt sind grundsätzlich solche Funktionen, für die es keine gesetzlichen Einschränkungen gibt und die den vorgeschriebenen Eigenschaften für Geldspielgeräte nicht entgegenstehen. Ob durch bestimmte Einstellungen die gesetzlich vorgeschriebenen Eigenschaften verletzt werden können, muss im Rahmen der Bauartprüfung festgestellt werden. Dazu ist es notwendig, die Funktionen mit ihren Einstellmöglichkeiten zu analysieren. Das geschieht durch Studium der Dokumentation zum Baumuster und die vergleichende Analyse des Geräteverhaltens. Solche Analyseprozesse sind im Allgemeinen aufwändig.

Zum Bereich des Ausschlusses verordnungswidriger funktionaler Eigenschaften gehört auch die Untersuchung von besonderen Konstruktionen. Das sind z. B. Mehrfachspielgeräte mit mehreren Spielstellen und gemeinsam genutzten Bauteilen oder Anzeigen. Hier kommen zu den Anforderungen, die für alle Geldspielgeräte zutreffen, Sonderanforderungen wie die Unabhängigkeit der Spielstellen hinzu.

Zum Ausschluss verordnungswidriger funktionaler Eigenschaften gehört weiterhin die Untersuchung aller Schnittstellen und Kommunikationsverbindungen. Es muss gesichert sein, dass nur spezifizierte Daten oder Kommandos mit bekannten Eigenschaften an das Spielgerät übermittelt werden können. Dieser Problemkreis wird als Rückwirkungsfreiheit der Geräte bezeichnet. Der Nachweis der Rückwirkungsfreiheit ist wesentlich dafür, dass ein Spielgerät nicht später durch Außeneinwirkung in einen nicht erlaubten oder in einen nicht kontrollierten Zustand überführt werden kann. Ebenso dürfen die Spielgeräteeigenschaften nicht von der aktuell spielenden Person abhängig gemacht werden können.

Genauso wichtig zur Verhinderung verordnungswidriger Funktionen ist die Prüfung der aus dem Spielgerät übertragbaren Informationen. Denn es darf nicht möglich sein, mit Hilfe von Daten aus dem Spielgerät Funktionen außerhalb des Gerätes auszuführen, die im Spielgerät nicht erlaubt wären. Hier entsteht eine Konfliktsituation mit den Interessen der Spielgeräteaufsteller, die Informationen aus dem Spielgerät zeitnah analysieren wollen, um z. B. Fehler schnell zu erkennen oder Rückschlüsse aus der Gerätenutzung für zukünftige Spielangebote ziehen zu können. Solche Informationen sind in der Regel auch zur nicht erlaubten

Verwertung außerhalb der Spielgeräte geeignet. Dieser spezielle Konflikt wurde durch eine um sieben Tage verzögerte Auslesbarkeit von Analyseinformationen gelöst.

3.5 Prüfung von Sicherheitseigenschaften

Die erwähnte Kontrolle des Imports und Exports von Informationen ist auch als ein Sicherheitsaspekt von Geldspielgeräten einzustufen. Da sich das gesamte Überwachungsverfahren von Geldspielgeräten auf die Baugleichheit der aufgestellten Geräte mit der jeweiligen zugelassenen Bauart stützt, ist die Eignung der Schutzmaßnahmen gegen nicht autorisierte Veränderungen ein wichtiges Prüfziel. Die Schutzmaßnahmen müssen insbesondere die Kontrolleinrichtung, die Spielprogramme, die Ansteuerung der Anzeigen und der Geldtechnik, die Schnittstellen und die Rückwirkungsfreiheit sonstiger, spielrechtlich nicht relevanter Funktionen einbeziehen. Bei der Eignungsprüfung der Schutzmaßnahmen wird zunächst wie bei der Prüfung der funktionalen Korrektheit von der Dokumentation des Spielgerätes ausgegangen und ihre Nachvollziehbarkeit und Eindeutigkeit untersucht. Ebenso erfolgt ein Vergleich mit der tatsächlichen Implementation im Spielgerät. Erst auf der Grundlage von eindeutigen Dokumentationen bzw. Umsetzungen kann eine Bewertung der Eignung für das jeweilige Schutzziel erfolgen.

Die Besonderheit bei der Sicherheitsprüfung ist, dass der Verordnungsgeber einen Spielraum für den anzulegenden Maßstab gelassen hat, indem nicht ein einheitlicher Sicherheitsmaßstab für alle Komponenten des Spielgerätes gefordert ist, sondern komponentenbezogene Maßstäbe möglich sind. Diese sollen sich nach dem Stand der Technik unter Zugrundelegung der jeweiligen Risikobeurteilung richten. So wird, wie oben schon erwähnt, für die Geldprüftechnik der gleiche Maßstab wie bei anderen Automaten mit Geldprüftechnik angelegt. Das ist in diesem Fall schon dadurch umgesetzt, dass die gleiche Technik von den gleichen Herstellern verwendet wird. Für den Schutz der Software, die in der Regel die Spielprogramme, die Kontrolleinrichtung und die Ansteuerungen von gesetzlich vorgeschriebenen Anzeigen und Geldtechnik umfassen, sind die Sicherheitsanforderungen so hoch angesetzt, dass Dritte nicht in der Lage sein sollen, Veränderungen vorzunehmen. Wenn es wie in der jüngeren Vergangenheit doch in einigen Fällen gelungen ist, die Sicherheitsmaßnahmen zu durchbrechen, werden geeignete Verstärkungen eingefordert. Der Sicherheitsmaßstab wird grundsätzlich dem sich verändernden Manipulationsrisiko angepasst. Das Manipulationsrisiko verändert sich z. B. auch dadurch, dass Manipulationsfälle bekannt werden und dadurch die Einschätzung über die Angriffsgefahren sich verändert. Das Ganze ist ein dynamischer Prozess.

3.6 Überprüfbarkeit der aufgestellten Spielgeräte

Im § 13 Abs. 1 Nr. 10 SpielV ist vorgeschrieben, dass die Übereinstimmung der aufgestellten Spielgeräte mit der zugelassenen Bauart überprüft werden können muss. Das ist als technische Anforderung an die Bauart zu verstehen, die im Rahmen der Bauartzulassung abgesichert werden muss. Die Baugleichheit kann grundsätzlich angenommen werden, wenn die verbauten Teile den jeweiligen Teilen im Baumuster entsprechen und wenn die Software im aufgestellten Gerät bitweise identisch zur Software im Baumuster ist. Entsprechend ist abzusichern, dass die zur Beurteilung der Baugleichheit wichtigen Bauteile im aufgestellten Spielgerät identifizierbar sind, um mit den Angaben im Zulassungsschein verglichen werden zu können. Bei einer Reihe von Bauteilen kommt es nicht auf die vollständige Gleichheit mit den Teilen im Baumuster an, sondern auf die ausreichende Kompatibilität, um die gleiche Funktion zu garantieren. In den veröffentlichten Zulassungsscheinen ist bei der Benennung der Bauteile auch der Spielraum gekennzeichnet, der für die einzelnen Geräte möglich ist. Die Prüfer, die die Überprüfung der aufgestellten Geräte vor Ort vornehmen[32], müssen ggf. beurteilen, ob das vorgefundene Bauteil im vorgegebenen Spielraum liegt.

Für die Feststellung der Baugleichheit kommt es hier darauf an, dass gesetzlich relevante Eigenschaften unverändert sind. Bei Eigenschaften, die hinsichtlich der gesetzlichen Anforderungen unbeachtlich sind und keine Rückwirkung auf die gesetzlich relevanten Eigenschaften haben, darf eine gewisse Flexibilität bestehen. Im Zulassungsschein erfolgen Hinweise, in welchem Rahmen die Flexibilität möglich ist. Das hat Auswirkungen auf den Mindestprüfumfang, der zur Feststellung der Baugleichheit als erforderlich angesehen wird. Dieser Mindestprüfumfang ist mit erfahrenen Prüfern abgestimmt und von der PTB veröffentlicht worden[33].

32 Die Überprüfung der aufgestellten Spielgeräte ist in § 7 SpielV geregelt.
33 Die Veröffentlichung ist unter www.ptb.de/spielgeraete, Menüpunkt „Überprüfung gemäß § 7“ erfolgt.

3.7 Herstellererklärungen

Eine Besonderheit stellen die Herstellererklärungen gemäß § 12 Abs. 2 SpielV dar. Die Angaben unterliegen keiner Regelprüfung, sondern werden gelegentlich einer Plausibilitätsbetrachtung unterzogen. Anlass dafür können besondere Ereignisse oder besondere Beobachtungen der Prüfingenieure sein, insbesondere wenn Zweifel an einer Herstellererklärung aufkommen. Der Umfang von Plausibilitätsbetrachtungen ist nicht festgelegt. Hier spielt das Erfahrungswissen der Prüfingenieure eine große Rolle.

3.8 Erfahrungen

Eine Erfahrung aus der Prüftätigkeit ist, dass die Prüfung der Kontrolleinrichtung und der Geldtechnik zwar nicht immer ohne Beanstandungen ausgeht, aber im Groben planbar ist. Dagegen ist der Aufwand für die Untersuchungen neuartiger Komponenten im Vornhinein oft nicht bestimmbar. Dabei kommen verschiedene Aspekte zusammen: Funktion und Wirkung der technischen Komponente, Gründlichkeit und Verständlichkeit der Dokumentation, Beurteilung der Konformität mit den gesetzlichen Anforderungen, Recherche nach ähnlichen Komponenten und Vergleich mit den getroffenen Bewertungen, ggf. Aufbereitung von Prüfverfahren und Testdaten. Aufwandserhöhend wirkt sich aus, wenn während der Prüfung Nachbesserungen eingefordert werden müssen. Das führt in der Regel dazu, dass eine Reihe von Prüfabschnitten zu wiederholen ist.

Zu den Erfahrungen zählt auch, dass ein systematischer Grundkonflikt sich bis in die Bauartprüfung hinein auswirkt. Es geht dabei um den grundsätzlichen Konflikt zwischen den wirtschaftlichen Interessen der Hersteller bzw. Aufsteller und den aus Spielerschutzgründen vorgenommen Beschränkungen. Es ist legitim, dass die Hersteller im Rahmen der gesetzlichen Vorgaben nach konstruktiven Lösungen streben, die den vollen gesetzlichen Spielraum ausschöpfen. Es bleibt dabei nicht aus, dass je nach Auslegung der Vorschriften in der Spielverordnung eine bestimmte Konstruktion als zulässig bewertet wird oder nicht. Solche Konflikte sind im Zulassungsprozess auszutragen.

Beispiele solcher Interessenskonflikte werden im Folgenden kurz beschrieben. Keine Konflikte gibt es bei der Auslegung jener Vorschriften, die durch die Kontrolleinrichtung überwacht werden.

Ein Beispiel betrifft die Ausgabe von Informationen, die für die Analyse der Spielnutzung geeignet sind. Betreiber und Hersteller interessieren sich z. B. dafür, welche Spiele bzw. welche Spielfeatures wie häufig genutzt werden und welche Gewinne dabei erzielt werden. Aus solchen Informationen können Erkenntnisse für zukünftige Angebote gewonnen werden. Solchen Informationen können aber auch Anhaltspunkte dafür liefern, ob bei der mathematischen Modellierung oder Implementierung der Spielprogramme möglicherweise Fehler unterlaufen sind, die zu nicht vorgesehenen Gewinnhäufigkeiten führen. Eine zeitnahe Auswertung solcher Informationen – möglichst automatisch unter Nutzung von online verfügbaren Daten – ist im wirtschaftlichen Interesse der Spielgerätebetreiber und -entwickler. Sie steht aber im Widerspruch zur Anforderung in § 13 Abs. 1 Nr. 7 SpielV, wonach der Spielbetrieb nur unmittelbar am Gerät stattfinden darf. Die Analyseinformationen sind im Allgemeinen auch zur Extrahonorierung besonderer Spielsituationen geeignet, die bei Übertragung nach außen extern möglich wird. Das ist aber auszuschließen. Weil Analyseinformationen und honorierbare Sondersituationen nicht klar unterscheidbar sind, kann der zeitnahe Export von Analyseinformationen aus dem Spielgerät nicht gestattet werden. Um den berechtigten Interessen von Aufstellern und Hersteller dann zu entsprechen, wenn ihnen keine Anforderungen der Spielverordnung entgegenstehen, wird die Ausgabe von Analyseinformationen erlaubt, nachdem sie mindesten sieben Tage alt sind. Es wird davon ausgegangen, dass sieben Tage alte Informationen für die Extrahonorierung von Spielsituationen uninteressant sind. Zu dieser Annahme gibt es bisher keine gegenteiligen Erkenntnisse.

Ein zweites Beispiel betrifft die Anzeige von bestimmten Höchstständen in Bezug zu der Person, die den Höchststand erreicht hat (so genannte High-Score-Listen). Dass könnten maximale Punktzahlen, längste Sonderspielserien oder ähnliches sein. Man kann davon ausgehen, dass solche High-Score-Listen einen zusätzlichen Spielanreiz darstellen und zur Umsatzsteigerung führen, also das Geldspielgerät wirtschaftlich attraktiver machen. Dem steht aber die Forderung entgegen, dass Spielergebnisse unabhängig von der spielenden Person sein müssen. Um die Erfüllung dieser Anforderung durchzusetzen, wird jegliche Erfassung personenbezogener Daten durch das Geldspielgerät untersagt. Damit ist es auch nicht möglich, personenbezogene High-Score-Listen zu führen. In dieser Frage wird keine Möglichkeit gesehen, den wirtschaftlichen Interessen zu entsprechen.

Ein drittes Beispiel, das hier noch genannt werden soll, betrifft das Softwareupdate bei aufgestellten Spielgeräten. Die Aufsteller haben ein Interesse, bei festgestellten Fehlern in der Software, insbesondere wenn sich diese Fehler wirtschaftlich negativ auswirken, schnell ein Update vornehmen zu können. Dem schnellen Update steht aber die Notwendigkeit entgegen, zunächst durch den Inhaber der Zulassung einen Zulassungsnachtrag zu erwirken, der dazu berechtigt, diese Software mit dem Gerät zu betreiben. Die Vorbereitung des Antrages und die erforderliche Prüfung können jedoch einige Zeit in Anspruch nehmen. Der Ursprung dieses Konfliktes ist grundsätzlicher Natur. Er ergibt sich bereits aus der Zulassungspflicht. Eine gewisse Entspannung wird dadurch erreicht, dass Anträge für Zulassungsnachträge nicht in die normale Bearbeitungsfolge eingereiht, sondern nach Möglichkeit sofort nach Eingang bearbeitet werden.

Abschließend sei in diesem Abschnitt noch auf das Problem der Manipulation und der Steuerhinterziehung verwiesen. Im Kontext der auch öffentlich geführten Diskussion ist grundsätzlich zwischen Manipulationen an den Spielgeräten, z. B. mit dem Ziel, hohe Gewinne unter Ausschaltung des Zufalls zu erzielen, und Manipulation an den vom Spielgerät erzeugten Daten zu unterscheiden. Die Manipulationen an Spielgeräten sind eine Angelegenheit des Spielrechts; der Schutz gegen Manipulationen ist Bestandteil der Zulassungsprüfung. Dass es einige Fälle erfolgreicher Manipulationen an aufgestellten Geldspielgeräten gegeben hat, ist ein grundsätzliches Problem, was alle IT-Systeme, selbst die mit höchsten Schutzanforderungen, haben. Bei Bekanntwerden der Manipulationen und nach Auswertung der Vorgehensweise werden die Erkenntnisse unverzüglich in zusätzlich eingeforderte Schutzmaßnahmen umgesetzt.

Bei der Manipulation von Daten handelt es sich um ein abgaberechtliches Problem. Die zu versteuernden Einnahmen werden nach unten korrigiert, um eine geringere Abgabeverpflichtung vorzutäuschen[34]. Die Manipulationen geschehen außerhalb des Spielgerätes oder beim Auslesen der Daten aus dem Spielgerät mithilfe eines Auslesegerätes, das die Manipulation vornimmt. In beiden Fällen liegt der technische Manipulationsvorgang nicht mehr in einem Bereich, der durch die Bauartzulassung abgedeckt wird. Hier müssen durch die zuständigen Finanzbehörden Maßnahmen gegenüber den Steuerpflichtigen ergriffen werden. Technische Anforderungen an die Bauart können dabei nur flankierend Unterstützung leisten.

34 Eine manipulative Korrektur nach oben wäre als Geldwäsche einzustufen.

4 Verwendung von Dokumenten und Daten

4.1 Das Kontrollsystem für Geldspielgeräte

Das Kontrollsystem für Geldspielgeräte beginnt mit der Zulassung der Bauarten und kennt zwei weitere Kontrollstufen. Die weiteren Stufen sind nicht mehr Bestandteil des Zulassungsverfahrens. Auch sind die Zuständigkeiten anders geregelt.

Die zweite Stufe des Kontrollsystems stellt die Überprüfung der aufgestellten Geldspielgeräte auf Gleichheit mit der zugelassenen Bauart dar. Sie wird von Sachverständigen oder dafür zugelassenen Stellen durchgeführt[35]. Eine Überprüfung der Spielgeräte vor der Erstaufstellung ist nicht vorgesehen, da der Hersteller bereits verpflichtet ist, die Baugleichheit abzusichern. Es geht vielmehr darum festzustellen, ob im laufenden Betrieb Veränderungen eingetreten oder vorgenommen worden sind, die die Baugleichheitseigenschaft in Frage stellen. Bei dieser Überprüfung soll nicht erneut geprüft werden, ob die Geräte die Vorgaben der Spielverordnung erfüllen. Denn mit der Gleichheitsfeststellung unter Bezug auf geprüfte und zugelassene Bauarten ist die Erfüllung der Spielverordnungsvorgaben auch für die einzelnen Geräte festgestellt.

Die dritte Stufe des Kontrollsystems wird durch die zuständigen kommunalen Gewerbeaufsichtsbehörden wahrgenommen. Die Überprüfungen vor Ort sind nicht nur auf die Aufstellung zulassungskonformer Geldspielgeräte ausgerichtet, sondern verfolgen auch Ziele, die im Zusammenhang mit den Spielstätten und ihren Genehmigungsverfahren stehen. Eine technische Überprüfung der Geldspielgeräte ist im Rahmen dieser Überwachung nicht vorgesehen bzw. vorgeschrieben.

Um die benötigten Informationen für die Überwachung verfügbar zu haben, veröffentlicht die PTB alle erteilten Bauartzulassungen einschließlich der Nachträge[36]. Die Veröffentlichung der Zulassungsscheine mit den darin enthaltenen Informationen dient nicht nur der Überprüfung der Geldspielgeräte bzw. der Wahrnehmung der Kontrollfunktion durch die Gewerbeaufsichtsbehörden, sondern kann auch für andere berechtigte Behörden oder interessierte Kreise von

35 Diese Überprüfung ist in § 7 SpielV geregelt.

36 Die Bauartzulassungen können unter www.ptb.de/spielgeraete, Menüpunkt „Zulassungen" eingesehen werden.

Interesse sein. Für einfache Überprüfungen sind keine besonderen technischen Kenntnisse oder Hilfsmittel erforderlich.

Die Überprüfung der aufgestellten Geldspielgeräte mit dem Ziel, die Übereinstimmung mit der zugelassenen Bauart festzustellen, erfordert eine Kontrolle und ggf. Bewertung, ob die im zu prüfenden Gerät vorhandenen Bauteile identisch mit den in der Bauartzulassung beschriebenen sind. Diese Kontrolle erfolgt zunächst anhand der Typbezeichnungen, kann aber in Zweifelsfällen weitergehende Untersuchungen und Bewertung erforderlich machen. Hier ist der Sachverstand der Ingenieure gefragt, die die Überprüfung durchführen. Der Sachverstand ist ebenfalls erforderlich, wenn zu beurteilen ist, ob der in der Bauartzulassung beschriebene Spielraum für Bauteile eingehalten worden ist. Es ist im Rahmen der erlaubten Flexibilität durchaus möglich, dass bei späteren Auslieferungen, die längere Zeit nach der Bauartzulassung erfolgen, oder bei Gerätereparaturen nicht exakt die gleichen Bauteile verwendet werden müssen wie in der Bauartzulassung bezeichnet, sondern kompatible Bauteile erlaubt sind.

Von besonderer Bedeutung ist die Überprüfung der Software in Geldspielgeräten. Diese Überprüfung erfordert einen Vergleich der Software im aufgestellten Gerät mit der Software des Baumusters. Um die Gleichheit auf Bitebene, die so verlangt ist, festzustellen, genügt es, qualifizierte Prüfsummen[37] der zwei Softwarepakete zu vergleichen. Das ist praktisch identisch mit dem Vergleich der vollständigen Software. Diese Verlagerung auf die Ebene der Prüfsummen erlaubt es auch, den Nominalwert, d. h. die Prüfsumme der Software im Baumuster, zu veröffentlichen, ohne die Eigentumsrechte des Herstellers zu berühren. Bei der Überprüfung wird die zu prüfende Software aus dem aufgestellten Geldspielgerät ausgelesen. Unabhängig vom Gerät wird dann die Prüfsumme dieser Software berechnet. Stimmt die Prüfsumme mit der veröffentlichten Prüfsumme überein, kann die Gleichheit der Software angenommen werden. Zur Auslesung muss meist ein spezielles Hilfsmittel, das der Hersteller des Spielgerätes bereitstellt, verwendet werden. Das ist notwendig, um zum Beispiel bei den jeweils speziellen Sicherheitsmaßnahmen den Zugang zu ermöglichen. Bedenken, dass die Bereitstellung des Hilfsmittels durch die Hersteller die Objektivität der Über-

37 Eine Prüfsumme gilt als qualifiziert, wenn sich bei Änderung der Daten (hier der Software), über die die Prüfsumme gebildet wird, sich auch die Prüfsumme ändert bzw. wenn die Wahrscheinlichkeit, dass sich die Prüfsumme nicht ändert, vernachlässigt werden kann. Derzeitig werden so genannte Hashcodes verwendet, die diese Bedingung erfüllen.

prüfung beeinträchtigen könnte, müssen nicht bestehen. Denn die PTB prüft diese Hilfsmittel, bevor sie zur Verwendung freigegeben werden.

Eine Manipulation bzw. Veränderung der Software wird dadurch festgestellt, dass sich die berechnete Prüfsumme über die zu prüfenden Software von der veröffentlichten Prüfsumme über die Software im Baumuster unterscheidet.
Bei der Überwachung der aufgestellten Geldspielgeräte durch die Gewerbeaufsichtsbehörden geht es nicht um weitere technische Prüfungen, sondern um behördliche Kontrollen der einzelnen aufgestellten Geräte. Die Überwachung stützt sich ebenfalls auf die Bauartzulassung und verwendet Daten und Informationen aus der Bauartzulassung.

Grundsätzlich wird die Prüfung der Aufstellberechtigung eines Geldspielgerätes durch die Gewerbeaufsichtsbehörden mit Hilfe des Zulassungszeichens bzw. des Zulassungsbeleges und der Prüfplakette festgestellt. Diese Dokumente werden als Nachweis der Zugehörigkeit eines konkreten Gerätes zu einer zugelassenen Bauart bzw. zur Durchführung der vorgeschriebenen Überprüfung ausgegeben.

Die Informationen im veröffentlichten Zulassungsschein bieten Optionen (keine Verpflichtung) zu weitergehenden Überprüfungen der Konformität des aufgestellten Spielgerätes mit der zugelassenen Bauart, als es allein mit Hilfe des Zulassungszeichens und der Prüfplakette möglich ist. Dafür sind keine besonderen technischen Kenntnisse oder Hilfsmittel erforderlich. Eine solche Überprüfung gibt Hinweise, ob die aktuelle Software zugelassen ist. Stimmen die angezeigten Daten nicht mit den im Zulassungsschein veröffentlichten Daten überein, ist von einer nicht zugelassenen Software auszugehen. Stimmen sie überein, stellt dies zwar noch keinen rechtskräftigen Beweis der Übereinstimmung mit der zugelassenen Software dar, sie kann aber vermutet werden. Mehr ist durch einfache Überprüfungen nicht zu leisten. Diese Optionen können auch durch andere Behörden, z. B. von Finanzbehörden, genutzt werden. Auch für Betreiber der Spielgeräte stellen diese Informationen eine Quelle für die Selbstkontrolle zur rechtmäßigen Aufstellung von Geldspielgeräten dar[38].

38 Im gegenwärtigen Entwurf zur Novellierung der Spielverordnung ist eine Pflicht des Spielgeräteaufstellers vorgesehen, sich davon zu überzeugen, dass das aufgestellte Geldspielgerät der gültigen Bauartzulassung entspricht.

4.2 Potenzen für die Erhebung der Umsatzsteuer

Die Einnahmen aus dem gewerblichen Betrieb von Geldspielgeräten unterliegen der Umsatzsteuer. Maßgeblich dafür ist ein Erlass des Bundesministeriums für Finanzen (BMF) aus dem Jahre 1994[39], in dem festgelegt ist, dass als Bemessungsgrundlage für die Umsätze des Geldspielgeräteaufstellers der Teil seiner Einnahmen anzusetzen ist, über den er selbst verfügen kann. Dieser Erlass basiert auf einem entsprechenden Urteil des Gerichtshofes der Europäischen Gemeinschaften (EuGH)[40]. Von Interesse ist die Frage, wie der Teil der Einnahmen aus den Geldspielgeräten, über den der Aufsteller verfügen kann, ermittelt wird.

Dazu wird im Folgenden ein Ansatz vorgestellt, der auf Komponenten der Geldspielgeräte zurückgreift, die im Zulassungsverfahren geprüft worden sind. Anders als beim bisher praktizierten Verfahren wird vollständig auf die Erfassung des physischen Geldverkehrs verzichtet, denn diese Daten sind unsicher. Dafür werden die Daten zugrunde gelegt, die die Kontrolleinrichtung als Einsatz und Gewinn erlaubt und entsprechend erfasst hat. Das ist möglich, weil zum Einen die korrekte Buchung von Einsätzen und Gewinnen im Rahmen der Bauartzulassung geprüft worden ist. Zum Anderen ist spielrechtlich verankert und damit auch Gegenstand der Bauartprüfung, dass die am Geldspeicher angezeigten Beträge jederzeit für den Spieler verfügbar sein müssen. Diese Absicherung bietet die Möglichkeit, die Steuererhebung allein auf die Auf- und Abbuchungen vom Geldspeicher zu stützen. Diese Ausnutzung der Besonderheiten bei Geldspielgeräten führt zu einer erheblichen Vereinfachung bei der Umsatzsteuererhebung.

Die für den Aufstellunternehmer verfügbaren Einnahmen ergeben sich im Wesentlichen aus den von der Kontrolleinrichtung aufgezeichneten Daten. Die folgende Formel stellt das Berechnungsverfahren dar:

Verfügbare Einnahmen = Summe der Einsätze
- Summe der Gewinne
+/- Veränderung der gebundenen Betriebsmittel

Als einzige Korrekturgröße kommt die Veränderung der gebundenen Betriebsmittel (Geldmittel) in der Besteuerungsperiode hinzu, die zur Abwicklung des

39 Bundesministerium für Finanzen, Erlass IV C 3 - S 7200 - 80/94 vom 5. Juli 1994.
40 Urteil des EuGH vom 5. Mai 1994, RS C-38/93 (BStBl II S. 548).

Zahlungsverkehrs im Geldspielgerät vorrätig gehalten werden müssen. Hat sich die Menge der gebundenen Betriebsmittel erhöht, ist der Änderungsbetrag von den verfügbaren Einnahmen abzuziehen. Umgekehrt ist der Änderungsbetrag zu den verfügbaren Einnahmen hinzuzurechnen, wenn sie sich verringert haben. Fehlbeträge wären ggf. auch noch von den verfügbaren Einnahmen abzuziehen. Welche Art von Fehlbeträgen aber steuerrechtlich anerkannt wird, liegt außerhalb der Betrachtung dieses Beitrages. Fehlbeträge werden deshalb hier nicht weiter diskutiert.

Die Daten aus der Kontrolleinrichtung können als sicher angesehen werden, denn sie wird bei der Bauartzulassung einer gründlichen Prüfung unterzogen. Zudem unterliegt sie einem hoch angesetzten Manipulationsschutz[41]. Der Manipulationsschutz ist Bestandteil der Bauartzulassung. Die Sicherheit der Daten für die Umsatzbesteuerung, zumindest der Daten, die von der KE geliefert werden, wird über das Bauartzulassungsverfahren gewährleistet. Sollten doch einmal Probleme auftreten, muss im Zulassungsverfahren darauf reagiert werden. Diese Einbettung in das Zulassungsverfahren ist beim derzeitigen Verfahren zur Umsatzsteuererhebung nicht gegeben.

Beim zweiten Teil der Formel zur Ermittlung der verfügbaren Einnahmen handelt es sich nicht um Daten aus der Kontrolleinrichtung. Das sind Angaben, die am Geldspielgerät zu ermitteln sind. Das kann unter Verwendung elektronischer Füllstandsanzeigen oder Münzwaagen, aber auch durch manuelles Auszählen geschehen. Ob auch Schätzungen akzeptiert werden und ggf. mit welcher Fehlertoleranz, müssten die Finanzbehörden entscheiden. In allen Fällen würden Verfahren und ggf. technische Hilfsmittel zur Anwendung kommen, die nicht der Bauartzulassung unterliegen. Diese Daten müssten vom Aufstellunternehmer ermittelt werden. Sie sind also nicht über ein behördliches Verfahren gesichert.

Es gibt aber eine Reihe von Zusammenhängen, die für Überprüfungen der Daten über die Füllstandmengen bzw. deren Veränderung herangezogen werden können. Zunächst gilt für die gesamte Aufstellzeit eines Geldspielgerätes, dass die verfügbaren Einnahmen sich allein aus der Differenz der Einsatzsumme und der Gewinnsumme über die Aufstellzeit ergeben. Für diese Zeitspanne ist die Veränderung der gebundenen Betriebsmittel Null, denn vor und nach der Aufstellzeit

---

41 Im gegenwärtigen Entwurf zur Novellierung der Spielverordnung ist vorgesehen, den Manipulationsschutz von Spielgeräten noch weiter zu erhöhen, indem Sicherheitsgutachten von anerkannten IT-Sicherheitsprüfstellen beizubringen sind.

sind keine Betriebsmittel durch das jeweilige Gerät gebunden. Somit errechnet sich die Gesamtbilanz über die Aufstellzeit eines Gerätes allein aus Daten, die von der Kontrolleinrichtung stammen, also sicher sind. Die dafür geltende Formel verkürzt sich wie folgt:

Verfügbare Einnahmen = Summe der Einsätze
- Summe der Gewinne

Sollte der Aufstellunternehmer zwischenzeitlich unrichtige Angaben über die gebundenen Betriebsmittel gemacht haben, wird das spätestens bei der Außerbetriebnahme des Geldspielgerätes festgestellt. Es ist also gesichert, dass keine Umsatzsteuer verloren geht. Die Einziehung könnte sich schlimmstenfalls verzögern.

Eine weitere Möglichkeit zur Überprüfung der deklarierten gebundenen Betriebsmittel besteht während der Aufstellzeit eines Geldspielgerätes, wenn die Füllstände vor Ort überprüft werden. Für die Überprüfung können die im Geräte vorhandenen elektronischen Hilfsmittel (Zähler) oder Münzwaagen genutzt werden oder aber die Füllmenge kann manuell ausgezählt werden. Hat man vertrauenswürdige Daten über die Füllstände zu einem bestimmten Zeitpunkt, kann man für die Zeit vom Aufstellungsbeginn bis zum Prüfzeitpunkt die verfügbaren Einnahmen zuverlässig bestimmen. Dafür gilt die folgende Formel:

Verfügbare Einnahmen = Summe der Einsätze
- Summe der Gewinne
- Füllmenge zum Prüfzeitpunkt

Mit der Wahl von Prüfzeitpunkten steht ein Instrument zur Verfügung, entweder regelmäßig oder anlassbedingt die Korrektheit von Aufstellerangaben zu überprüfen. Wird dieses Instrument nicht angewendet, bleibt immer noch die Kontrolle bei Außerbetriebnahme der Geräte. Darüber hinaus gibt es weitere Möglichkeiten einer Plausibilitätsprüfung, die hier aber nicht im Einzelnen dargestellt werden können.

Vergleicht man den Vorschlag mit dem derzeitig angewendete Verfahren, dann sind folgende Vorteile zu nennen:

1. Das vorgeschlagene Verfahren ist transparent und leicht verständlich.

2. Das vorgeschlagene Verfahren nutzt die über das Bauartzulassungsverfahren gesicherten Daten aus der Kontrolleinrichtung.
3. Das vorgeschlagene Verfahren benötigt keine Daten von ungeprüfter Zähltechnik.
4. Die Angaben zu den gebundenen Betriebsmitteln sind überprüfbar.
5. Spätestens bei der Außerbetriebnahme eines Geldspielgerätes sind zwischenzeitlich unrichtigen Angaben zu den gebundenen Betriebsmitteln auch ohne Zwischenprüfungen korrigierbar.

Quellenverzeichnis

Gewerbeordnung (GewO) in der Fassung der Bekanntmachung vom 22.02.1999 (BGBl. I S. 202), zuletzt geändert am 04.03.2013 (BGBl. I S. 362).

Spielverordnung (SpielV) in der Fassung der Bekanntmachung vom 27.01.2006 (BGBl. I S. 280).

Bekanntmachung der Neufassung der Spielverordnung vom 11.12.1985 (BGBl. I 1985, S. 2245-2250).

Bericht der Bundesregierung über Selbstbeschränkungsvereinbarungen der Automatenwirtschaft vom 15.01.1990, Unterrichtung des Deutschen Bundestages durch die Bundesregierung, Drucksachen 11/6224.

Untersuchungen zu Vorgaben für die Regelung von Geldspielgeräten, Studie des Fachbereichs „Metrologische Informationstechnik" der PTB vom 30.11.1999.

Verordnung des Bundesministeriums für Wirtschaft und Arbeit vom 30.08.2005: Fünfte Verordnung zur Änderung der Spielverordnung, Bundesrat, Drs. 655/05.

Urteil des Bundesverwaltungsgerichtes vom 05.03.1968 - I C 21/67 - in Gewerbearchiv 14 Nr. 1 (1968) S. 129-130.

Anweisung des Bundesministeriums für Wirtschaft und Technologie an die PTB hinsichtlich Beschränkung der Zahl von Spielstellen vom 22.08.2007.

Technische Richtlinie der PTB für Geldspielgeräte, Version 4.1 vom 21.04.2009, abrufbar unter www.ptb.de/spielgeraete.

Datenbank der Bauartzulassungen, abrufbar unter www.ptb.de/spielgeraete.

Allgemeine Erläuterungen und Erklärungen der PTB, abrufbar unter www.ptb.de/spielgeraete.

Erlass des Bundesministerium für Finanzen, Erlass IV C 3 - S 7200 - 80/94 vom 05.07.1994.

Urteil des EuGH vom 05.05.1994, RS C-38/93 (BStBl II S. 548).

Erfahrungen bei der Prüfung von Geldspielgeräten

Thomas Noone[1]

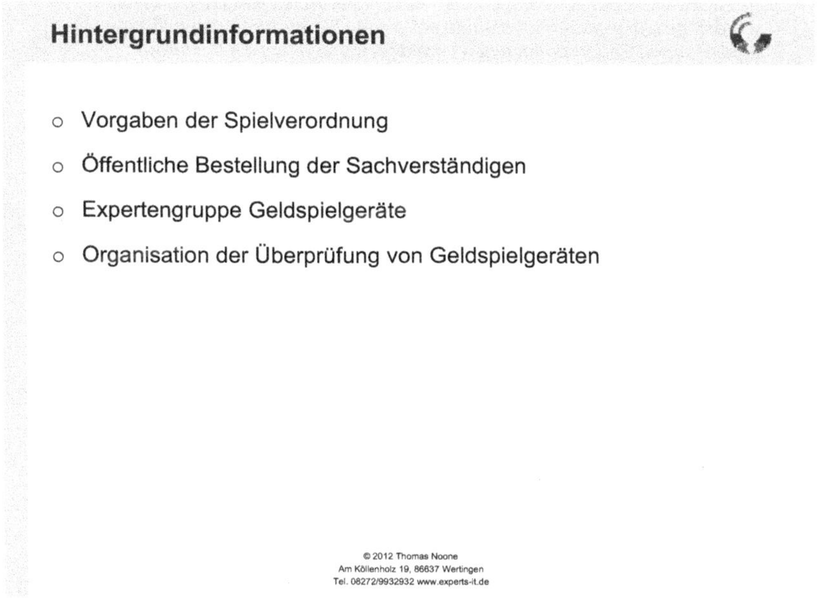

---

1 Dipl.-Inf. (FH) Thomas Noone, M. Sc. ist ein von der IHK Schwaben öffentlich bestellter und vereidigter Sachverständiger für Systeme und Anwendungen der Informationsverarbeitung und die Überprüfung von Geldspielgeräten.

Vorgabe der Spielverordnung

Regelmäßige Prüfung durch öbuv. Sachverständige zur Feststellung der Bauartkonformität

§7 (1): *„Der Aufsteller hat ein Geldspielgerät spätestens 24 Monate nach dem im Zulassungszeichen angegebenen Beginn der Aufstellung und danach spätestens alle weiteren 24 Monate auf seine Übereinstimmung mit der zugelassenen Bauart durch einen vereidigten und öffentlich bestellten Sachverständigen oder eine von der Physikalisch-Technischen Bundesanstalt zugelassene Stelle auf seine Kosten überprüfen zu lassen."*

§13 (1) 10: *„Das Spielgerät muss so gebaut sein, dass die Übereinstimmung der Nachbaugeräte mit der zugelassenen Bauart überprüft werden kann."*

Öffentliche Bestellung

- Bestellung durch die IHKs oder andere Institutionen für verschiedene Sachgebiete
- Laut Sachverständigenordnung ist Voraussetzung für die öffentliche Bestellung, dass
  ... sie/er erheblich über dem Durchschnitt liegende Fachkenntnisse, praktische Erfahrungen und die Fähigkeit Gutachten zu erstatten, nachweist;
  ... sie/er in geordneten wirtschaftlichen Verhältnissen lebt;
  ... sie/er die Gewähr für Unparteilichkeit und Unabhängigkeit sowie für die Einhaltung der Pflichten einer/s öffentlich bestellten Sachverständigen bietet.
- Verfahren
  - Vorlage von Referenzen und Gutachten
  - Prüfung in einem Fachgremium
  - Vereidigung

Öffentliche Bestellung

Pflichten eines öbuv. Sachverständigen

(1) Die/der Sachverständige darf sich bei der Erbringung ihrer/seiner Leistungen keiner Einflussnahme aussetzen, die ihre/seine Vertrauenswürdigkeit und die Glaubhaftigkeit ihrer/seiner Aussagen gefährdet (**Unabhängigkeit**).

(2) Die/der Sachverständige darf keine Verpflichtungen eingehen, die geeignet sind, ihre/seine tatsächlichen Feststellungen und Beurteilungen zu verfälschen (**Weisungsfreiheit**).

(3) Die/der Sachverständige hat ihre/seine Aufträge unter Berücksichtigung des aktuellen Standes von Wissenschaft, Technik und Erfahrung mit der Sorgfalt einer/s ordentlichen Sachverständigen zu erledigen. Die tatsächlichen Grundlagen der fachlichen Beurteilungen sind sorgfältig zu ermitteln und die Ergebnisse nachvollziehbar zu begründen. Sie/er hat in der Regel die von den Industrie- und Handelskammern herausgegebenen Mindestanforderungen an Gutachten und sonstigen von den Industrie- und Handelskammern herausgegebenen Richtlinien zu beachten (**Gewissenhaftigkeit**).

Expertengruppe Geldspielgeräte

Die Expertengruppe Geldspielgeräte dient dem fachlichen Erfahrungsaustausch und der Weiterbildung einer Reihe von öbuv. Sachverständigen der Sachgebiete Systeme und Anwendungen der Informationsverarbeitung sowie Überprüfung von Geldspielgeräten.

© 2012 Thomas Noone
Am Köllenholz 19, 86637 Wertingen
Tel. 08272/9932932 www.experts-it.de

Organisation der Überprüfung

- Auftraggeber
  - Aufsteller oder
  - Händler
- Übliches Vorgehen
  - Überprüfung vor Ort oder
  - Überprüfung beim Händler
- Ergebnisse
  - Plakette und
  - Prüfbericht

Hinweis:

Dem öbuv. Sachverständigen ist gemäß Sachverständigenordnung untersagt, „bei der Ausübung ihrer/seiner Tätigkeit erlangte Kenntnisse Dritten unbefugt mitzuteilen oder zum Schaden anderer oder zu ihrem/seinem oder zum Nutzen anderer unbefugt zu verwerten."

Geldspielgeräte ...

- Hardwarebasis
  - PC Technik
  - Münz- und Geldscheintechnik
- Software auf
  - EPROM
  - CF
  - Datenbanken (adp)
  - Festplatten

© 2012 Thomas Noone
Am Köllenholz 19, 86637 Wertingen
Tel. 08272/9932932 www.experts-it.de

... Geldspielgeräte

- o Überprüfung durch
  - Augenschein
  - EPROM-Lesegeräte
  - Gerätespezifische Herstellersoftware
- o Mittels Prüfsummen
  - Außenabfrage
  - Auslesen des geöffneten Geräts

Außenabfrage ...

Außenabfrage ergibt Software-Version SP 6

... Zulassungsdaten

alle Softwareversionen, einschließlich Nachträge:

Version	Checksumme	Bemerkungen
SP 5	5C B2	gültig ab 11.12.2008
CE 12	B8 4F	gültig ab 11.12.2008
SP 7	1C 63	gültig ab 30.03.2009
CE 12	B8 4F	gültig ab 11.12.2008

- Außenprüfung deckt erfolgreich die nicht zugelassene Softwareversion (SP 6) auf.
- Die Auslieferung erfolgte nachweislich durch den Hersteller und somit war das Gerät 2 Jahre mit dieser Softwareversion in Betrieb.

→ Illegales Glücksspiel durch Aufsteller

Außenabfrage ...

Außenabfrage ergibt Build 110

... Zulassungsdaten

alle Softwareversionen, einschließlich Nachträge:

Version	Checksumme	Bemerkungen
v1.00 (Build 100)	a5a0264c e28f401e 42b3061d 5a45d16d	gültig ab 30.07.2010
TR3.x 3.3-071116	A7B6	gültig ab 30.07.2010
v1.00 (Build 100); TR4.1 V1.00-100223	a5a0264c e28f401e 42b3061d 5a45d16d	gültig ab 30.07.2010
V1.00 (Build 115); TR4.1 V1.00-100223	ee510b2a 007da74c 6ae0a477 a35a719a	gültig ab 21.03.2012

- Außenabfrage deckt erfolgreich den nicht zugelassenen Build 110 auf.
- PC war noch originalversiegelt im Austausch durch Hersteller.
- Aufsteller befindet sich im Rechtsstreit mit Hersteller.

→ Illegales Glücksspiel durch Aufsteller

Außenabfrage ... Innenprüfung

Außenabfrage

Zulässige Version wird angezeigt

Innenprüfung

CF-Karte augenscheinlich original.
Wiederholte Prüfungen der CF-Karte ergeben unterschiedliche von der Zulassung abweichende Checksummen.

Schlussfolgerung

Die in der Außenabfrage angezeigte Checksumme kann nicht auf dem Inhalt der CF-Karte basieren!

Außenabfrage … Innenprüfung …

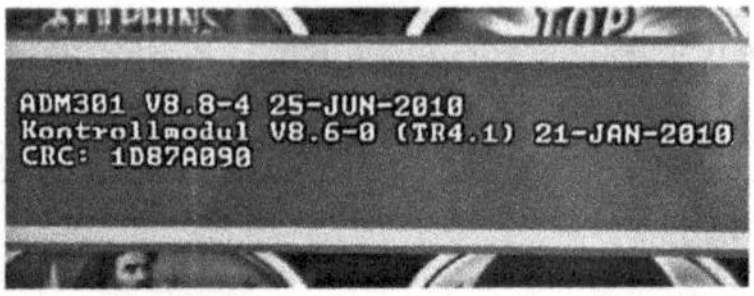

V8.8-4; V8.6-0 (TR 4.1)	1D87 A090	ungültig ab 01.07.2012
V8.8-5; V8.7-0 (TR4.1)	5C71EC4F	gültig ab 11.04.2012
V8.8-6; V8.7-0 (TR4.1)	9DC07BBF	gültig ab 12.09.2012

<u>Außenabfrage</u>
Bis 01.07.2012 zulässige Version angezeigt.

<u>Innenprüfung</u>
CF-Karte von Hand beschriftet.
Wiederholte Prüfungen der CF-Karte ergeben <u>eine</u> von der Zulassung abweichende Checksumme.

… Besonderheiten

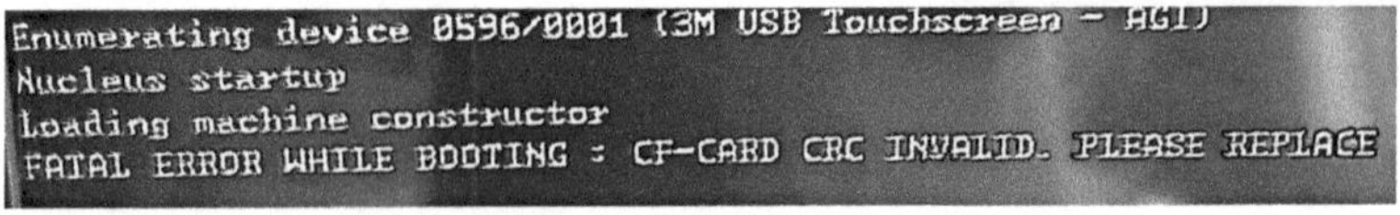

Unzulässige CF-Karte funktioniert <u>nur</u> an dem dafür vorgesehenen Gerät:

- CF-Karte wurde vom „Lieferant" auf die Seriennummer des Geldspielgeräts codiert.
- CF-Karte ist nicht übertragbar oder sinnvoll kopierbar.
- <u>Da originaler und manipulierter Binärcode verschlüsselt sind, liegt die Vermutung sehr nahe, dass der „Lieferant" Detailkenntnisse über den Software-Herstellungsprozess besitzen muss und diesen reproduzieren kann.</u>

Organisation der Überprüfung

- Auftraggeber
  - Aufsteller oder
  - Händler
- Übliches Vorgehen
  - Überprüfung vor Ort oder
  - Überprüfung beim Händler
- Ergebnisse
  - Plakette und
  - Prüfbericht

Hinweis:

Dem öbuv. Sachverständigen ist gemäß Sachverständigenordnung untersagt, „bei der Ausübung ihrer/seiner Tätigkeit erlangte Kenntnisse Dritten unbefugt mitzuteilen oder zum Schaden anderer oder zu ihrem/seinem oder zum Nutzen anderer unbefugt zu verwerten."

Verfristungsproblematik

Anzeige in der untersten Zeile des unteren Bildschirms:

Novo Line Stand v1.00 (Build 75) – MD5 a413 1ff7 7951 89d9 5511 aa23 011f 282a
NSM KONTROLLEINRICHTUNG 3.3-071116 (A7B6)

Die Programmänderungen zur Beseitigung festgestellter **Funktionsfehler** und **Manipulationsanfälligkeit** sind in den Schreiben des Zulassungsinhabers vom 14. Juli 2009 und 5. August 2009 beschrieben.

Alle vor dem 12. August 2009 zugelassenen Programmversionen verlieren am 1. Dezember 2009 ihre Gültigkeit.

- Auf jeden Fall für neu auf den Markt gebrachte Geräte zutreffend.
- Was trifft auf Geräte zu, die davor auf den Markt gebracht wurden?
  - Laut PTB ist die Plakette zu verweigern, wenn zwischenzeitlich ungültige Programmversion auf dem Gerät.
  - Laut PTB ist bei Klageandrohung durch den Aufsteller die Plakette zu erteilen.

Fazit der Geräteprüfung

- Eine Außenabfrage mit korrektem Ergebnis ist im Hinblick auf die beobachteten Manipulationen oder Auslieferungsfehler faktisch ohne jegliche Aussagekraft.
- Die regelmäßige Überprüfung ist aufgrund austauschbarer Software praktisch wirkungslos.
- Das Verfahren enthält (juristische) Regelungslücken.
- Aufgrund der Anforderungen der öffentlichen Bestellung können Sachverständige eine Bauartkonformität nach dem „Stand der Technik" wegen der unzureichenden technischen Gegebenheiten nicht bestätigen.

Fragen?

Vielen Dank für Ihre Aufmerksamkeit!

© 2012 Thomas Noone
Am Köllenholz 19, 86637 Wertingen
Tel. 08272/9932932 www.experts-it.de

Glücksspielrechtliche Werberichtlinien

Tilman Becker[1]

In Deutschland ist das Werberecht kein einheitliches, in sich geschlossenes Rechtsgebiet. Vielmehr beschränkt eine ganze Reihe von Gesetzen die Werbegestaltung. Früher waren die gesetzlichen Bestimmungen vor allem zum Schutz der Mitbewerber des werbetreibenden Unternehmens gedacht. Der Schutz des Verbrauchers stand dabei weniger im Vordergrund. Doch in den letzten Jahrzehnten hat ein Umdenken in der Gesellschafts- und Verbraucherpolitik stattgefunden, insbesondere auch auf der Ebene der Europäischen Union. Es wurde eine Reihe rechtlicher Bestimmungen geschaffen, die die Position des Verbrauchers stärken und die werbliche Beeinflussung beschränken sollen.

Für das Werberecht gilt zunächst einmal nationales Recht. Jedoch erlässt im Zuge der Binnenmarktharmonisierung die EU Richtlinien und Verordnungen. Die Mitgliedsstaaten sind verpflichtet, Richtlinien in nationales Recht umzuwandeln. Hingegen sind Verordnungen direkt in allen Mitgliedsstaaten gültig.

Der Bereich der Werbung ist durch eine Vielzahl von Gesetzen geregelt, die beachtet werden müssen. Auf die wichtigsten Gesetze für die Glücksspielwerbung wird im Folgenden eingegangen.

Das Gesetz gegen den unlauteren Wettbewerb (UWG)[2] dient dem Schutz der Mitbewerber, der Verbraucherinnen und Verbraucher sowie der sonstigen Marktteilnehmer vor unlauteren geschäftlichen Handlungen. Es schützt zugleich das Interesse der Allgemeinheit an einem unverfälschten Wettbewerb.

In Paragraph 3 findet sich die Generalklausel:

(1) Unlautere geschäftliche Handlungen sind unzulässig, wenn sie geeignet sind, die Interessen von Mitbewerbern, Verbrauchern oder sonstigen Marktteilnehmern spürbar zu beeinträchtigen.

---

1 Prof. Dr. Tilman Becker ist Geschäftsführender Leiter der Forschungsstelle Glücksspiel an der Universität Hohenheim.

2 Gesetz gegen den unlauteren Wettbewerb in der Fassung der Bekanntmachung vom 3. März 2010.

(2) Geschäftliche Handlungen gegenüber Verbrauchern sind jedenfalls dann unzulässig, wenn sie nicht der für den Unternehmer geltenden fachlichen Sorgfalt entsprechen und dazu geeignet sind, die Fähigkeit des Verbrauchers, sich auf Grund von Informationen zu entscheiden, spürbar zu beeinträchtigen und ihn damit zu einer geschäftlichen Entscheidung zu veranlassen, die er andernfalls nicht getroffen hätte. Dabei ist auf den durchschnittlichen Verbraucher oder, wenn sich die geschäftliche Handlung an eine bestimmte Gruppe von Verbrauchern wendet, auf ein durchschnittliches Mitglied dieser Gruppe abzustellen. Auf die Sicht eines durchschnittlichen Mitglieds einer auf Grund von geistigen oder körperlichen Gebrechen, Alter oder Leichtgläubigkeit besonders schutzbedürftigen und eindeutig identifizierbaren Gruppe von Verbrauchern ist abzustellen, wenn für den Unternehmer vorhersehbar ist, dass seine geschäftliche Handlung nur diese Gruppe betrifft.

(3) Die im Anhang aufgeführten geschäftlichen Handlungen gegenüber Verbrauchern sind stets unzulässig.

Es wird hier bereits deutlich zwischen der Gruppe der nicht schutzbedürftigen und der Gruppe der „besonders schutzbedürftigen und eindeutig identifizierbaren Gruppe von Verbrauchern" unterschieden. Pathologische Spieler wären eindeutig zu der zweiten Gruppe zu rechnen.

Der Anhang, eine Liste unzulässiger Geschäftspraktiken, wurde im Rahmen der Umsetzung der europäischen Richtlinie über unlautere Geschäftspraktiken eingeführt. Eine unzulässige Handlung im Sinne von Paragraph 3 Absatz 3 in dieser Liste mit der Nummer 16 ist „die Angabe, durch eine bestimmte Ware oder Dienstleistung ließen sich die Gewinnchancen bei einem Glücksspiel erhöhen." Hierdurch wird die Generalklausel konkretisiert.

In dem UWG findet sich eine Reihe von generellen Beschränkungen der Werbung. So handelt nach Paragraph 4 unlauter, wer den Werbecharakter von geschäftlichen Handlungen verschleiert oder die Entscheidungsfreiheit der Verbraucher durch Ausübung von Druck beeinträchtigt. Schleich- und Angstwerbung sind damit verboten. In Paragraph 5 wird irreführende Werbung verboten. In Paragraph 6 wird die Zulässigkeit vergleichender Werbung gesetzlich normiert.

Der Deutsche Bundestag beschloss am 26. März 2009 in zweiter und dritter Lesung das Gesetz zur Bekämpfung unerlaubter Telefonwerbung und zur Verbesserung des Verbraucherschutzes bei besonderen Vertriebsformen. Es trat am 4. August 2009 in Kraft. Das Gesetz sieht verschiedene Änderungen und Klarstellungen im Bürgerlichen Gesetzbuch (BGB), dem Gesetz gegen den unlauteren Wettbewerb (UWG), dem Telekommunikationsgesetz und der BGB-Informationspflichten-Verordnung vor.

Verstöße gegen das schon zuvor bestehende Verbot der unerlaubten Telefonwerbung können nun mit einer Geldbuße bis zu 50.000 € geahndet werden. Der § 7 Abs. 2 Nr. 2 UWG wurde so umformuliert, dass ein Werbeanruf nur dann als zulässig zu betrachten ist, wenn der Angerufene vorher ausdrücklich erklärt hat, Werbeanrufe erhalten zu wollen. Bei Werbeanrufen darf der Anrufer seine Rufnummer nicht mehr unterdrücken, um seine Identität zu verschleiern. Der Verbraucher bekommt außerdem mehr Möglichkeiten, Verträge zu widerrufen, die telefonisch abgeschlossen wurden. Auch Verträge über den Bezug von Zeitungen, Zeitschriften und Illustrierten sowie Lotterie-Dienstleistungen können nun – anders als zuvor – widerrufen werden.

Schon das UWG in der alten Fassung stellte werbende Telefonanrufe ohne Einwilligung des Verbrauchers als unzumutbare Belästigung dar. Untersagt waren und sind Telefonanrufe, die eine Wettbewerbshandlung darstellen, d. h. Anrufe, die den Zweck verfolgen, den Absatz oder den Bezug von Waren, die Erbringung oder der Bezug von Dienstleistungen zu fördern.

In Paragraph 7 wird definiert, was eine unzumutbare Belästigung und damit unzulässige Werbung ist. Eine unzumutbare Belästigung ist stets anzunehmen bei Werbung mit einem Telefonanruf gegenüber einem Verbraucher ohne dessen Einwilligung, bei Werbung unter Verwendung einer automatischen Anrufmaschine, eines Faxgerätes oder elektronischer Post, ohne dass eine vorherige ausdrückliche Einwilligung des Adressaten vorliegt. Eine unzumutbare Belästigung ist auch die Werbung mit einer Nachricht, bei der die Identität des Absenders, in dessen Auftrag die Nachricht übermittelt wird, verschleiert oder verheimlicht wird oder bei der keine gültige Adresse vorhanden ist, an die der Empfänger eine Aufforderung zur Einstellung solcher Nachrichten richten kann, ohne dass hierfür andere als die Übermittlungskosten nach den Basistarifen entstehen. Abweichend hiervon ist bei Werbung unter Verwendung elektronischer Post eine unzumutbare Belästigung nicht anzunehmen, wenn ein Unternehmer im Zusammenhang mit dem Verkauf einer Ware oder Dienstleistung von dem Kunden dessen elektronische Postadresse erhalten hat, der Unternehmer die Adresse zur Direktwerbung für eigene ähnliche Waren oder Dienstleistungen verwendet, der Kunde der Verwendung nicht widersprochen hat und der Kunde bei Erhebung der Adresse und bei jeder Verwendung klar und deutlich darauf hingewiesen wird, dass er der Verwendung jederzeit widersprechen kann, ohne dass hierfür andere als die Übermittlungskosten nach den Basistarifen entstehen.

In der Liste im Anhang zum UWG wird die in eine Werbung einbezogene unmittelbare Aufforderung an Kinder, selbst die beworbene Ware zu erwerben oder die beworbene Dienstleistung in Anspruch zu nehmen oder ihre Eltern oder andere Erwachsene dazu zu veranlassen, als unzulässige geschäftliche Handlung ausdrücklich erwähnt.

Außer dem Verbot mit erhöhten Gewinnchancen zu werben, sieht das UWG keine speziellen Regulierungen für den Glücksspielsektor vor. Neben diesen Regelungen in dem UWG gelten noch weitere spezielle Regelungen für Glücksspielwerbung in den Staatsverträgen, beginnend mit dem Lotteriestaatsvertrag über den Glücksspielstaatsvertrag a. F. bis hin zum Glücksspielstaatsvertrag neuer Fassung.

Der Staatsvertrag zum Lotteriewesen in Deutschland (Lotteriestaatsvertrag) galt vom 1. Juli 2004 bis 31. Dezember 2007.

Mit dem Urteil des Bundesverfassungsgerichts vom 28. März 2006[3] zu Sportwetten wurde eine Neuregelung für Sportwetten bis zum 31. Dezember 2007 notwendig. In dem Staatsvertrag zum Glücksspielwesen in Deutschland (Glücksspielstaatsvertrag alter Fassung), der zum 1. Januar 2008 in Kraft trat, wurden jedoch nicht nur die Sportwetten neu geregelt, sondern auch die Lotterien, insbesondere die Regelungen für Werbung wurden geändert. Erstmalig wurden auch die Spielbanken in den Glücksspielstaatsvertrag aufgenommen.

Der Glücksspielstaatsvertrag alter Fassung lief zum 31. Dezember 2011 aus. Mit dem Ersten Staatsvertrag zur Änderung des Staatsvertrages zum Glücksspielwesen in Deutschland (Glücksspieländerungsstaatsvertrag)[4] wurde der Glücksspielstaatsvertrag alter Fassung revidiert. Der Glücksspielstaatsvertrag neuer Fassung ist maßgeblich von Entscheidungen des Europäischen Gerichtshofs im Rahmen von Vorabentscheidungsersuchen bestimmt.[5] Es wurde von dem Europäischen

---

3 Urteil des Bundesverfassungsgerichts vom 28. März 2006 (1 BvR 1054/01).

4 Erster Staatsvertrag zur Änderung des Staatsvertrags zum Glücksspielwesen in Deutschland in der Fassung vom 15.12.2011.

5 Vgl. Urteil des Europäischen Gerichtshofs vom 8. September 2010 in den verbundenen Rechtssachen C-316/07, C-358/07 bis C-360/07, C-409/07 und C-410/07 (Markus Stoß),

Gerichtshof eine kohärente Ausgestaltung der Glücksspielregulierung angemahnt.

Mit dem Glücksspielstaatsvertrag neuer Fassung hat eine neue Akzentuierung der Ziele stattgefunden. Insbesondere wird eine differenzierte Sichtweise der einzelnen Glücksspielformen angemahnt. Dementsprechend wurde die Werberichtlinie neu gefasst. Die Werberichtlinie neuer Fassung richten sich an der differenzierten Sicht des Glücksspielstaatsvertrags neuer Fassung aus. Die Regulierung der Werbung hat, entsprechend dem unterschiedlichen Suchtgefährdungspotential der einzelnen Glückspielformen, deutlich zwischen den einzelnen Glücksspielprodukten zu unterscheiden. Die Werberestriktionen sollen, entsprechend dem unterschiedlichem Suchtgefährdungspotential, für die einzelnen Glücksspielformen unterschiedlich ausfallen.

Nach dem Glücksspielstaatsvertrag alter Fassung, der zum 1. Januar 2008 in Kraft trat, hatte sich die Werbung für Glücksspiele auf die Information und Aufklärung über die Möglichkeit zum Glücksspiel zu beschränken und durfte insbesondere nicht gezielt zur Teilnahme am Glücksspiel auffordern, anreizen oder ermuntern. Diese Einschränkungen sind in dem Glückspielstaatsvertrag neuer Fassung entfallen.

In dem Glücksspielstaatsvertrag neuer Fassung ist vorgesehen, dass die Länder gemeinsame Richtlinien zur Konkretisierung von Art und Umfang der erlaubten Werbung erlassen, die sich auf die vorliegenden wissenschaftlichen Erkenntnisse zur Wirkung von Werbung auf jugendliche sowie problematische und pathologische Spieler stützen.[6] Diese Werberichtlinien liegen in der Fassung vom 7. Dezember 2012 vor.

Regulierung der Werbung im Lotteriestaatsvertrag

Der Staatsvertrag zum Lotteriewesen in Deutschland (Lotteriestaatsvertrag), der zum 1. Juli 2004 in Kraft trat, hat erstmals in der Geschichte der Bundesrepublik

---

Urteil des Europäischen Gerichtshofs vom 8. September 2010 in der Rechtssache C-46/08 (Carmen Media).

6 Diese Erkenntnisse werden in Becker, T. (2010): „Werbung für Produkte mit einem Suchtgefährdungspotential: Tabak-, Alkohol und Glücksspielwerbung aus rechtlicher, ökonomischer und psychologischer Sicht“, Frankfurt: Peter Lang Verlag, zusammengefasst.

eine für alle Länder einheitliche Grundlage für das Glücksspielrecht geschaffen.[7] Der Lotteriestaatsvertrag führte zu einer Neuordnung und länderübergreifenden Vereinheitlichung der landesrechtlichen Rahmenbedingungen für die Veranstaltung von Glücksspielen und zur Zulassung und Durchführung von Lotterien. Auf Pferdewetten und Geldspielgeräte, die bundesrechtlich geregelt sind, und auf Spielbanken fand der Lotteriestaatsvertrag keine Anwendung.

Die Ziele des Lotteriestaatsvertrags, genannt in Paragraph 1, waren die folgenden:[8]

1. *den natürlichen Spieltrieb der Bevölkerung in geordnete und überwachte Bahnen zu lenken, insbesondere ein Ausweichen auf nicht erlaubte Glücksspiele zu verhindern,*
2. *übermäßige Spielanreize zu verhindern,*
3. *eine Ausnutzung des Spieltriebs zu privaten oder gewerblichen Gewinnzwecken auszuschließen,*
4. *sicherzustellen, dass Glücksspiele ordnungsgemäß und nachvollziehbar durchgeführt werden und*
5. *sicherzustellen, dass ein erheblicher Teil der Einnahmen aus Glücksspielen zur Förderung öffentlicher oder steuerbegünstigter Zwecke im Sinne der Abgabenordnung verwendet wird.*

Die Einschränkungen der Werbung wurden im Lotteriestaatsvertrag in Paragraph 4 Absatz 3 formuliert:[9]

Art und Umfang der Werbemaßnahmen für Glücksspiele müssen angemessen sein und dürfen nicht in Widerspruch zu den Zielen des § 1 stehen. Die Werbung darf nicht irreführend sein, insbesondere nicht darauf abzielen, unzutreffende Vorstellungen über die Gewinnchancen hervorzurufen.

Die Anforderungen an die Werbung, die Werberestriktionen, sind in dem Lotteriestaatsvertrag noch sehr generell formuliert. Die Werbung darf nicht zu

7 Vgl. Diegmann, H., C. Hoffmann und W. Ohlmann: Praxishandbuch für das gesamte Spielrecht. Stuttgart: Kohlhammer Verlag, 2008, S. 43.
8 Vgl. Staatsvertrag zum Lotteriewesen in Deutschland Paragraph 1. http://www.stmi.bayern.de.
9 Vgl. Staatsvertrag zum Lotteriewesen in Deutschland Paragraph 1. http://www.stmi.bayern.de.

den Zielen der Regulierung im Widerspruch stehen. Eine Konkretisierung findet durch den Zusatz statt, dass die Werbung nicht irreführend sein darf. Dieser Grundsatz gilt nach dem Gesetz gegen den unlauteren Wettbewerb (UWG) jedoch generell für jede Werbung. Weiterhin sind übermäßige Spielanreize durch Werbung zu verhindern und der Spieltrieb darf durch die Werbung nicht zu Gewinnzwecken ausgenutzt werden.

Bereits zu Zeiten des Lotteriestaatsvertrags hatte sich die strafrechtliche Rechtsprechung in einer Reihe von Entscheidungen mit der Werbung der staatlichen Lotteriegesellschaften auseinandergesetzt. Eine Vielzahl von Instanzgerichten kommt „nach einer allenfalls summarischen Prüfung“ der verwaltungsgerichtlichen Entscheidungen meist zu dem Ergebnis, dass das Werbeverhalten der Landeslotteriegesellschaften mit dem staatlichen Auftrag, den natürlichen Spieltrieb in ordnungsrechtlich überwachte Bahnen zu lenken, „nicht (mehr) vereinbar ist und vornehmlich der Erzielung von Einnahmen dient“.[10] Auch in der ordnungsrechtlichen Rechtsprechung stehen viele Instanzgerichte dem staatlichen Werbeverhalten zu den Zeiten des Lotteriestaatsvertrags kritisch gegenüber. Die Mehrheit der Oberverwaltungsgerichte sieht das Werbeverhalten staatlicher Anbieter jedoch im Einklang mit Gemeinschafts- und Verfassungsrecht.[11]

Das Bundesverfassungsgericht sieht in seinem Urteil vom 28. März 2006 zu Sportwetten auch in der Regulierung der Werbung im Lotteriestaatsvertrags ein Regelungsdefizit, weil das bestehende Wettmonopol in einer Art und Weise ausgestaltet sei, die eine effektive Suchtbekämpfung, die den Ausschluss privater Veranstalter rechtfertigen könnte, nicht sicherstellt. Ein verfassungsmäßiger Zustand kann, so das Bundesverfassungsgericht, daher sowohl durch eine konsequente Ausgestaltung des Wettmonopols erreicht werden, die sicherstellt, dass es wirklich der Suchtbekämpfung dient, als auch durch eine gesetzlich normierte und kontrollierte Zulassung gewerblicher Veranstaltung durch private Wettunternehmen.[12]

---

10 Vgl. hierzu ausführlich Walz, S.: Nur wer mitspielt, kann gewinnen – Werbung für staatliche Glücksspielangebote als öffentliche Aufgabe? Düsseldorfer Rechtswissenschaftliche Schriften Band 67, Baden-Baden: Nomos Verlag, 2008, S. 24.

11 Vgl. hierzu ausführlich Walz, S.: Nur wer mitspielt, kann gewinnen – Werbung für staatliche Glücksspielangebote als öffentliche Aufgabe? Düsseldorfer Rechtswissenschaftliche Schriften Band 67, Baden-Baden: Nomos Verlag, 2008, S. 25-28.

12 Vgl. Urteil des Bundesverfassungsgerichts vom 28. März 2006 (1 BvR 1054/01), Randnummer 148.

Regulierung der Werbung im Glücksspielstaatsvertrag alter Fassung

In Reaktion auf die Entscheidung des Bundesverfassungsgerichts nennt der Glückspielstaatsvertrag alter Fassung in Paragraph 1 die folgenden Ziele:[13]

1. *das Entstehen von Glücksspielsucht und Wettsucht zu verhindern und die Voraussetzungen für eine wirksame Suchtbekämpfung zu schaffen,*
2. *das Glücksspielangebot zu begrenzen und den natürlichen Spieltrieb der Bevölkerung in geordnete und überwachte Bahnen zu lenken, insbesondere ein Ausweichen auf nicht erlaubte Glücksspiele zu verhindern,*
3. *den Jugend- und den Spielerschutz zu gewährleisten,*
4. *sicherzustellen, dass Glücksspiele ordnungsgemäß durchgeführt, die Spieler vor betrügerischen Machenschaften geschützt und die mit Glücksspielen verbundene Folge- und Begleitkriminalität abgewehrt werden.*

In dem Lotteriestaatsvertrag wurde noch die Verhinderung der Ausnutzung des Spieltriebs zu Gewinnzwecken als Ziel genannt. Dieses generelle Ziel wird in dem Glücksspielstaatsvertrag alter Fassung konkretisiert und ersetzt durch das Ziel der Suchtprävention. Das Glücksspielangebot ist dementsprechend zu begrenzen. Die Begrenzung des Glücksspielangebots soll dem Ziel der Suchtbekämpfung dienen. Eine Begrenzung des Angebots, um zum Beispiel höhere Preise zu erzielen und damit die Staatseinnahmen zu erhöhen, wäre europarechtlich nicht zulässig.

Die Regulierung der Werbung hat sich an den Zielen der Regulierung des Glücksspielmarktes auszurichten.

Die Begrenzung des Angebots ist nicht als Ziel an sich zu verstehen, sondern als Mittel, um ein Ziel zu erreichen, nämlich die Prävention der Glücksspielsucht. Das Ziel, ein Angebot zu begrenzen, ist kein Selbstzweck. Die Auflistung der Begrenzung des Angebots unter den Zielen legt es nahe, das Ziel und ein Mittel, dieses Ziel zu erreichen, miteinander zu verwechseln. Diese Verwechslung von Zielen und Mitteln kann leicht zu Missverständnissen führen.

---

13 Vgl. Staatsvertrag zum Glücksspielwesen in Deutschland Paragraph 1. Eine ausführliche Kommentierung des Glücksspielstaatsvertrags ist bei Dietlein, J., M. Hecker und M. Ruttig: Glücksspielrecht – Kommentar. München: Verlag C.H. Beck, 2008 zu finden.

In Paragraph 5 des Glücksspielstaatsvertrags alter Fassung wird die Werbung eingeschränkt:[14]

(1) Werbung für öffentliches Glücksspiel hat sich zur Vermeidung eines Aufforderungscharakters bei Wahrung des Ziels, legale Glücksspielmöglichkeiten anzubieten, auf eine Information und Aufklärung über die Möglichkeit zum Glücksspiel zu beschränken.
(2) Werbung für öffentliches Glücksspiel darf nicht in Widerspruch zu den Zielen des § 1 stehen, insbesondere nicht gezielt zur Teilnahme am Glücksspiel auffordern, anreizen oder ermuntern. Sie darf sich nicht an Minderjährige oder vergleichbar gefährdete Zielgruppen richten. Die Werbung darf nicht irreführend sein und muss deutliche Hinweise auf das Verbot der Teilnahme Minderjähriger, die von dem jeweiligen Glücksspiel ausgehende Suchtgefahr und Hilfsmöglichkeiten enthalten.
(3) Werbung für öffentliches Glücksspiel ist im Fernsehen (§§ 7 und 8 Rundfunkstaatsvertrag), im Internet sowie über Telekommunikationsanlagen verboten.
(4) Werbung für unerlaubte Glücksspiele ist verboten.

Die Beschränkung der Werbung auf Information und Aufklärung in dem Glücksspielstaatsvertrag knüpft fast wortwörtlich an das Sportwetten-Urteil des Bundesverfassungsgerichts von 28. März 2006 an. Dort heißt es in Bezug auf Sportwetten: „Die Werbung für das Wettangebot hat sich zur Vermeidung eines Aufforderungscharakters bei Wahrung des Ziels, legale Wettmöglichkeiten anzubieten, auf eine Information und Aufklärung über die Möglichkeiten zum Wetten zu beschränken." Es soll hiermit eine „expansive Vermarktung" verhindert werden.

Werbung hat sich, so der Glücksspielstaatsvertrag alter Fassung, auf eine Information und Aufklärung über die Möglichkeiten zum Glückspiel zu beschränken und darf nicht gezielt zur Teilnahme am Glücksspiel auffordern, anreizen oder ermuntern.

In den Erläuterungen zum Glücksspielstaatsvertrag wird ausdrücklich darauf hingewiesen, dass jeder Form von Werbung ein gewisses Aufforderungs- bzw. Anreizmoment immanent ist und dass sich die Einschränkung von Werbung vor allem gegen unangemessene unsachliche Werbung und insbesondere die Glücks-

14 Vgl. Staatsvertrag zum Glücksspielwesen in Deutschland Paragraph 5.

spielsucht fördernde Formen der Werbung richtet. Es wird deutlich, dass es dem Gesetzgeber nicht darum geht, jede Form der Werbung, die ja immer anreizt, ermuntert oder auffordert, zu untersagen, sondern dass es darum geht, solche Werbung zu untersagen, die die Glücksspielsucht fördert. Um zu beurteilen, ob eine Werbung den Zielen des Glücksspielstaatsvertrags entspricht und damit zulässig ist, wäre daher zu überprüfen, ob die Werbung geeignet sein könnte, die Glücksspielsucht zu fördern. Diese differenzierte Betrachtung in der Entscheidung des Bundesverfassungsgerichts und in den Erläuterungen zum Glücksspielstaatsvertrag ist in dem Gesetzestext selber nicht wiederzufinden.

Eine Vielzahl von Gerichtsentscheidungen[15] in der deutschen Rechtsprechung befasst sich mit der Zulässigkeit von Werbung unter dem Glückspielstaatsvertag alter Fassung. Diese gehen oft auf die Klagen von dem „Verband für Gewerbetreibende im Glücksspielwesen e.V. (GIG) zurück. Der GIG vertritt die Interessen gewerbetreibender Unternehmen und Personen des deutschen Glücksspielwesens. Dazu gehören u. a. Lottovermittler, Buchmacher, Wettunternehmen und Klassenlotterieeinnehmer. Nach eigenen Angaben hat der GIG sieben Verfahren gegen private Wettanbieter bzw. Wettvermittler und 34 Verfahren gegen Gesellschaften des Deutschen Lotto- und Totoblocks (DLTB) eingeleitet, die in der Regel die Werbung des DLTB betreffen.[16] Der Bundesgerichtshof erkennt mit seiner Entscheidung vom 17. August 2011 (I ZR 148/10) ausdrücklich an, dass der GIG nicht rechtsmissbräuchlich handelt, wenn er sich dauerhaft auf die Verfolgung von Wettbewerbsverstößen der staatlichen Lotteriegesellschaften beschränkt.

Um eine Aussage darüber zu treffen, ob eine bestimmte Form der Werbung geeignet ist, die Glücksspielsucht zu fördern, ist die Wirkung dieser Werbung auf die Spieler zu untersuchen. Es geht dabei insbesondere um die Wirkung der Werbung auf gefährdete, problematische und pathologische Spieler. Nicht relevant für das Ziel der Suchtprävention ist die Wirkung der Werbung auf normale, nicht gefährdete Spieler.

Eine solche differenzierte Untersuchung der Wirkung der Werbung auf gefährdete, problematische oder pathologische Verbraucher kann in der Regel nicht von Gerichten geleistet werden. Bestenfalls können die Gerichte aus eigener An-

---

15 Vgl. zu einem Überblick Becker, T. (2010): Werbung für Produkte mit einem Suchtgefährdungspotential: Tabak, Alkohol- und Glücksspielwerbung aus rechtlicher, ökonomischer und psychologischer Sicht. Frankfurt: Peter Lang Verlag, S. 85-100.

16 Vgl. http://www.gig-verband.de/ eingesehen am 17. März 2014.

schauung die Wirkung auf normale Verbraucher beurteilen. Da den Gerichten aber in der Regel die eigene Anschauung oder die Expertise fehlen dürfte, die Wirkung der Werbung auf gefährdete, problematische oder pathologische Spieler zu beurteilen, wäre hier eine dementsprechende wissenschaftliche Expertise gefordert. In der Regel wird eine differenzierte Untersuchung jedoch nicht angestellt, sondern das Gericht entscheidet in der Regel über die Wirkung auf problematische und pathologische Spieler auf Grund der eigenen Auffassung. Dies führt dazu, dass jede Werbung, die (für normale Konsumenten) attraktiv gestaltet ist, von den Gerichten als unzulässig bewertet wird.

Der Gesetzgeber hat die Beschränkung auf eine Information und Aufklärung in Paragraph 5 Absatz 1 des Glücksspielstaatsvertrags alter Fassung durch zwei Zusätze näher bestimmt, die in einem Spannungsverhältnis zueinander stehen. Die Beschränkung soll zur Vermeidung eines Aufforderungscharakters bei Wahrung des Ziels, legale Glücksspielmöglichkeiten anzubieten, erfolgen. Während die Vermeidung eines Aufforderungscharakters den zulässigen Inhalt und Umfang von Information und Aufklärung begrenzt, bringt das Ziel, ein legales Angebot zu erhalten und so den „natürlichen Spieltrieb“ in geordnete Bahnen zu lenken, eher eine Ausweitung der Werbung mit sich. Die Ziele des Glücksspielstaatsvertrags alter Fassung dienen dazu, dieses Spannungsverhältnis zu lösen.

Bereits Heermann[17] weist darauf hin, dass das Spannungsverhältnis zwischen Vermeidung eines Aufforderungscharakters und Erhaltung eines legalen Angebots näher aufgelöst und inhaltliche Kriterien zur Abgrenzung entwickelt werden müssen. Heermann orientiert sich nur an dem Wortlaut des Gesetzestextes und berücksichtigt nicht den in den Erläuterungen dargelegten Willens des Gesetzgebers. Dementsprechend kommt Herrmann zu der Auslegung, dass Werbung nur darüber informieren darf, unter welchen Bedingungen aus der Teilnahme an einem Glücksspiel ein Gewinn erlangt wird, ob Geld- oder Sachgewinne ausgelobt werden, wie sich die konkrete Höhe eines Geld- oder Sachgewinns sowie die Gewinnchancen ermitteln oder errechnen. Sofern bei Werbung des Glücksspielanbieters aufgrund der äußeren Form und der Aufmachung von Werbung der informative Gehalt eindeutig hinter der reklamehaften Aufmachung zurücktritt, läge keine Information über die Möglichkeit zum Glücksspiel vor und die Werbung sei unzulässig. Wenn sich bei zunehmender zeitlicher Nähe zur Durch-

---

17 Vgl. Heermann, P.: Werbebeschränkungen für öffentliches Glücksspiel nach dem Glücksspielstaatsvertrag. In: Wettbewerb in Recht und Praxis, Heft 2008/04, S. 479-491.

führung des öffentlichen Glücksspiels Werbemaßnahmen häufen, handele es sich ebenfalls nicht mehr um eine Information über die Möglichkeit zum Glücksspiel. Heermann ist hier der Meinung, dass in einem solchen Fall allein schon aufgrund der Häufigkeit der Aufmerksamkeit erregenden Werbemaßnahmen der Informationsgehalt hinter deren nunmehr eindeutig überwiegenden Werbeanteil zurücktritt. Auch primär informative Werbung könne bei deutlicher Erhöhung der Zahl der Werbemaßnahmen, beispielsweise kurz vor Teilnahmeschluss, eine unzulässige Anreizwirkung auf die Adressaten ausüben.

Bei dieser Argumentation wird nicht berücksichtigt, dass die Einschränkungen von Werbung dem Ziel der Suchtprävention dienen sollen. Herrmann befasst sich nicht mit dem Suchtgefährdungspotential der einzelnen Glücksspielformen. Bereits aus der Formulierung des Ziels, legale Glücksspielmöglichkeiten anzubieten und so den „natürlichen Spieltrieb“ in geordnete Bahnen zu lenken, aber auch aus den Erläuterungen zum Glücksspielstaatsvertrag wird deutlich, dass es dem Gesetzgeber nicht um ein generelles Verbot von Werbung geht.

Die rechtliche Auffassung von Heermann wird auch ungeprüft und ohne eigene Begründung von der ordentlichen Gerichtsbarkeit in einer ganzen Reihe von gerichtlichen Entscheidungen zu der Werbung vertreten.[18] Die Gerichte orientieren sich hier sehr eng an dem Wortlaut des Gesetzestexts zur Werbung, ohne das Spannungsverhältnis zu beachten. Auch finden weder die Erläuterungen zum Glücksspielstaatsvertrag alter Fassung noch das unterschiedliche Suchtgefährdungspotential der Glücksspiele eine Berücksichtigung. Die Werberichtlinien alter Fassung der Glücksspielaufsichtsbehörden[19] übernehmen indirekt die Auffassung von Heermann, indem sie sich an den gerichtlichen Entscheidungen orientieren. Die Verwaltungsgerichtsbarkeit hingegen berücksichtigt auch die Ziele des Glückspielstaatsvertrags und kommt damit zu einer deutlich weniger restriktiven Auffassung als die ordentliche Gerichtsbarkeit.[20]

---

18 Vgl. zu einem Überblick Becker, T. (2010): Werbung für Produkte mit einem Suchtgefährdungspotential: Tabak, Alkohol- und Glücksspielwerbung aus rechtlicher, ökonomischer und psychologischer Sicht. Frankfurt: Peter Lang Verlag, S. 85-100.

19 Werberichtlinien der Glücksspielaufsichtsbehörden der Länder zu § 5 Abs. 1 und 2 GlüStV, Stand 23. Mai 2011.

20 Vgl. zu einem Überblick Becker, T.: Werbung für Produkte mit einem Suchtgefährdungspotential: Tabak, Alkohol- und Glücksspielwerbung aus rechtlicher, ökonomischer und psychologischer Sicht. Frankfurt: Peter Lang Verlag, 2010, S. 100-109.

Zwar wird in den Erläuterungen zum Glücksspielstaatsvertrag darauf hingewiesen, dass sich das Werbeverbot vor allem gegen unangemessene unsachliche Werbung richtet, doch der Wortlaut des Paragraph 5 legt es nahe, praktisch jede Form der Werbung als verboten einzuordnen, vor allem, wenn man sich auf die Auslegung des Wortlauts beschränkt und den Sinnzusammenhang hinten anstellt. Dies gilt insbesondere auch deshalb, weil die Begrenzung des Angebots in dem Glücksspielstaatsvertrag alter Fassung in Paragraph 1 noch als eigenständiges Ziel aufgeführt wird, und nicht als Mittel, wie in dem Glücksspielstaatsvertrag neuer Fassung, um das Ziel der Suchtprävention zu erreichen.

Wie eine umfassende Untersuchung des Autors[21] bereits gezeigt hat, ist bei den Einschränkungen der Werbung im Sinne des Ziels der Suchtprävention zwischen den verschiedenen Formen des Glücksspiels zu differenzieren. Das Suchtgefährdungspotential der einzelnen Formen des Glücksspiels ist ganz unterschiedlich beschaffen. Für eine Beurteilung der Glücksspielwerbung ist zuerst zu fragen, wie das Suchtgefährdungspotential der beworbenen Form des Glücksspiels beschaffen ist. Falls ein signifikantes Suchtgefährdungspotential besteht, ist als zweites zu fragen, wie die Werbung auf gefährdete, problematische und pathologische Konsumenten wirkt und eben nicht auf den Normalspieler oder gar den Nichtspieler, zu denen die Richter und Verwaltungsbeamten in der Regel gehören.

Weiterhin kann Werbung für eine Kanalisierung des Konsums, eines der Ziele der Gesetzgebung, sinnvoll sein. Werbung kann ungefährliche legale Formen des Glücksspiels attraktiver machen und damit den Konsum hin zu diesen Formen und weg von den gefährlichen oder gar illegalen Formen des Glücksspiels kanalisieren. Eine Einschränkung dieser Form der kanalisierenden Werbung wäre im Sinne der Ziele des Glücksspielstaatsvertrags sogar kontraproduktiv und wäre daher nicht mit der Zielsetzung der Regulierung vereinbar.

Aus diesen Gründen hat sich der deutsche Gesetzgeber dazu entschlossen, die Einschränkungen der Werbung zu überarbeiten. In dem Glücksspielstaatsvertrag neuer Fassung[22] taucht die oben als sehr problematisch dargestellte Formulie-

---

21 Vgl. Becker, T.: Werbung für Produkte mit einem Suchtgefährdungspotential: Tabak, Alkohol- und Glücksspielwerbung aus rechtlicher, ökonomischer und psychologischer Sicht. Frankfurt: Peter Lang Verlag, 2010.

22 Erster Staatsvertrag zur Änderung des Staatsvertrages zum Glücksspielwesen in Deutschland vom 15.12.2011.

rung, dass jede Werbung untersagt ist, die gezielt zur Teilnahme am Glücksspiel auffordert, anreizt oder ermuntert, in dieser Form nicht mehr auf. Im Gegenteil wird sogar ein neuer Absatz eingefügt, der vorsieht, dass die Länder gemeinsame Richtlinien zur Konkretisierung von Art und Umfang der erlaubten Werbung erlassen, die sich auf die vorliegenden wissenschaftlichen Erkenntnisse zur Wirkung von Werbung auf jugendliche sowie problematische und pathologische Spieler stützen.

Regulierung der Werbung im Glücksspielstaatsvertrag neuer Fassung

Während in dem Glücksspielstaatsvertrag alter Fassung bei den Zielen und bei den Bestimmungen für Werbung nicht weiter zwischen verschiedenen Formen des Glücksspiels unterschieden wird, wird in dem Glücksspielstaatsvertrags neuer Fassung eine differenziertere Sichtweise vertreten. In diesem wird ausdrücklich darauf hingewiesen, dass differenzierte Maßnahmen für die einzelnen Glücksspielformen vorgesehen sind. Dies gilt insbesondere auch für die Werberichtlinien, die sich an den Zielen zu orientieren haben.

Nach dem Glücksspielstaatsvertrag neuer Fassung werden mit der Regulierung des Glückspiels folgende Ziele angestrebt:[23]

Ziele des Staatsvertrages sind gleichrangig
1. *das Entstehen von Glücksspielsucht und Wettsucht zu verhindern und die Voraussetzungen für eine wirksame Suchtbekämpfung zu schaffen,*
2. *durch ein begrenztes, eine geeignete Alternative zum nicht erlaubten Glücksspiel darstellendes Glücksspielangebot den natürlichen Spieltrieb der Bevölkerung in geordnete und überwachte Bahnen zu lenken sowie der Entwicklung und Ausbreitung von unerlaubten Glücksspielen in Schwarzmärkten entgegenzuwirken,*
3. *den Jugend- und den Spielerschutz zu gewährleisten,*
4. *sicherzustellen, dass Glücksspiele ordnungsgemäß durchgeführt, die Spieler vor betrügerischen Machenschaften geschützt, die mit Glücksspielen verbundene Folge- und Begleitkriminalität abgewehrt werden und*
5. *Gefahren für die Integrität des sportlichen Wettbewerbs beim Veranstalten und Vermitteln von Sportwetten vorzubeugen.*

---

23 Vgl. Erster Staatsvertrag zur Änderung des Staatsvertrages zum Glücksspielwesen in Deutschland vom 15.12.2011, Paragraph 1.

Um diese Ziele zu erreichen, sind differenzierte Maßnahmen für die einzelnen Glücksspielformen vorgesehen, um deren spezifischen Sucht-, Betrugs-, Manipulations- und Kriminalitätsgefährdungspotentialen Rechnung zu tragen.

Es wird deutlich gemacht, dass die Ziele der Regulierung vor allem in der Sucht-, Betrugs-, Manipulations- und Kriminalitätsprävention liegen und die einzelnen Glücksspielformen ein unterschiedliches Sucht-, Betrugs-, Manipulations- und Kriminalitätsgefährdungspotential aufweisen.

In der Auflistung der Ziele wird das Mittel der Begrenzung des Angebots nicht mehr als eigenständiges Ziel aufgeführt, sondern hat explizit die Funktion eines Mittels, um zu einer Kanalisierung beizutragen. Der „natürliche Spieltrieb“ soll in geordnete Bahnen gelenkt, d. h. kanalisiert werden und eine Entwicklung und Ausbreitung von unerlaubten Glücksspielen entgegengewirkt werden. Das begrenzte Angebot ist das Mittel, um dieses Ziel zu erreichen.

In den Erläuterungen zu dem Glücksspieländerungsstaatsvertrag wird zur Kanalisierung ausgeführt:[24]

Dieses so konkretisierte Kernziel der Kanalisierung, das auch die Lenkung der Nachfrage von unter suchtpräventiven Aspekten gefährlicheren zu weniger gefährlichen Formen des Glücksspiels umfasst, ...

Eine Trennung des Angebots von Spielformen mit einem hohen Suchtgefährdungspotential von Spielformen mit einem geringen Suchtgefährdungspotential, d. h. eine Separierung zum Beispiel der Angebotsorte, kann einen wichtigen Beitrag zur Suchtprävention leisten. Wenn weitgehend ungefährliche und gefährliche Spielformen an einem Ort und für gefährdete Spieler gleichzeitig verfügbar sind, so ist die Versuchung groß, sich den gefährlichen Spielen zuzuwenden. Es findet eine Kanalisierung hin zu den gefährlichen Spielen statt. Wenn hingegen eine räumliche Trennung der Angebotsorte vorhanden ist, so ist eine Substitution, ein Umsteigen, von ungefährlichen auf gefährliche Spiele weniger leicht möglich. Die Separierung von Glücksspielen fällt im terrestrischen Bereich leichter, als im Internet.

---

24 Vgl. Erläuterungen zum Ersten Staatsvertrag zur Änderung des Staatsvertrages zum Glücksspielwesen in Deutschland, Stand 7. Dezember 2011, Abschnitt B, Zu § 1 (Ziele des Staatsvertrages).

Dem Kanalisierungsauftrag tragen auch die Regelungen für Werbung in dem Glücksspielstaatsvertrag neuer Fassung Rechnung. Diese sind in Paragraph 5 zu finden:[25]

(1) Art und Umfang der Werbung für öffentliches Glücksspiel ist an den Zielen des § 1 auszurichten.
(2) Sie darf sich nicht an Minderjährige oder vergleichbar gefährdete Zielgruppen richten. Irreführende Werbung für öffentliches Glücksspiel, insbesondere solche, die unzutreffende Aussagen über die Gewinnchancen oder Art und Höhe der Gewinne enthält, ist verboten.
(3) Werbung für öffentliches Glücksspiel ist im Fernsehen (§ 7 des Rundfunkstaatsvertrages), im Internet sowie über Telekommunikationsanlagen verboten. Davon abweichend können die Länder zur besseren Erreichung der Ziele des § 1 Werbung für Lotterien und Sport- und Pferdewetten im Internet und im Fernsehen unter Beachtung der Grundsätze nach den Absätzen 1 und 2 erlauben. Werbung für Sportwetten im Fernsehen unmittelbar vor oder während der Live-Übertragung von Sportereignissen auf dieses Sportereignis ist nicht zulässig. § 9a ist anzuwenden.
(4) Die Länder erlassen gemeinsame Richtlinien zur Konkretisierung von Art und Umfang der nach den Absätzen 1 bis 3 erlaubten Werbung (Werberichtlinie). Sie stützen sich auf die vorliegenden wissenschaftlichen Erkenntnisse zur Wirkung von Werbung auf jugendliche sowie problematische und pathologische Spieler. Vor Erlass und wesentlicher Änderung der Werberichtlinie ist den beteiligten Kreisen Gelegenheit zur Stellungnahme zu geben. § 9a Abs. 6 bis 8 ist entsprechend anzuwenden. Die Werberichtlinie ist in allen Ländern zu veröffentlichen.
(5) Werbung für unerlaubte Glücksspiele ist verboten.

Das Werbeverbot im Fernsehen, im Internet und über Telekommunikationsanlagen wird beibehalten. In dem Glücksspielstaatsvertrag alter Fassung waren bei dem Fernsehwerbeverbot nur Ausnahmen möglich für Veranstaltungen, die traditionell in Verbindung mit dem Fernsehen präsentiert werden und bei denen vorrangig die gemeinnützige Verwendung der Reinerträge dargestellt wird. Dieser Passus ist in dem Glücksspielstaatsvertrag neuer Fassung nicht mehr zu finden. Die Formulierung des Glücksspielstaatsvertrags neuer Fassung macht diese

25 Vgl. Erster Staatsvertrag zur Änderung des Staatsvertrages zum Glücksspielwesen in Deutschland vom 15.12.2011, Paragraph 5.

und weitere Ausnahmen möglich. Ausnahmen von dem Werbeverbot sind für das Internet und das Fernsehen möglich, wenn diese Ausnahmen zur besseren Erreichung der Ziele des Staatsvertrags beitragen. Für das Werbeverbot über Telekommunikationsanlagen sind auch weiterhin keine Ausnahmen möglich.

Die Werbung per Email ist nach einer Entscheidung des Bundesgerichtshofs als Werbung über Telekommunikationsanlagen einzuordnen.[26] Diese Entscheidung des Bundesgerichtshofs fiel 2008 und damit nach dem Inkrafttreten des Glücksspielstaatsvertrags. In dem Glückspieländerungsstaatsvertrag wird der Passus zu Werbung über Telekommunikationsanlagen aus dem Glücksspielstaatsvertrag übernommen. Die Entscheidung des Bundesgerichtshofs bleibt weiterhin relevant.

Die Länder erlassen Werberichtlinien. Diese haben sich auf die vorliegenden wissenschaftlichen Erkenntnisse zur Wirkung von Werbung auf jugendliche sowie problematische und pathologische Spieler zu stützen. Den beteiligten Kreisen ist Gelegenheit zur Stellungnahme zu geben.

In Paragraph 9a wird das ländereinheitliche Verfahren der Erlaubniserteilung geregelt. Die Erlaubnis für Werbung für Lotterien und Sportwetten im Internet und im Fernsehen nach Paragraph 5 Absatz 3 erteilt Nordrhein-Westfalen. Das Glücksspielkollegium der Länder, welches in § 9a Abs. 6 bis 8 beschrieben wird, bestehend aus einem Mitglied aus jedem Land, entscheidet über die Werberichtlinien. Die Beschlüsse müssen mit einer Mehrheit von mindestens zwei Drittel der Stimmen der Mitglieder gefasst werden.

In der Regulierung der Werbung wird, so die Erläuterungen zu dem Glücksspieländerungsstaatsvertrag, ein neuer Regelungsansatz gewählt:[27]

An die Stelle detaillierter materieller Verbote in § 5 Abs. 1 und 2 tritt ein zielorientierter, prozedural ausgestalteter Ansatz. Damit wird sowohl den Forderungen nach größerer Differenzierung als auch der Erkenntnis aus der Evaluierung Rechnung getragen, dass eine Vielzahl teils divergierender gerichtlicher Entscheidungen ein erhebliches Maß an Rechtsunsicherheit über die im konkre-

---

26 Vgl. Entscheidung des Bundesgerichtshofs vom 4. März 2008 in dem Rechtsstreit Post-Annahmestelle (KZR 36/05), Randnummer 47.

27 Vgl. Entwurf Erläuterungen zum Ersten Staatsvertrag zur Änderung des Staatsvertrages zum Glücksspielwesen in Deutschland vom 17. Oktober 2011, zu Nummer 6.

ten Einzelfall zu beachtenden Anforderungen aufscheinen ließ. Der neue Ansatz bindet Art und Umfang der Werbung an die Ziele des § 1; dabei sind die neuen Akzentuierungen durch diesen Änderungsstaatsvertrag zu berücksichtigen. Die Umsetzung für die Praxis erfolgt in den Werberichtlinien der Länder, die im Staatsvertrag in Art und Verfahren als normkonkretisierende, Behörden und Gerichte bindende Verwaltungsvorschrift ausgestaltet werden.

In den Erläuterungen wird noch einmal explizit darauf hingewiesen, dass Art und Umfang der Werbung an die Ziele des Staatsvertrags „gebunden wird". Dies bedeutet, dass bei der Bewertung der Zulässigkeit einer Werbemaßnahme immer die Ziele der Regulierung im Vordergrund zu stehen haben. Diese Betonung der Ziele bei der Bewertung ist eine Reaktion auf die doch sehr eng geführte Argumentation von Heermann und dem folgend der ordentlichen Gerichtsbarkeit, die sich in der Regel nur an dem Gesetzestext zu der Werbung orientiert hat und nicht berücksichtigt hat, dass die Ziele der Regulierung im Vordergrund zu stehen haben.

Weiterhin wird betont, dass mit dem Glücksspieländerungsstaatsvertrag eine neue Akzentuierung der Ziele stattgefunden hat und insbesondere wird betont, dass diese neue Akzentuierung bei den Werberichtlinien zu berücksichtigen ist.

Zu Absatz 1 des Paragraph 5 wird in den Erläuterungen ausgeführt:

Auch in einem System der Begrenzung der Gelegenheiten zum Spiel darf, wie der Gerichtshof der Europäischen Union und das Bundesverfassungsgericht deutlich gemacht haben, dem Gedanken der Kanalisierung Rechnung getragen werden. (vgl. EuGH, Urteil vom 30.6.2911, Rs. C-212/08 - Zeturf, Rn. 68). Allerdings muss das richtige Gleichgewicht gefunden werden zwischen dem Erfordernis einer kontrollierten Expansion der zugelassenen Glücksspiele, um das Glücksspielangebot attraktiv für die Öffentlichkeit zu machen, und der Notwendigkeit, die Spielsucht der Verbraucher soweit wie möglich zu verringern (EuGH, Urteil vom 3.6.2010, Rs. C-258/08 – Ladbrokes, Rn. 32). Damit muss es den legalen Veranstaltern möglich sein, auf ihr Spielangebot aufmerksam zu machen und Glücksspiel so anzubieten, dass es nach seiner Art und Ausgestaltung geeignet ist, die Teilnehmer von unerlaubten Angeboten fernzuhalten und ein weiteres Anwachsen des Schwarzmarktes zu verhindern. Das kann insbesondere dann der Fall sein, wenn illegale Anbieter mit aggressivem Marketing versuchen, ihren Geschäftsbereich auszuweiten, so dass für einen vorübergehenden Zeitraum eine Antwort der legalen Anbieter mit verstärkter Werbung zuzulassen ist.

Es wird hier betont, dass eine Abwägung zwischen der Wirkung der Werbung auf die Nachfrage generell und der Kanalisierungsfunktion der Werbung vorzunehmen ist.

Zu Absatz 2 wird erläutert:

Satz 1 entspricht § 5 Abs. 2 Satz 2 GlüStV in der bisher geltenden Fassung. Nun allein gestellt wird jedoch das Verbot einer Zielgruppenwerbung hervorgehoben, die sich an Minderjährige oder vergleichbar gefährdete Gruppen, insbesondere auch Glücksspielsüchtige oder suchtgefährdete Personen, richtet. Damit wird dem in der Anhörung (von der Bundeszentrale für gesundheitliche Aufklärung) vorgetragenen besonderen Risiko einer auf Jugendliche gerichteten Werbung Rechnung getragen.

Ein Schwerpunkt bei der Zulassung von Werbung ist auf die Wirkung dieser Werbung auf Minderjährige und gefährdete Spieler zu richten. Dies ist bei der Zulassung bzw. Untersagung von Werbemaßnahmen zu berücksichtigen.

Zu Absatz 3 wird dargelegt:

Soweit das Angebot im Internet zugelassen wird, muss dieses dort auch beworben werden können, um die Nachfrage auf das legale Angebot hin zu kanalisieren. Dem Ziel der Suchtprävention wird dabei durch die geltenden inhaltlichen Werberestriktionen genügt. Dies gilt auch für Werbung im Fernsehen. Dem im Vergleich zu Lotterien höheren Suchtpotential der Sportwetten wird durch Ausdifferenzierung der Richtlinien gemäß § 5 Abs. 4 Rechnung zu tragen sein. Zudem soll ein spezielles Werbeverbot im Fernsehen dazu beitragen, dass keine zusätzlichen werblichen Anreize für ereignisbezogene Wetten unmittelbar vor oder während der Live-Übertragung von Sportereignissen im Fernsehen gesetzt werden. Die Erlaubnis für Ausnahmen von Verboten des § 5 Abs. 3 Satz 1 wird im ländereinheitlichen Verfahren (§ 9a Abs. 2 Nr. 1) erteilt.

Hier wird noch einmal betont, dass die Regelungen in den Werberichtlinien das spezifische Gefährdungspotential der unterschiedlichen Glücksspielformen berücksichtigen müssen. Es wird hier auf die inhaltlichen Werberestriktionen abgehoben. Eine Beurteilung der Wirkung der Werbung kann jedoch nur in einer Gesamtbetrachtung erfolgen, bei der auch das Werbemedium und die Form der Werbung berücksichtigt werden.

Zu Absatz 4 wird ausgeführt:

Die Regelung ermöglicht eine sachgerechte Differenzierung nach dem Gefährdungspotential der jeweiligen Glücksspielart im Verwaltungsvollzug unter Beachtung der gesetzlichen Vorgaben zur Werbung nach den Absätzen 1 bis 3. Bei der Regelung handelt es sich um eine normkonkretisierende Verwaltungsvorschrift mit Bindungswirkung auch für die Gerichte. Durch die weitgehende Ausdifferenzierung der zugelassenen Werbung nach den Absätzen 1 bis 3 wird dem verfassungsrechtlichen Erfordernis an dem Bestimmtheitsgrundsatz Rechnung getragen. Die Pflicht zur Anhörung der beteiligten Kreise vor Erlass der Werberichtlinie umfasst auch Vertreter der Wissenschaft und hinsichtlich der Werbung im Rundfunk die Landesmedienanstalten. Damit wird durch ein rechtsstaatliches Verfahren eine Richtigkeitsgewähr im Hinblick auf die Bindungswirkung erzeugt. Wie der Verweis auf § 9a Abs. 6 bis 8 zeigt, werden die Werberichtlinien vom Glücksspielkollegium in dem dort vorgesehenen Verfahren aufgestellt.

Auch hier wird wieder die differenzierte Betrachtung entsprechend dem Gefährdungspotential betont. Auf Grund der Erfahrungen mit Entscheidungen von Gerichten in der Vergangenheit ist die Bindungswirkung der Werberichtlinien von hoher Bedeutung. Die Werberichtlinien werden von dem Glücksspielkollegium aufgestellt. Da die Werberichtlinien „sich auf die vorliegenden wissenschaftlichen Erkenntnisse zur Wirkung von Werbung auf jugendliche sowie problematische und pathologische Spieler stützen", so der Wortlaut des Glücksspieländerungsstaatsvertrags, erfolgt auch eine gewisse Bindungswirkung für die Entscheidungen des Glücksspielkollegiums. Diese Berücksichtigung der Wirkung der Werbung auf die gefährdeten, problematischen und pathologischen Spieler ist in den vorliegenden gerichtlichen Entscheidungen zu dem Glücksspielstaatsvertrag alter Fassung nicht erfolgt.

Regulierung der Werbung durch die Werberichtlinien

Die deutschen Werberichtlinien sind vor dem Hintergrund der dargestellten Entwicklung der Regulierung der Werbung für Glücksspiele in Deutschland zu sehen. Mit dem Glücksspielstaatsvertrag alter Fassung wurde das Ziel der Suchtprävention an erste Stelle gesetzt. In dem Glückspielstaatsvertrag neuer Fassung sind die Ziele gleichberechtigt.

Die Ziele, die nach dem Glücksspielstaatsvertrag neuer Fassung mit der Regulierung verbunden werden, sind die Kanalisierung des Konsums in geordnete Bahnen und die Sucht-, Betrugs-, Manipulations- und Kriminalitätsprävention.

Nach dem Glücksspielstaatsvertrag alter Fassung darf Werbung nur informieren und aufklären und nicht zum Spielen auffordern, ermuntern oder anreizen. Diese Formulierung lässt erheblichen Raum für ganz unterschiedliche Interpretationen. Diese reichen von der Auffassung, dass mit der Werbung nur die Informationen gegeben werden dürfen, die zur Teilnahme an dem Glückspiel unbedingt notwendig sind, bis hin zu der Auffassung, dass nur unsachliche und irreführende Werbung untersagt ist.

Während die unteren Gerichte sich in der Auslegung sehr an den Wortlaut gehalten haben, ohne zu berücksichtigen, dass in der Regulierung der Werbung ausdrücklich auf die Ziele der Regulierung verwiesen wird, haben die oberen Gerichte dies eher berücksichtigt und sind zu einer weniger restriktiven Auslegung gekommen.

Dieser breite Auslegungsspielraum hat dazu geführt, dass die Instanzgerichte zu ganz unterschiedlichen Rechtsauffassungen gekommen sind. Die Glückspielstaatsvertrag neuer Fassung und insbesondere die Werberichtlinien neuer Fassung haben hier einige Klarheit geschaffen.

Die Werberichtlinien unterscheiden zwischen Dachmarkenwerbung, Imagewerbung und Produktwerbung.

Dachmarkenwerbung wird definiert als die Werbung für den Namen oder die Firma eines Unternehmens oder einer Unternehmensgruppe oder für eine übergeordnete Marke. Auf eine Eintragung des Namens oder der Firma als Marke kommt es nicht an.

Imagewerbung für das Unternehmen wird definiert als Werbung mit Nennung des Unternehmensnamens oder eines prägenden Teils des Namens, die selbst keine eigentlichen Leistungen (Glücksspielprodukte) bewirbt, sondern eine positive Haltung anregen und allgemein ein positives Bild des beworbenen Unternehmens vermitteln will.

Produktwerbung ist Werbung für ein ganz bestimmtes Produkt, wird jedoch nicht näher definiert.

Der zweite Teil der Werberichtlinien ist überschrieben mit: „Allgemeine Anforderungen an Werbung für öffentliches Glücksspiel". In § 3 wird ein Prüfprogramm für zulässige Werbung vorgestellt. Bei der Überprüfung, ob eine Werbemaßnahme zulässig ist,

ist zu berücksichtigen
1. welche Werbeinhalte vermittelt werden,
2. ob gegen Werbeverbote verstoßen wird,
3. welche Werbemedien eingesetzt werden,
4. ob die erforderlichen Pflichthinweise enthalten sind und
5. wie hoch das Gefährdungspotential des beworbenen Glücksspielprodukts ist.

Das Differenzierungsgebot wird anschließend noch einmal ausdrücklich angeführt: „Art und Umfang der Werbung für öffentliches Glücksspiel sind unter Berücksichtigung der spezifischen Gefährdungspotentiale der einzelnen Glücksspielprodukte an den gleichrangigen Zielen des § 1 GlüStV auszurichten."

In § 4 wird dann unerlaubte Werbung definiert. Werbung darf nicht irreführend sein, sich nicht an Minderjährige oder vergleichbar gefährdete Zielgruppen, wie problematische und pathologische Spieler, richten.

Der dritte Teil der Werberichtlinie ist überschrieben mit: „Besondere Anforderungen an Werbung für öffentliches Glücksspiel" und beginnt mit dem Kanalisierungsauftrag:

Um den Spieltrieb in geordnete Bahnen zu lenken, dürfen die werbenden Veranstalter und Vermittler unter Berücksichtigung des spezifischen Gefährdungspotentials des beworbenen Glücksspielprodukts auf das Spielangebot aufmerksam machen und das Glücksspiel so attraktiv anbieten, dass es nach Art und Ausgestaltung geeignet ist, die Teilnehmer von unerlaubten Angeboten fernzuhalten und darauf hinzuwirken, dass die Teilnehmer das beworbene Glücksspielprodukt als Alternative den illegalen bzw. gefährlicheren Glücksspielprodukten vorziehen.

Es wird anschließend nach der Art der Glücksspiels (Lotterien, Sportwetten und Pferdewetten) und nach Art des Werbemediums (Telekommunikationsanlagen, Fernsehen, Kino, Hörfunk, Internet, Trikot- und Bandenwerbung) differenziert.

Die Informations- und Aufklärungspflichten werden ausgeführt und die Anforderungen für eine Befreiung vom Fernseh- und Internetverbot werden dargelegt.

Werbung im Internet und im Fernsehen ist grundsätzlich verboten. Ausnahmeerlaubnisse für Werbung für Lotterien und Sport- und Pferdewetten können jedoch erteilt werden. Die Glücksspielaufsichtsbehörde prüft die Befreiung vom Fernseh- und Internetwerbeverbot entsprechend der in dieser Werberichtlinie dargelegten Anforderungen.

Für Lotterien, die nicht häufiger als zweimal pro Woche veranstaltet werden, darf „im für eine gesicherte Wahrnehmung notwendigen Umfang attraktiv geworben werden."

Werbung für Sportwetten im Fernsehen unmittelbar vor oder während der Live-Übertragung von Sportereignissen ist nicht zulässig, „soweit gerade die Bewettung des konkreten Sportereignisses beworben werden soll". Werbung für Sportwetten im Fernsehen und Internet mit aktiven Sportlern und Funktionären ist unzulässig.

Werbung für Casinospiele im Internet und Poker im Internet ist Werbung für ein illegales Angebot, da die diese Spielformen (ohne Ausnahme) untersagt sind. Ausnahmeerlaubnisse von dem Verbot der Werbung im Fernsehen und im Internet für Spielbanken sind nicht möglich.

Trikot- und Bandenwerbung ist in Form der Dachmarkenwerbung zulässig. Sponsoring ist von der Werberichtlinie nicht erfasst.

Werbung für öffentliches Glücksspiel hat über die Suchtrisiken der beworbenen Glücksspiele, das Verbot der Teilnahme Minderjähriger sowie die Möglichkeit der Beratung und Therapie aufzuklären. Nicht erfasst von dieser Hinweispflicht sind Lotterien mit einem geringen Suchtgefährdungspotential sowie Image- oder Dachmarkenwerbung.

Die Glücksspielaufsichtsbehörde des betreffenden Landes prüft die Werbung in Printmedien und Rundfunk. Erlaubnisse für Werbung für Lotterien und Sport- und Pferdewetten im Fernsehen und Internet erteilt das Land Nordrhein-Westfalen für alle Bundesländer. Die Glückspielaufsicht kann von Einzelerlaubnissen absehen und eine Rahmenerlaubnis für Werbung im Fernsehen und Internet erteilen. Die Erlaubnis muss vor der Übertragung der Werbung vorliegen.

Der Antrag muss eine Werbekonzept mit einer Beschreibung der zu bewerbenden Glücksspielprodukte und der beabsichtigen Werbemaßnahmen, mit der Häufigkeit und Dauer von Werbesendungen und -maßnahmen und der Zielgruppe sowie mit dem geplanten Werbezeitraum beinhalten. Die Glücksspielaufsicht kann von Antragsteller nachträglich die Vorlag einer konkreten Werbesendung oder sonstiger -maßnahmen verlangen und auf ihre Vereinbarkeit mit der von ihr erteilten Erlaubnis prüfen.

Was macht Geldspielautomaten gefährlich? Eine kritische suchtpsychologische Bestandsaufnahme

Tobias Hayer[1] und Marc von Meduna[2]

1 Einleitung und Problemaufriss

Der vorliegende Beitrag basiert im Wesentlichen auf einem Vortrag, den der Erstautor am 11.10.2012 im Rahmen des Symposiums „Glücksspiel 2012: Der neue Glücksspielstaatsvertrag" in Hohenheim gehalten hat. Dabei stehen drei Fragestellungen im Fokus:

- Welche Aussagen lassen sich zum Suchtpotenzial des gewerblichen Automatenspiels auf Grundlage der empirischen Evidenz aus Deutschland ableiten?
- Gibt es Hinweise aus der Forschung zu den Auswirkungen bestimmter Veranstaltungsmerkmale auf das Spielverhalten bzw. das Suchtpotenzial dieser Spielform?
- Wie bewerten Vertreter der deutschen Unterhaltungsautomatenwirtschaft die wissenschaftliche Befundlage und was sagt dies über den bracheninternen Stellenwert des Spielerschutzes aus?

Insgesamt wird die übergeordnete Zielsetzung verfolgt, den aktuellen Forschungsstand zum Gefährdungspotenzial des gewerblichen Automatenspiels aus der Perspektive der Suchtforschung zusammenzufassen. Entsprechend stellt die Publikation in weiten Teilen eine Aktualisierung und Ergänzung der Abhandlung von Hayer (2010) dar.[3] Zudem werden an einigen Stellen auszugsweise aktuellere, d. h. erst nach dem Symposium im Herbst 2012 veröffentlichte, Quellen zitiert. Auch wenn dieses Vorgehen nicht den Anspruch eines systematischen Reviews im engeren (methodischen) Sinne erfüllt, dürfte der Beitrag dennoch

---

1 Dr. Tobias Hayer, Dipl.-Psych., ist wissenschaftlicher Mitarbeiter am Institut für Psychologie und Kognitionsforschung der Universität Bremen. Seine Forschungsschwerpunkte umfassen verschiedenartige Facetten des Glücksspiels und der Glücksspielsucht.

2 Marc von Meduna, Dipl.-Psych., ist wissenschaftlicher Mitarbeiter am Institut für Psychologie und Kognitionsforschung der Universität Bremen. Derzeit verfasst Herr von Meduna seine Dissertation zum Thema „Subjektive Wahrnehmung des Pokerspiels".

3 Hayer, T., Geldspielautomaten und Suchtgefahren. In: Sucht Aktuell 17(1), 2010, S. 47-52.

wichtige Impulse zum Diskurs über eine evidenzgestützte Regulation des gewerblichen Automatenspiels beisteuern.

Vorauszuschicken ist, dass sich die öffentliche Wahrnehmung des gewerblichen Automatenspiels als ambivalent erweist. Verschiedene Problemfelder tauchen in diesem Zusammenhang wiederkehrend in der Presse und in Fachgesprächen auf. Hierzu zählen in erster Linie die folgenden, miteinander durchaus verwobenen soziologischen, ökonomischen und psychologischen Dimensionen:

Trading-Down-Effekte durch die Ansiedlung von Spielhallen: Dieser Begriff umfasst den Prozess des Qualitätsverlustes bzw. der Abwertung eines ganzen Stadtteils oder eines bestimmten Stadtteilgebietes aufgrund der Verdrängung des traditionellen Einzelhandels und der damit assoziierten Angebots- und Nutzungsstruktur durch Vergnügungsstätten im Allgemeinen sowie Spielhallen im Speziellen.[4] Aus städtebaulicher Sicht ist die Ansiedlung von Spielhallen zumindest unter bestimmten Voraussetzungen (etwa in Bezug auf Lage und Ballung) nicht ohne Weiteres zu begrüßen bzw. sogar mit Negativattributen behaftet. Die antizipierten Auswirkungen beinhalten generelle Attraktivitätsverluste, die globale Abwertung des Quartiers sowie Tendenzen der sozialen Entmischung.

Die mit dem gewerblichen Automatenspiel verbundenen sozialen Kosten: Obwohl wissenschaftlich abgesicherte Befunde zu diesem Themenkomplex bislang noch ausstehen, kann grundsätzlich festgehalten werden, dass der Glücksspielmarkt keinen normalen Markt mit unbedenklicher Wertschöpfung repräsentiert.[5] Vielmehr verkörpern Glücksspiele demeritorische Wirtschaftsgüter, da ihre Nachfrage mit negativen gesellschaftlichen Folgen einhergeht (wie etwa Beschaffungsdelinquenz, Produktivitätsverlust, diversen Behandlungskosten sowie zahlreichen Beeinträchtigungen der Lebensqualität der Betroffenen und ihres sozialen Nahumfeldes). Unter Berücksichtigung aller direkten und indirekten Posten überwiegen die Kosteneffekte gegenüber den Nutzeffekten deutlich, was vor allem auf das gewerbliche Automatenspiel zutrifft.[6]

---

4 Stühler, H.-J., Alte Probleme im neuen Gewand. In: Baurecht 40(1), 2009, S. 54-64.

5 Böning, J./Meyer, G./Hayer, T., Glücksspielsucht. In: Der Nervenarzt 84, 2013, S. 563-568.

6 https://www.wiso.uni-hamburg.de/fileadmin/bwl/rechtderwirtschaft/institut/Materialien/OEAR/Soziale_Kosten_Alkohol_Tabak_Gluecksspielt.pdf (Zugriff am 03.02.2014).

Kriminalität im Kontext von Spielhallen: Ein weiteres in der Vergangenheit vernachlässigtes Forschungsfeld bezieht sich auf kriminelle Delikte in Spielhallen und deren unmittelbare Umgebung. Zum Beispiel berichtet Feltes (2011)[7] unter Hinzuziehung der Polizeilichen Kriminalstatistik (PKS) von einer deutlichen Zunahme von Raubüberfällen in den letzten Jahren (in 2004: 394; in 2010: 1.231; vgl. mit der PKS). Augenscheinlich korreliert die in diesem Zeitraum zu beobachtende Häufung von Spielhallenstandorten mit einer Steigerung und Verdichtung von Kriminalität. Abgesehen von Raub und Diebstahl benennt Feltes (2011) mit der Geldwäsche sowie dem illegalen Glücksspiel zwei weitere Delikte, die mit Spielhallen in Verbindung gebracht werden.[8]

Lobbyismus durch die gewerbliche Automatenindustrie: Zudem lenkte die fragwürdige Lobbyarbeit der gewerblichen Automatenindustrie in den letzten Jahren verstärkt das Interesse der Öffentlichkeit auf sich. Diesbezüglich merkt Jazbinsek (2012)[9] an, dass die Automatenwirtschaft seit jeher versucht hat, Imagepflege zu betreiben und politische Entscheidungsprozesse in Sachen Regulation nachhaltig zu beeinflussen. Konkrete Maßnahmen umfassen dabei offene und verdeckte Parteispenden, Inserate in Parteizeitungen, das Sponsoring von Parteiveranstaltungen, Unterhaltungsangebote für Parlamentarier und die Bildung strategischer Allianzen.

Glücksspielsucht: Das wohl am häufigsten diskutierte Problemfeld betrifft indessen die vom gewerblichen Automatenspiel ausgehenden Suchtgefahren. Stand in den 1970er Jahren noch der Unterhaltungsaspekt von harmlosen „Daddelautomaten“ im Vordergrund, mündete die sukzessive Aufrüstung der Geräte in einem Produkt mit hohen Spielanreizen respektive erheblichem Suchtpotenzial.[10] Diese Einstufung gilt nicht nur absolut, sondern auch im direkten Vergleich zu anderen Marktsegmenten bzw. Spielangeboten.

Bevor eine komprimierte Zusammenstellung der wissenschaftlichen Befunde zum Suchtpotenzial des gewerblichen Automatenspiels erfolgt, sollen auszugs-

---

7 Feltes, T., Spielhallen, Bochum 2011.
8 ebd.
9 Jazbinsek, D., Lobbyismus im Glücksspielbereich. In: Deutsche Hauptstelle für Suchtfragen (Hrsg.): Jahrbuch Sucht 12 (S. 273-287), Pabst 2012.
10 Vgl. u. a. mit Hayer, T., Geldspielautomaten und Suchtgefahren. In: Sucht Aktuell 17(1), 2010, S. 47-52; Meyer, G./Bachmann, M., Spielsucht, Berlin 2011.

weise aktuelle Umsatzzahlen und Entwicklungstrends in Bezug auf dieses Marksegment vorgestellt werden.

2 Marktvolumen und Suchtpotenzial

Wie an anderer Stelle ausgeführt, ermöglichte die Novellierung der Spielverordnung (SpielV) in 2006 der deutschen Unterhaltungsautomatenwirtschaft einen weiten Ermessungsspielraum für die Umsetzung von neuen und innovativen Geschäftsideen.[11] Infolgedessen ließ sich eine rasante Umsatzsteigerung in diesem Marktsegment, verbunden mit einer deutlich erhöhten Anzahl an aufgestellten Spielgeräten, beobachten. Tabelle 1 fasst diese Marktdynamik für den Zeitraum von 2007 bis 2013 zusammen.[12]

Tab. 1: Gewerbliches Automatenspiel – Aktuelle Markttrends[13]

	2007	2008	2009	2010	2011	2012	2013
Anzahl der Geldspielgeräte (gerundet)	207.000	218.000	233.000	250.000	262.000	265.000	263.000
Umsätze (Mrd. Euro)[a]	13,32	14,72	16,59	17,90	19,00	19,21	19,10
Bruttospielertrag (Mrd. Euro)	3,05	3,37	3,80	4,10	4,35	4,40	4,37
Veränderung des Bruttospielertrags gegenüber dem Vorjahr (%)	---	+10,49	+12,76	+7,89	+6,10	+1,15	-0,68

a Berechnungen auf Grundlage einer Auszahlungsquote von durchschnittlich 77,1%. Tatsächlich dürfte dieser Richtwert noch höher liegen.

Wie Tabelle 1 zu entnehmen ist, konnte das Marksegment „Geldspielautomaten“ in den Jahren 2007 bis 2012 ein deutliches Umsatzplus verzeichnen und damit seine Spitzenposition unter allen legalen Umsatzträgern auf dem deutschen Glücksspielmarkt zementieren. In 2013 setzte indessen eine Trendwende ein, die im Wesentlichen auf den im Jahr 2012 in Kraft getretenen Ersten Glücksspielän-

11 Hayer, T., Geldspielautomaten und Suchtgefahren. In: Sucht Aktuell 17(1), 2010, S. 47-52.

12 Vgl. mit Vieweg, H.-G., Wirtschaftsentwicklung Unterhaltungsautomaten 2013 und Ausblick 2014, München 2014, sowie mit den Berichten desselben Autors aus den Vorjahren.

13 ebd.

derungsstaatsvertrag (Erster GlüÄndStV) und die dazugehörigen Ausführungsbestimmungen bzw. Spielhallengesetze der Länder zurückzuführen ist. Maßnahmen wie das Verbot von Mehrfachkonzessionen respektive Abstandsregelungen, die Einführung von Sperrzeiten und die in einigen Bundesländern geforderten Zugangskontrollen für Spielstätten zielen im Kern darauf ab, das Spielangebot zu begrenzen und die Verfügbarkeit sowie die Griffnähe des gewerblichen Automatenspiels zu reduzieren. Vieweg (2014) geht sogar von einer Schrumpfung der Branche um mindestens 55 Prozent nach Ablauf der Übergangsfristen (größtenteils in 2017) aus, sofern die derzeitigen gesetzlichen Regelungen weiterhin Bestand haben werden.[14]

Unabhängig davon schlägt sich die erhöhte Attraktivität des gewerblichen Automatenspiels im Nachfrageverhalten auf Bevölkerungsebene, vor allem was die jungen Generationen betrifft, nieder: Während 2007 lediglich 4,3 Prozent der 18- bis 20-jährigen sowie 3,9 Prozent der 21- bis 25-jährigen Befragten von einer Spielteilnahme an Geldspielautomaten bezogen auf die vergangenen 12 Monate berichteten, lagen die jeweiligen Anteile in 2011 schon bei 12,8 Prozent (18- bis 20-Jährige) bzw. 7,2 Prozent (21- bis 25-Jährige).[15] Auch wenn sich der Zusammenhang zwischen Angebotsdichte und dem Ausmaß glücksspielbezogener Probleme nicht als einfache Linearfunktion darstellen lässt,[16] dürfte die zunehmende Anzahl an Spielern zumindest auf kurze Sicht dazu führen, dass sich die Prävalenz exzessiven Spielverhaltens ebenfalls erhöht.

Während lange Zeit über die mit dem gewerblichen Automatenspiel einhergehenden Suchtgefahren heftig gestritten wurde, liegt diesbezüglich mittlerweile eine umfassende Wissensbasis vor. Empirische Befunde unterschiedlicher Evidenzgüte unterstreichen in konsistenter Weise – auch im Vergleich zu anderen Spielvarianten – das hohe Suchtpotenzial dieser Spielform.[17] Zunächst stellt

---

14 Interessanterweise ist die Diskussion um den „Spielhallenboom" alles andere als neu. Schon vor knapp drei Jahrzehnten stellte das damalige Bundeswirtschaftsministerium, geführt von Martin Bangemann, laut Spiegel Folgendes fest: „Im Groschengräber-Gewerbe gebe es ‚deutliche Fehlentwicklungen'; viel zu viele Spielhöllen machten sich in den Innenstädten breit und seien mit viel zu vielen Automaten vollgestopft" („Spielhallen: Wuchernde Zellteilung". In: Der Spiegel, 1985, Heft 49, S. 120).

15 Bundeszentrale für gesundheitliche Aufklärung (BZgA), Glücksspielverhalten und Glücksspielsucht in Deutschland 2007, 2009 und 2011. Köln 2012.

16 Hayer, T./Rumpf, H.-J./Meyer, G., Glücksspielsucht. In: Mann, K. (Hrsg.): Verhaltenssüchte, Berlin 2014 (in Druck).

17 Hayer, T., Geldspielautomaten und Suchtgefahren. In: Sucht Aktuell 17(1), 2010, S. 47-52.

sich die Frage, ob überhaupt die Gefahr einer Vermögensgefährdung besteht und Spielteilnehmer in kurzer Zeit unangemessen hohe Verluste erleben können (vgl. mit § 33e der Gewerbeordnung [GewO]). Ein Praxistest von Meyer (2010)[18] gibt erste Hinweise auf die entsprechenden Dimensionen: So gelang es einem Testspieler bei einem Spielhallenbesuch innerhalb von nur 5 Stunden und 37 Minuten insgesamt 1.450 Euro zu „verzocken". Diese Summe repräsentiert den durchschnittlichen Nettolohn eines Arbeitnehmers. Im Zuge des Feldversuchs spielte die Testperson an vier Geräten gleichzeitig und fuhr zwischenzeitlich einen Gewinn von 974 Euro ein. Auch wenn Replikationen dieses Vorgehens noch ausstehen, kann festgehalten werden, dass die Möglichkeit des Erzielens hoher Verluste in kurzen Zeitspannen gegeben ist.

In eine ähnliche Richtung verweisen die Ergebnisse der Evaluierung der SpielV von Bühringer und Kollegen (2010)[19], die 447 Automatenspieler direkt in Spielhallen zu verschiedenen Aspekten ihres Spielverhaltens und den damit womöglich assoziierten Problemen befragten. Knapp 60 Prozent der Stichprobe gaben an, sich wegen des Spielens finanziell zumindest etwas einschränken zu müssen. Außerdem konnte bei 42 Prozent der interviewten Personen ein pathologisches Spielverhalten und bei weiteren 16 Prozent ein problematisches Spielverhalten (jeweils auf Grundlage der DSM-IV-Kriterien) festgestellt werden. Einschränkend sei darauf verwiesen, dass dieses Studienmodul keinen Repräsentativitätsanspruch verfolgte und untersuchungsbedingt vermehrt Langzeitspieler mit mehr als vier Jahren Spielerfahrung umfasste. Allerdings verändern sich die Größenordnungen unter Berücksichtigung dieses Stichprobeneffektes nur marginal, da der Anteil der pathologischen Spieler unter den Langzeitspielern mit 43,8 Prozent nur unbedeutend höher liegt als unter den Kurzzeitspielern mit 35,9 Prozent.[20] Schließlich berichteten die Spieler (n=344) von höchsten Tagesverlusten in Spielhallen, die im Durchschnitt 611 Euro betrugen; bei 14,8 Prozent waren es sogar mehr als 1.000 Euro (in 2009).

Ein weiterer Evidenzstrang stammt aus dem klinischen Setting und bezieht sich auf Personen, die aufgrund einer Glücksspielproblematik professionelle Versorgungsangebote und Ausstiegshilfen in Anspruch nehmen. Erneut ist darauf hin-

18 Meyer, G., Glücksspiel. In: Deutsche Hauptstelle für Suchtfragen (Hrsg.): Jahrbuch Sucht 10 (S. 120-137), Neuland 2010.

19 Bühringer, G. et al., Untersuchung zur Evaluierung der Fünften Novelle der Spielverordnung vom 17.12.2005, München 2010.

20 Vgl. mit Meyer, G./Bachmann, M., Spielsucht, Berlin 2011.

zuweisen, dass derartige selbstselektive Stichproben kein Eins-zu-eins-Abbild der Gesamtpopulation (hier: Individuen mit glücksspielbezogenen Problemen) darstellen. Die vorliegenden Forschungsarbeiten verweisen ungeachtet dessen auf ein einheitliches Befundmuster, da die Teilnahme am gewerblichen Automatenspiel von den Befragten ausnahmslos am häufigsten als problembehaftete Spielform benannt wird. Exemplarisch hierfür steht eine Studie von Meyer und Hayer (2005)[21], die 489 Spieler aus ambulanten und stationären Hilfeeinrichtungen in Nordrhein-Westfalen befragten: Selbstangaben zufolge hatte die Beteiligung am gewerblichen Automatenspiel bei 79,3 Prozent zu Belastungen geführt. Da die Betroffenen zum Teil mehrere Spielformen als problembehaftet wahrnehmen, wurden sie in einem weiteren Schritt gebeten, eine Problemhierarchie zu erstellen. Die Ergebnisse zeigen ebenfalls, dass sich Geldspielautomaten mit großem Abstand auf Rangplatz 1 (63,5 Prozent) wiederfinden. Suchthilfestatistiken, Klientendokumentationen und Untersuchungen von Spielern aus Selbsthilfegruppen bestätigen durchgängig, dass der Geldspielautomatenspieler in diesem Bereich die Versorgungsnachfrage dominiert.[22]

Außerdem liegen inzwischen solide Erkenntnisse zum Ausmaß glücksspielbezogener Probleme auf Bevölkerungsebene vor. In den letzten Jahren wurden insgesamt acht verschiedene epidemiologische Repräsentativerhebungen durchgeführt, die mit wenigen Abstrichen verlässliche Aussagen zur Glücksspielnachfrage, zum Problemausmaß, zu Risikogruppen und zum Suchtpotenzial einzelner Spielformen zulassen.[23] Ohne im Detail auf die jeweiligen Studienbefunde einzugehen lässt sich in der Gesamtbetrachtung schlussfolgern, dass das (gewerbliche) Automatenspiel tatsächlich häufiger als andere Spielformen zu einer individuellen Problembelastung führt. Beispielsweise geht nach Bühringer et al. (2007)[24] von Internetkartenspielen, Glücksspielautomaten in Spielbanken und Geldspielautomaten das größte Glücksspielrisiko aus (Zuweisung pathologischer Spieler ohne Differenzialdiagnose „Manie“ zu ihrer bevorzugten Spielform). In Einklang damit stehen die Befunde der BZgA (2012)[25], die unabhängig von der

21 Meyer, G./Hayer, T., Das Gefährdungspotenzial von Lotterien und Sportwetten, Düsseldorf 2005.

22 Vgl. mit Meyer, G./Bachmann, M., Spielsucht, Berlin 2011.

23 Vgl. für einen umfassenderen Überblick mit Hayer, T./Rumpf, H.-J./Meyer, G., Glücksspielsucht. In: Mann, K. (Hrsg.): Verhaltenssüchte, Berlin 2014 (in Druck).

24 Bühringer, G. et al., Pathologisches Glücksspiel in Deutschland. In: Sucht 53, 2007, S. 296-308.

25 Bundeszentrale für gesundheitliche Aufklärung (BZgA), Glücksspielverhalten und Glücksspielsucht in Deutschland 2007, 2009 und 2011. Köln 2012.

konkreten Operationalisierung des Suchtpotenzials auch die risikoerhöhende Wirkung einer Spielteilnahme beim gewerblichen Automatenspiel für die Entwicklung von Suchtverhalten belegen: So ergab sich etwa bei den Geldspielautomaten eine knapp 5-fach erhöhte Chance für das Vorliegen glücksspielbezogener Probleme (Vergleichsgruppe: Nichtspieler). Werden alternativ hierzu die Glücksspielpräferenzen verschiedener Spielergruppen gegenübergestellt, sind in Anlehnung an Sassen et al. (2011)[26] nahezu deckungsgleiche Ergebnisse zu beobachten: Während nur 1,2 Prozent aller sozialen Spieler (n=3.566) die Geldspielautomaten favorisieren, ist dieser Anteil bei den pathologischen Spielern (n=25) um ein Vielfaches höher (49,9 Prozent). Ferner untermauern multivariate Analysen der PAGE-Daten[27] diesen Sachverhalt: Selbst bei statistischer Kontrolle des Einflusses weiterer Spielformteilnahmen existiert ein signifikanter Zusammenhang zwischen der Beteiligung am gewerblichen Automatenspiel und der Lebenszeitdiagnose „pathologisches Spielverhalten". Des Weiteren gab knapp die Hälfte aller pathologischen Spieler (49,1 Prozent) an, dass primär die Geldspielautomaten zur Entstehung ihrer Glücksspielproblematik beigetragen haben.

3 Analyse der Veranstaltungsmerkmale: Theorie und Empirie

Vor dem Hintergrund der vorliegenden wissenschaftlichen Erkenntnisse stellt sich nunmehr die Frage, warum glücksspielbedingte Probleme überwiegend mit dem (gewerblichen) Automatenspiel – übrigens nicht nur in Deutschland – in Verbindung gebracht werden.[28] Vorauszuschicken ist, dass die Genese einer glücksspielbezogenen Störung immer auf dem komplexen Wechselspiel einer Vielzahl von Variablen fußt, die sich grob in individuums-, umgebungs- und suchtmittelbezogene Risikobedingungen einteilen lassen. Auf Seiten des Glücksspiels als potenzielles „Suchtmittel" ermöglicht die detaillierte Analyse der Veranstaltungsmerkmale eine fundierte Einschätzung in Bezug auf das jeweilige Stimulations- bzw. Gefährdungspotenzial einer Spielform.[29] Dabei erleichtern

---

26 Sassen, M. et al., Gambling among adults in Germany. In: Sucht 57, 2011, S. 249-257.

27 Meyer, C. et al., Pathologisches Glücksspielen und Epidemiologie (PAGE). Greifswald/ Lübeck 2011.

28 Vgl. u. a. mit den Berichten aus verschiedenen europäischen Ländern in Meyer, G./Hayer, T./Griffiths, M. (Eds.), Problem gambling in Europe, New York 2009.

29 Zahlreiche beeindruckende Beispiele für die Auswirkungen des „Game Designs" bzw. bestimmter „Game Features" auf das Spielverhalten von Automatenspielern in Las Vegas finden sich bei Schüll, N.D., Addiction by design, Princeton 2012.

situationale Veranstaltungsmerkmale, wie eine hohe Verfügbarkeit oder eine extensive Vermarktung, primär den Zugang zum Glücksspiel. Strukturelle Veranstaltungsmerkmale, wie eine rasche Spielabfolge oder variable Einsatz- und Gewinnmöglichkeiten, fördern derweil in erster Linie die Bindung an das Spielmedium und somit regelmäßige bzw. exzessive Spielteilnahmen.

Unter Berücksichtigung von insgesamt zehn gewichteten Veranstaltungsmerkmalen legten Meyer et al. (2010)[30] in diesem Kontext erstmals ein testtheoretisch abgesichertes Bewertungsinstrument zur Einschätzung des Suchtpotenzials einzelner Spielformen in Deutschland vor. Wenig überraschend fielen die spielimmanenten Risiken beim Automatenspiel (Glücksspielautomaten und Geldspielautomaten) am größten aus. Nachfolgend sollen die psychologischen Effekte der wichtigsten Strukturmerkmale sowie einzelne Forschungsbefunde, die die postulierten Wirkmechanismen bestätigen, im Einzelnen vorgestellt werden (vgl. auch mit Tab. 2).[31]

Tab. 2: Strukturelle Veranstaltungsmerkmale von Geldspielautomaten und ihre psychologischen Effekte im Überblick

Strukturmerkmal	**Psychologischer Effekt**
Ereignisfrequenz und Auszahlungsintervall	Hervorrufen von Absorptionsphänomenen, Ausblendung des Verlusterlebens, sofortige Reinvestition von Geldgewinnen möglich
Gewinnhöhe	Vermittlung von psychotroper Wirkung primär in Form von Stimulation und Erregung
Auszahlungsquote bzw. Gewinnwahrscheinlichkeit	Grad der positiven Verstärkung

---

30 Meyer, G./Häfeli, J./Mörsen, C./Fiebig, M., Die Einschätzung des Gefährdungspotenzials von Glücksspielen. In: Sucht 56, 2010, S. 405-414.

31 Aus Platzgründen beschränkt sich die Abhandlung an dieser Stelle auf strukturelle Veranstaltungsmerkmale. Weiterführende Hinweise zur Bedeutung von Verfügbarkeit und Werbung als zentrale situative Veranstaltungsmerkmale können anderen Quellen entnommen werden (zur Verfügbarkeit vgl. u. a. mit Meyer, G./Hayer, T., Problematisches und pathologisches Spielverhalten bei Glücksspielen. In: Bundesgesundheitsblatt 53, 2010, S. 295-305; zur Werbung vgl. u. a. mit Hayer, T., Stellungnahme zum Glücksspieländerungsstaatsvertrag, Bremen 2012).

Strukturmerkmal	Psychologischer Effekt
Aktive Einbindung	Förderung von Kontrollillusion (bzw. von vermeintlichen Kompetenzeinflüssen)
Visuelle, auditive und olfaktorische Reize	Vermittlung von dauerhafter Verstärkung (führt zur Intensivierung des Spielvergnügens bzw. Persistenz des Spielverhaltens)
Multi-Linien-Spiel	Begünstigung von Fehlwahrnehmungen und verzerrten Einschätzungen in Bezug auf Gewinne/Verluste, leistet dem Chasing-Verhalten Vorschub
Fast-Gewinne	Auslösen einer positiven Erwartungshaltung bzw. des Wunsches nach weiteren Spielteilnahmen

Ereignisfrequenz und Auszahlungsintervall: Grundsätzlich bieten rasche Spielabfolgen bzw. Spielentscheidungen im Sekundentakt die Möglichkeit des Hervorrufens alternativer (zum Teil rauschartiger) Erlebniszustände. Die vollständige Fokussierung auf das Spielmedium korreliert dabei mit der Ausblendung aller anderen Außenreize und steigert die Gefahr, zumindest situativ den Überblick über die monetären sowie zeitlichen Aufwendungen für das Glücksspiel zu verlieren. Zudem liegt es auf der Hand, dass eine hohe Spielgeschwindigkeit die Zeitspanne des Verlusterlebens verkürzt. Anders ausgedrückt lassen sich die mit Verlusten assoziierten negativen Emotionen durch ein sofortiges Weiterspielen direkt kompensieren. Ist der Spielausgang darüber hinaus mit der Gewinnauszahlung gekoppelt (im Sinne eines kurzen Auszahlungsintervalls), wird die Spieldynamik noch weiter intensiviert, da der Spielteilnehmer den Geldgewinn unmittelbar reinvestieren kann. Eine Reihe von empirischen Studien belegt die Auswirkungen der Spielgeschwindigkeit auf unterschiedliche Variablen des Spielverhaltens. Unter anderem erhöht sich die Spielhäufigkeit bei pathologischen Spielern, wenn die Belohnung unverzüglich (im 2-Sekunden-Takt) und nicht zeitlich etwas verzögert (im 10-Sekunden-Spiel) erfolgt.[32] Außerdem berichten pathologische Spieler bei einem 2-Sekunden-Spiel im Gegensatz zu einem 3-Sekunden-Spiel von einem deutlich ausgeprägteren Wunsch nach weiteren Spielteilnahmen.[33] Selbiges trifft jedoch nicht auf soziale Spieler zu. Offen-

32 Chóliz, M., Experimental analysis of the game in pathological gamblers. In: Journal of Gambling Studies 26, 2010, S. 249-256.

33 Linnet, J./Rømer Thomsen, K./Møller, A./Callesen, M.B.: Event frequency, excitement and desire to gamble, among pathological gamblers. In: International Gambling Studies

bar besteht in der Subgruppe der pathologischen Spieler eine klare Präferenz für schnellere Spielvarianten. Schließlich neigen gefährdete Spieler im Vergleich zu sozialen Spielern gerade bei einer sehr kurzen Spieldauer von nur 0,4 Sekunden dazu, höhere Einsätze zu tätigen.[34]

Gewinnhöhe: Der in Aussicht gestellte Höchstgewinn bei einem Glücksspiel bildet den primären Spielanreiz und gilt als Fantasieanreger. Nicht umsonst hat ein anwachsender Lotto-Jackpot einen hohen Aufforderungscharakter für breite Schichten der Bevölkerung.[35] Darüber hinaus gehen von möglichen Gewinnen bestimmter Größenordnungen psychotrope Effekte aus, die in erster Linie als stimulierend und aktivierend beschrieben werden können. Schon eine eher marginale Erhöhung der potenziellen Gewinnsumme erweist sich in diesem Zusammenhang als erregungssteigernd.[36] Neben der maximalen Gewinnhöhe hat die allgemeine Preisstruktur eines Glücksspiels spürbare Auswirkungen auf das Spielverhalten.[37] Es liegt daher aus psychologischer Sicht nahe, dass die Bereitstellung einer relativ großen Anzahl von kleineren Gewinnen die Motivation einer fortgesetzten Spielteilnahme erhöht. Wiederkehrende kleinere Gewinnsummen werden mit großer Wahrscheinlichkeit reinvestiert, verbunden mit der Hoffnung, einen größeren Geldgewinn (z. B. in Form des Jackpots) zu erzielen.

Auszahlungsquote bzw. Gewinnwahrscheinlichkeit: Generell funktionieren Glücksspiele nach den Prinzipien eines intermittierenden Verstärkungsplans, da naturgemäß nicht jede Spielteilnahme einen Gewinn nach sich zieht. Neue Verhaltensweisen, die auf diese Art erlernt werden, erweisen sich als besonders löschungsresistent. Eine Begleiterscheinung der Novellierung der SpielV in 2006 bestand in der Steigerung der durchschnittlichen Auszahlungsquoten von unter 60 Prozent auf nunmehr über 77 Prozent. Aus Spielersicht bedeutete dieser Trend eine verbesserte Gewinnwahrscheinlichkeit respektive eine erhöhte Belohnungsfrequenz. Mittels einer Computersimulation bestätigten Harrigan und Dixon (2010), dass eine Variation der Auszahlungsquote beim Automatenspiel mit

---

10, 2010, S. 177-188.

34 Mentzoni, R. et al.: Tempo in electronic gaming machines affects behavior among at-risk gamblers. In: Journal of Behavioral Addictions, 1, 2012, S. 135-139.

35 Griffiths, M./Wood, R.: The psychology of lottery gambling. In: International Gambling Studies 1, 2001, S. 27-45.

36 Vgl. exemplarisch mit Wulfert, E. et al.: The role of money in the excitement of gamblers. In: Psychology of Addictive Behaviors 22, 2008, S. 380-390.

37 Turner, N.E., Volatility, house edge and prize structure of gambling games. In: Journal of Gambling Studies 27, 2011, S. 607-623.

direkten Auswirkungen auf das Spielverhalten verbunden ist (insbesondere bei Risikospielern).[38] Vermehrte Gewinne scheinen demnach mit prekären Spielerlebnissen und -mustern in Verbindung zu stehen. Ergänzend hierzu belegen einzelne experimentelle Studien die Vorliebe für sogenannte „lose Spielautomaten“: So steigert sich die Spielfrequenz sowohl bei höheren Ausschüttungsquoten als auch bei einer größeren Volatilität (Prozentsatz der Spiele mit Gewinn).[39]

Aktive Einbindung: Verschiedenartige Mechanismen der aktiven bzw. persönlichen Einbindung der Spielteilnehmer in den Spielablauf leisten dem Irrglauben Vorschub, den Ausgang durch vermeintlich richtige Entscheidungen bzw. Kompetenzen beeinflussen und damit die eigenen Gewinnchancen deutlich verbessern zu können. Das Drücken der Risikotaste steht beispielhaft für eine derartige illusionäre Kontrollüberzeugung, da diese Handlung für das Spielergebnis unter objektiven Gesichtspunkten komplett bedeutungslos ist. In einer Reihe von (nachfolgend vielfach replizierten) Untersuchungen konnte schon Langer (1975)[40] konkrete Bedingungen – wie eben den Grad der aktiven Einbindung – benennen, die die Empfänglichkeit für derartige kognitive Verzerrungen erhöhen.

Visuelle, auditive und olfaktorische Reize: Im Allgemeinen steigert die Präsentation von bestimmten visuellen, auditiven und olfaktorischen Reizen das Spielvergnügen über positive Verstärkungsprozesse. Darüber hinaus verfestigen die im Sinne der selektiven Aufmerksamkeit als allgegenwärtig wahrgenommenen Gewinnanimationen den Eindruck, dass Gewinne relativ häufig stattfinden. Die Palette derartiger „Designkomponenten“ ist mannigfaltig und reicht bei weiter Auslegung von der Architektur bzw. Ausstattung einer Spielstätte bis zur (subliminalen) Darbietung ausgewählter Stimuli. Einige Forschungsbefunde untermauern die stimulierende Wirkung dieser Parameter: Zum Beispiel bedingt Musik mit hohem Tempo in Kombination mit rotem Licht in einem experimentellen Setting eine schnellere Spielweise der Probanden.[41] Interessanterweise geht sogar das Besprühen einer „Slot Machine“ mit einem angenehmen Duft in

38 Harrigan, K.A./Dixon, M., Government sanctioned ‘tight’ and ‘loose’ slot machines. In: Journal of Gambling Studies 26, 2010, S. 159-174.

39 Coates, E./Blaszczynski, A., An analysis of switching and non-switching slot machine player behaviour. In: Journal of Gambling Studies 29, 2013, S. 631-645.

40 Langer, E.J., The illusion of control. In: Journal of Personality and Social Psychology 32, 1975, S. 311-328.

41 Spenwyn, J./Barrett, D.J.K./Griffiths, M.D., The role of light and music in gambling behaviour. In: International Journal of Mental Health and Addiction 8, 2010, S. 107-118.

einem Kasino in Las Vages mit Umsatzsteigerungen einher.[42] Ferner sei an das fehlende Tageslicht in nahezu allen Spielstätten erinnert, das unter anderem den Zweck verfolgt, die Aufenthaltsdauer der Kunden zu verlängern.

Multi-Linien-Spiel: Geldspielautomaten der neuen Generation bieten die Möglichkeit, multiple Gewinnlinien zugleich zu bespielen. Üblicherweise nehmen die Gewinnlinien dabei horizontale, diagonale und kurvige Formen an. Die Hauptgefahr des Multi-Linien-Spiels besteht in der Darstellung von Nettoverlusten als Gewinne: Aus der Perspektive des Spielers kommt es quasi zum „Leergewinnen der eigenen Geldbörse". Werden zum Beispiel 10 Gewinnlinien je 20 Cent bedient (gleichbedeutend mit einem Gesamteinsatz von 2 Euro) und ein Gewinn von 1,50 Euro – begleitet durch die einschlägigen audiovisuellen Animationen – erzielt, entspricht dies objektiv zwar einem Nettoverlust von 50 Cent, aus subjektiver Sicht jedoch einem Gewinnerleben mit der dazugehörigen psychotropen Wirkung.[43] Diese Art der Verschleierung von Nettoverlusten führt psychologisch zu Fehleinschätzungen und einer erhöhten, wenn auch nicht faktenbasierten, Rate positiver Verstärkung – zumindest bei unerfahrenen Spielern.[44] Hinzu kommt, dass die Einsätze über das parallele Bespielen multipler Gewinnlinien erhöht werden können, um bereits erlittene Verluste auf einen Schlag wieder auszugleichen (Förderung des Chasing-Verhaltens).[45]

Fast-Gewinne: Beim Erleben von Gewinn- und Verlustsituationen spielen vor allem subjektive Deutungsmuster eine wichtige Rolle. Fast-Gewinne, wie zum Beispiel das Einlaufen von fünf anstatt der für einen Gewinn notwendigen sechs identischen Symbole, verstärken trotz des faktischen Verlustes die Erwartungshaltung, dass ein Erfolgserlebnis unmittelbar bevorsteht. Derartige Fast-Gewinne rufen andere Emotionen und Kognitionen als offensichtliche Verluste hervor und tragen infolgedessen zur Spielbindung bei. Verschiedene neurowissenschaftliche Befunde bestätigen dieses Phänomen. Exemplarisch sei auf Clark und Kollegen (2009) verwiesen, die mittels funktioneller Magnetresonanztomographie zeigen konnten, dass Fast-Gewinne mit dem Wunsch nach weiteren Spielteilnahmen

---

42 Hirsch, A.R., Effects of ambient odors on slot-machine usage in a Las Vegas casino. In: Psychology & Marketing 12, 1995, S. 585-594.

43 Vgl. u. a. mit Dixon, M.J. et al., Losses disguised as wins in modern multiline video slot machines. In: Addiction 105, 2010, S. 1819-1824.

44 Jensen, C. et al., Misinterpreting 'winning' in multiline slot machine games. In: International Gambling Studies 13, 2013, S. 112-126.

45 Zu diesem Konstrukt s. Meyer, G./Bachmann, M., Spielsucht, Berlin 2011.

einhergehen und ähnliche Aktivierungsmuster im Gehirn auslösen wie tatsächliche Gewinne.[46] Des Weiteren scheinen die (übrigens als unangenehm empfundenen) Fast-Gewinne physiologische Veränderungen hervorzurufen, die den subjektiven Erlebniszustand von Erregung widerspiegeln.[47]

Insgesamt liefern sowohl die theoretischen Überlegungen als auch die empirischen Befunde einige Argumente dafür, dass die konkrete Ausgestaltung eines Glücksspiels respektive einzelne Strukturkomponenten in direkter Weise das individuelle Spielverhalten beeinflussen. Um eine endgültige Aussage zum Suchtpotenzial einer Spielform treffen zu können, bedarf es aber immer der Betrachtung aller relevanten Veranstaltungsmerkmale. Allerdings ist bislang zu großen Teilen ungeklärt, ob die Variationen im „Game Design" vorrangig soziales Spielverhalten betreffen oder selbst ein problematisches Spielverhalten hervorrufen bzw. dessen Manifestation (mit)bedingen können.

4 Die Deutung wissenschaftlicher Befunde als Spiegel für die unternehmerische Verantwortungsübernahme

Trotz dieser in ihrer Gesamtheit überzeugenden empirischen Befundlage lassen sich immer wieder Bestrebungen von Vertretern der Anbieterseite wahrnehmen, die darauf abzielen, die mit dem gewerblichen Automatenspiel assoziierten Suchtgefahren zu negieren, zu bagatellisieren oder zu relativieren. Die folgenden vier Kategorien sollen punktuell illustrieren, wie wissenschaftliche Fakten bewusst umgedeutet, interessengeleitet verarbeitet und irreführende Behauptungen bar jeglicher Evidenz gestreut werden:

Die Verwischung der Grenzen zwischen Spiel und Glücksspiel bzw. die Prämisse eines „Glücksspieltriebs": Im öffentlichen Diskurs finden sich nicht selten Stimmen, die davon ausgehen, dass Spielen der menschlichen Selbstverwirklichung diene und gerade unter entwicklungspsychologischen Gesichtspunkten von überragender Wertigkeit sei. Dieser Standpunkt ist zweifelsfrei richtig, solange er sich ausschließlich auf das „kindliche Spiel" und seine mannigfaltigen Ausprägungen bezieht, das Glücksspiel jedoch exkludiert. Zwischen dem kind-

46 Clark, L./Lawrence, A.J./Astley-Jones, F./Gray, N., Gambling near-misses enhance motivation to gamble and recruit win-related brain circuitry. In: Neuron 61, 2009, S. 481-490.

47 Clark, L. et al., Physiological responses to near-miss outcomes and personal control during simulated gambling. In: Journal of Gambling Studies 28, 2012, S. 123-137.

lichen Spiel und dem Glücksspiel besteht eine Vielzahl an fundamentalen Unterschieden, die eine Einordnung des Glücksspiels unter die Oberkategorie Spiel nicht zulässt. Deutlich wird diese grundsätzliche Verschiedenartigkeit schon in der Übersetzung der beiden Begriffe in die englische Sprache („playing“ vs. „gambling“). Während das kindliche Spiel zudem ubiquitär ist und den Aufbau emotionaler, kommunikativer, sozialer, kognitiver und motorischer Kernkompetenzen unterstützt, treffen diese Eigenschaften auf das Glücksspiel nicht zu.

Als ebenfalls falsch erweist sich die Annahme eines „Glücksspieltriebs“ im Sinne eines endogenen Grundbedürfnisses. Verschiedene Evidenzstränge widerlegen diese Prämisse anschaulich: Zum einen zeigen die bereits oben zitierten Prävalenzstudien aus Deutschland, dass bezogen auf die vergangenen 12 Monate bloß etwa die Hälfte der Bundesbürger am Glücksspiel teilgenommen hat.[48] Da Triebe per Definition normative, immer wiederkehrende Kräfte sind, die nach Befriedigung streben, würde dieser nicht nachvollziehbaren Logik zufolge die andere Hälfte der Bevölkerung an einem Triebmangel „leiden“. Zum anderen verweisen ethnographische und historische Analysen darauf, dass eine Glücksspielbeteiligung keineswegs ein universelles Phänomen verkörpert.[49] Daher sind für das gewerbliche Automatenspiel konzipierte Sozialkonzepte, die dieses Produkt in die Nähe des kindlichen Spiels rücken,[50] insgesamt kritisch zu bewerten. Offensichtlich wird hiermit beabsichtigt, das Suchtpotenzial von Geldspielautomaten zu verharmlosen und diesem Spielangebot in euphemistischer Weise Positivattribute zuzuschreiben.

Die beschönigende Bewertung des Problemausmaßes: Eine bundesweit geschaltete Anzeigenkampagne der deutschen Unterhaltungsautomatenwirtschaft behauptete unlängst, dass in Deutschland mehr als 99 Prozent aller Menschen ohne Probleme spielen würden.[51] Diese Aussage impliziert eine Spielteilnahme von 100 Prozent der Bevölkerung, was sich jedoch nicht mit der Realität deckt (s. o.). Die Angabe der Automatenwirtschaft basiert daher bewusst auf einer falschen Grundgesamtheit. Zwar ist über alle Prävalenzstudien hinweg tatsächlich

---

48 Vgl. u. a. mit Bundeszentrale für gesundheitliche Aufklärung (BZgA), Glücksspielverhalten und Glücksspielsucht in Deutschland 2007, 2009 und 2011. Köln 2012; Meyer, C. et al., Pathologisches Glücksspielen und Epidemiologie (PAGE). Greifswald/Lübeck 2011.

49 Binde, P., Gambling across cultures. In: International Gambling Studies 5, 2005, S. 1-27.

50 Ein Beispiel hierfür ist unter http://www.vdai.de/regelwerke/sozialkonzept-spiel-in-spielstaette-gaststaette.pdf einsehbar (Zugriff am 10.02.2014).

51 http://www.spielv.de/vdai/99-prozent.pdf (Zugriff am 10.02.2014).

richtig, dass knapp ein Prozent der Deutschen glücksspielbezogene Probleme aufweisen (12-Monats-Prävalenz).[52] Allerdings umfasst diese Größenordnung immer alle befragten Personen und damit auch alle Nicht-Spieler (immerhin ca. 50 Prozent). Wird nun als Basisrate wie in der Anzeige lediglich die Gruppe der aktiven Spieler – gleichbedeutend mit der Hälfte der Gesamtpopulation – herangezogen, verdoppelt sich im Umkehrschluss die Angabe zum Problemausmaß.

Noch weitaus gravierender wiegt ein zweiter Fehler, der sich der Kraft des Suggestiven bedient. So erwartet der Rezipient bei dieser von der Automatenindustrie präsentierten Information eine konkrete Aussage über das gewerbliche Automatenspiel. Derweil setzt sich die angesprochene Gruppe der sozialen Spieler im überwiegenden Maße aus Personen zusammen, die andere Glücksspiele nachgefragt haben (etwa verschiedene Lotterievarianten). In Bezug auf das gewerbliche Automatenspiel wären die oben zitierten Befunde von Bühringer et al. (2010)[53] die passendere Bezugsgröße gewesen. Folglich müsste die Botschaft korrekt heißen: „In Deutschland spielt etwa die Hälfte der Besucher einer Spielhalle ohne Probleme. Die andere Hälfte weist indessen glücksspielbezogene Probleme auf!“

Der Verweis auf die vermeintliche Effektivität der umgesetzten Spielerschutzmaßnahmen: Unabhängig von einzelnen Glücksspielsegmenten sind in den letzten Jahren auf der einen Seite verstärkt Bemühungen um den Spielerschutz und die Prävention glücksspielbezogener Probleme erkennbar gewesen. Auf der anderen Seite bleibt zugleich festzuhalten, dass bis dato in der Regel eher unzulängliche Maßnahmen mit bestenfalls mäßigen Wirksamkeitsnachweisen umgesetzt wurden.[54] Entgegen anderslautenden Stellungnahmen besitzt dieser Sachverhalt auch für das gewerbliche Automatenspiel Gültigkeit. Die folgenden drei Beispiele spiegeln die Diskrepanz zwischen Behauptungen und wissenschaftlicher Evidenz wider.

Erstens sei an die mittlerweile gesetzlich verankerten Personalschulungen zur Früherkennung problematischen Spielverhaltens erinnert, die ohne Frage einen integralen Bestandteil eines umfassenden Sozialkonzeptes bilden. In diesem Zu-

52 Hayer, T. et al., Glücksspielsucht. In: Mann, K. (Hrsg.): Verhaltenssüchte, Berlin 2014 (in Druck).

53 Bühringer, G. et al., Untersuchung zur Evaluierung der Fünften Novelle der Spielverordnung vom 17.12.2005, München 2010.

54 Hayer, T. et al., Glücksspielsucht. In: Mann, K. (Hrsg.): Verhaltenssüchte, Berlin 2014 (in Druck).

sammenhang schulen unter anderem Mitarbeiter des Caritasverbandes für das Erzbistum Berlin das Personal von Spielhallen mit der Absicht, „frühzeitig problematisches und pathologisches Spielverhalten zu erkennen und Betroffene in die örtlichen Hilfesysteme zu vermitteln“.[55] Abgesehen von der Intransparenz der Schulungsinhalte ist bis zum jetzigen Zeitpunkt ungeklärt, ob diese Zieldefinitionen überhaupt erfüllt werden, da unabhängige wissenschaftliche Evaluationen zur Wirksamkeit in Gänze fehlen.[56] Solange dieses Forschungsdefizit Bestand hat, drängt sich der Eindruck auf, dass Personalschulungen vorwiegend der Anbieterseite als Marketing-Instrument und weniger dem Spielerschutz dienen.

Ein zweiter Aspekt betrifft den Jugendschutz und die Frage, in welchem Umfang Minderjährige trotz vorherrschender Altersbeschränkungen Zugang zu Geldspielautomaten erhalten. Verschiedene Schülerbefragungen belegen in konsistenter Weise, dass ein nicht unerheblicher Anteil der Heranwachsenden schon einmal Geld für gewerbliche Automatenspiele ausgegeben hat.[57] Nach Duven et al. (2011)[58] benennen Jugendliche im Alter von 12 bis 18 Jahren am häufigsten Gaststätten als bevorzugte Spielorte, gefolgt von Spielhallen und dem Internet. Vor diesem Hintergrund muten Aussagen zum funktionierenden Vollzug der gesetzlichen Jugendschutzbestimmungen realitätsfremd an. Wird sogar davon gesprochen, dass dem Jugendschutz in Spielhallen „vollumfänglich Rechnung“[59] getragen wird, grenzt dies an eine gezielte Streuung von Fehlinformationen.

Das dritte Beispiel knüpft ebenfalls an die vermeintliche Effektivität der durch die Automatenwirtschaft umgesetzten Präventionsaktivitäten an. Unter dem Slogan „Der Fluch der guten Tat“[60] wird öffentlich erklärt, dass die große Anzahl an ratsuchenden Automatenspielern nur deshalb den Weg in das professionelle Suchthilfesystem finden würde, weil auf den Frontscheiben der Geldspielau-

---

55 http://www.awi-info.de/de/schulungsangebot-praevention-1m (Zugriff am 15.02.2014).

56 Ohnehin deuten die im internationalen Kontext gewonnenen Erkenntnisse einen vergleichsweise geringen Nutzen von Personalschulungen an (Meyer, G./Hayer, T., Problematisches und pathologisches Spielverhalten bei Glücksspielen. In: Bundesgesundheitsblatt 53, 2010, S. 295-305).

57 Für einen aktuellen Überblick s. Hayer, T., Jugendliche und Glücksspielprobleme. In: Kinder- und Jugendschutz in Wissenschaft und Praxis 58(1), 2013, S. 3-7.

58 Duven, E. et al., Problematisches Glücksspielverhalten bei Kindern und Jugendlichen in Rheinland-Pfalz. Mainz 2011.

59 http://awi-info.de/userupload/files/17_14_0247_7_Gauselmann__Paul.pdf (Zugriff am 15.02.2014).

60 http://www.spielv.de/vdai/fluch-der-guten-tat.pdf (Zugriff am 15.02.2014).

tomaten handlungswirksame Warnhinweise platziert seien. Diese Art der Argumentation ist absurd und fußt weder auf empirischer noch auf theoretischer Evidenz. Eine erste Überprüfung dieser Kausalaussage mit 150 Spielern aus ambulanten Beratungseinrichtungen bestätigt wenig überraschend, dass kein einziger Untersuchungsteilnehmer aufgrund der Piktogramme auf die Angebote der Suchtberatung aufmerksam wurde.[61] Zahlreiche Studien aus der Tabakforschung untermauern zwar die prinzipielle Sinnhaftigkeit von Warnhinweisen auf Zigarettenschachteln. Allerdings hängt deren Wirksamkeit im Wesentlichen von der konkreten Ausgestaltung ab (u. a. sind größere grafische Darstellungen auf der Vorderseite einer Zigarettenpackung rein textbasierten Warnhinweisen deutlich überlegen).[62] Da die statisch präsentierten Informationen an den Geldspielautomaten weder in Botschaft, Größe noch Aufmachung überzeugen, ist ihr Präventionswert demzufolge minimal.

Der Versuch, die Verantwortung für die Entwicklung glücksspielbezogener Probleme ausschließlich den Betroffenen zuzuschreiben: Diese Strategie ist keineswegs neu und hat ihren Ursprung darin, pathologische Spieler als genuin vulnerabel zu beschreiben bzw. damit die generelle Austauschbarkeit des Suchtmittels zu betonen und zugleich von der eigenen Verantwortung abzulenken. Eine neue Dimension erfuhr diese Denktradition unlängst durch vereinzelte wissenschaftliche Befunde, nach denen nicht die Teilnahme an einem bestimmten Glücksspiel mit hohem Suchtpotenzial, sondern ein multiples Spielverhalten (d. h. die parallele Nachfrage nach mehreren Spielangeboten) den besseren Prädiktor für die Genese glücksspielbezogener Probleme repräsentiert. So bilanzieren zum Beispiel die Autoren einer von den Automaten-Wirtschaftsverbänden in Auftrag gegebenen Repräsentativerhebung, dass das Spielbedürfnis von pathologischen Spielern ein „vagabundierender Impuls" sei, der „opportunistisch verschiedene Glücksspielformen" nutze.[63] Diese Schlussfolgerung stützt sich auf folgende Beobachtung: Unter den pathologischen Spielern ist nur eine Person zu finden, die ihr Spielverhalten auf eine einzige Spielform beschränkt – im Durchschnitt werden von pathologischen Spielern fünf verschiedene Spielvarianten nachgefragt. Entsprechend müsse bei der Prävention der Glücksspielsucht die Spielerpersönlichkeit und eben nicht das Spiel in den Vordergrund rücken.

61 Meyer, G., Glücksspiel. In: Deutsche Hauptstelle für Suchtfragen (Hrsg.): Jahrbuch Sucht 12 (S. 125-143), Pabst 2012.

62 Hammond, D., Health warning messages on tobacco products. In: Tobacco Control 20, 2011, S. 327-337.

63 TNS EMNID, Spielen mit und um Geld in Deutschland, 2011 (Zugriff am 15.02.2014).

Jene Position wurde in der Folgezeit im öffentlichen Diskurs durch die Automatenwirtschaft dankbar aufgegriffen. Jedoch verkennt diese Interpretation, dass Betroffene sehr wohl den (relativen) Einfluss unterschiedlicher Spielformen auf die individuelle Fehlentwicklung benennen können. Exemplarisch sei in diesem Kontext auf die Publikation von Meyer und Hayer (2005)[64] aus dem klinischen Setting verwiesen, nach der bei der Mehrheit aller hilfesuchenden Spieler nur eine Spielform zu Belastungen geführt hat. Eine rein dichotom erfasste Spielteilnahme ohne nähere Bestimmung von Häufigkeit, Intensität und subjektiver Verortung des Spielverhaltens erweist sich demnach als nahezu bedeutungslos. Weiterführende aktuelle Befunde erhärten die These, dass pathologische Spieler keineswegs zwingend jede nachgefragte Spielform als problembehaftet wahrnehmen und diese Perzeption nicht auf fehlender Einsicht oder mangelhafter Reflektionsfähigkeit basieren muss.[65]

In der Gesamtbetrachtung verdeutlicht bereits diese kurze Auflistung, die mühelos durch zahlreiche weitere Beispiele zu ergänzen wäre, die Grundeinstellung der Automatenwirtschaft. Anstatt den Spielerschutz ernsthaft und proaktiv voranzutreiben, werden weiterhin Versuche gestartet, die Suchtgefahren des eigenen Produktes – immerhin ein demeritorisches Gut – zu verharmlosen, wissenschaftliche Erkenntnisse zu negieren bzw. umzudeuten und letztlich mit diesem Vorgehen Einfluss auf politische Entscheidungsträger zu nehmen. Offensichtlich dominieren weiterhin eigene ökonomische Interessen im Sinne der Umsatzmaximierung über die Belange des Gemeinwohls sowie ethische Grundprinzipien. Ob überhaupt eine andere Priorisierung angestrebt wird, muss zum jetzigen Zeitpunkt angezweifelt werden.[66] Dennoch bleibt zu hoffen, dass zukünftig ein tiefgreifender Prozess des Umdenkens stattfinden wird und sich zumindest einzelne Branchenvertreter von den oben beschriebenen Vorgehensweisen distanzieren. Dabei stellt der Umgang mit Forschungsbefunden einen von vielen Gradmessern für die Übernahme unternehmerischer Verantwortung dar.

---

64 Meyer, G./Hayer, T., Das Gefährdungspotenzial von Lotterien und Sportwetten, Düsseldorf 2005.

65 Thege, B.K./Hodgins, D.C., The 'light drugs' of gambling? In: International Gambling Studies, 2014 (in press).

66 Vgl. für ein ähnliches Urteil in Bezug auf Online-Glücksspielanbieter mit Yani-de-Soriano, M./Javed, U./Yousafzai, S., Can an industry be socially responsible if its products harm consumers? In: Journal of Business Ethics 110, 2012, S. 481-497.

5 Zusammenfassung

Lange Zeit fristete die Forschung zu Glücksspielen im Allgemeinen und zur Glücksspielsucht im Speziellen in Deutschland ein Nischendasein. Dieser Umstand hat sich gerade in jüngster Vergangenheit spürbar verändert. Dabei widmete sich ein wichtiges Studienfeld der Frage, welche Suchtgefahren mit den verschiedenen Spielangeboten einhergehen. Wie der vorliegende Beitrag auch unter Hinzuziehung internationaler Evidenz darlegt, zählt das gewerbliche Automatenspiel unzweifelhaft zur Gruppe der Spielformen mit dem höchsten Suchtpotenzial. Zugleich erinnern die bislang umgesetzten Maßnahmen des Spielerschutzes in diesem Marktsegment eher an kosmetische Korrekturen denn an substanzielle Präventionsbemühungen. Zudem ist es noch nicht gelungen, die Wirksamkeit von Sozialkonzepten in ihrer Gesamtheit bzw. von einzelnen Bausteinen zu belegen. Schließlich verringert die bewusst verzerrende Interpretation wissenschaftlicher Befunde durch die Automatenwirtschaft ihre Glaubwürdigkeit, sich ernsthaft um eine Minimierung der von ihrem Produkt ausgehenden Suchtgefahren zu bemühen.

6 Literaturverzeichnis

BINDE, P. (2005): Gambling across cultures: Mapping worldwide occurrence and learning from ethnographic comparison. In: International Gambling Studies 5, S. 1-27.

BÖNING, J., MEYER, G. & HAYER, T. (2013): Glücksspielsucht. In: Der Nervenarzt 84, S. 563-568.

BÜHRINGER, G., KRAUS, L., HÖHNE, B., KÜFNER, H. & KÜNZEL, J. (2010): Abschlussbericht: Untersuchung zur Evaluierung der Fünften Novelle der Spielverordnung vom 17.12.2005. München: Institut für Therapieforschung.

BÜHRINGER, G., KRAUS, L., SONNTAG, D., PFEIFFER-GERSCHEL, T. & STEINER, S. (2007): Pathologisches Glücksspiel in Deutschland: Spiel- und Bevölkerungsrisiken. In: Sucht 53, S. 296-308.

BUNDESZENTRALE FÜR GESUNDHEITLICHE AUFKLÄRUNG (BZgA) (2012): Glücksspielverhalten und Glücksspielsucht in Deutschland 2007, 2009 und 2011: Ergebnisse aus drei repräsentativen Bevölkerungsbefragungen. Köln: BZgA.

COATES, E. & BLASZCZYNSKI, A. (2013): An analysis of switching and non-switching slot machine player behaviour. In: Journal of Gambling Studies 29, S. 631-645.

CHÓLIZ, M. (2010): Experimental analysis of the game in pathological gamblers: Effect of the immediacy of the reward in slot machines. In: Journal of Gambling Studies 26, S. 249-256.

CLARK, L., CROOKS, B., CLARKE, R., AITKEN, M.R.F. & DUNN, B.D. (2012): Physiological responses to near-miss outcomes and personal control during simulated gambling. In: Journal of Gambling Studies 28, S. 123-137.

CLARK, L., LAWRENCE, A.J., ASTLEY-JONES, F. & GRAY, N. (2009): Gambling near-misses enhance motivation to gamble and recruit win-related brain circuitry. In: Neuron 61, S. 481-490.

DIXON, M.J., HARRIGAN, K.A., SANDHU, R., COLLINS, K. & FUGELSANG, J.A. (2010). Losses disguised as wins in modern multi-line video slot machines. In: Addiction 105, S. 1819-1824.

DUVEN, E., GIRALT, S., MÜLLER, K.W., WÖLFLING, K., DREIER, M. & BEUTEL, M.E. (2011): Problematisches Glücksspielverhalten bei Kindern und Jugendlichen in Rheinland-Pfalz. Mainz: Klinik und Poliklinik für Psychosomatische Medizin und Psychotherapie.

FELTES, T. (2011): Spielhallen. Kriminologische Risiken und Nebenwirkungen eines expandierenden Gewerbes. Bochum: Kriminologisch-polizeiwissenschaftliche Arbeitspapiere der Ruhr-Universität Bochum.

GRIFFITHS, M. & WOOD, R. (2001): The psychology of lottery gambling. In: International Gambling Studies 1, S. 27-45.

HAMMOND, D. (2011): Health warning messages on tobacco products: A review. In: Tobacco Control 20, S. 327-337.

HARRIGAN, K.A. & DIXON, M. (2010): Government sanctioned 'tight' and 'loose' slot machines: How having multiple versions of the same slot machine game may impact problem gambling. In: Journal of Gambling Studies 26, S. 159-174.

HAYER, T. (2010): Geldspielautomaten und Suchtgefahren – Wissenschaftliche Erkenntnisse und suchtpolitischer Handlungsbedarf. In: Sucht Aktuell 17(1), S. 47-52.

HAYER, T. (2012): Stellungnahme zum Glücksspieländerungsstaatsvertrag – Arbeitsentwurf Werberichtlinie (Stand: 14.08.2012). Bremen: Universität Bremen.

HAYER, T. (2013): Jugendliche und Glücksspielprobleme: Problemausmaß, Risikobedingungen und präventive Handlungsmöglichkeiten. In: Kinder- und Jugendschutz in Wissenschaft und Praxis 58(1), S. 3-7.

HAYER, T., RUMPF, H.-J. & MEYER, G. (2014, in Druck): Glücksspielsucht. In: MANN, K. (Hrsg.): Verhaltenssüchte: Grundlagen – Diagnostik – Therapie – Prävention. Berlin: Springer.

HIRSCH, A.R. (1995): Effects of ambient odors on slot-machine usage in a Las Vegas casino. In: Psychology & Marketing 12, S. 585-594.

JAZBINSEK, D. (2012): Lobbyismus im Glücksspielbereich – Eine Momentaufnahme. In: DEUTSCHE HAUPTSTELLE FÜR SUCHTFRAGEN (Hrsg.): Jahrbuch Sucht 12 (S. 273-287). Lengerich: Pabst.

JENSEN, C., DIXON, M.J., HARRIGAN, K.A., SHEEPY, E., FUGELSANG, J.A. & JARICK, M. (2013): Misinterpreting 'winning' in multiline slot machine games. In: International Gambling Studies 13, S. 112-126.

LANGER, E.J. (1975): The illusion of control. In: Journal of Personality and Social Psychology 32, S. 311-328.

LINNET, J., RØMER THOMSEN, K., MØLLER, A. & CALLESEN, M.B. (2010): Event frequency, excitement and desire to gamble, among pathological gamblers. In: International Gambling Studies, 10, S. 177-188.

MENTZONI, R., LABERG, J.C., BRUNBORG, G.S., MOLDE, H. & PALLESEN, S. (2012): Tempo in electronic gaming machines affects behavior among at-risk gamblers. In: Journal of Behavioral Addictions, 1, S. 135-139.

MEYER, C., RUMPF, H.-J., KREUZER, A., DE BRITO, S., GLORIUS, S., JESKE, C. ET AL. (2011): Pathologisches Glücksspielen und Epidemiologie (PAGE): Entstehung, Komorbidität, Remission und Behandlung. Endbericht an das Hessische Ministerium des Innern und für Sport. Greifswald/Lübeck.

MEYER, G. (2010): Glücksspiel – Zahlen und Fakten. In: Deutsche Hauptstelle für Suchtfragen (Hrsg.): Jahrbuch Sucht 10 (S. 120-137). Geesthacht: Neuland.

MEYER, G. (2012): Glücksspiel – Zahlen und Fakten. In: Deutsche Hauptstelle für Suchtfragen (Hrsg.): Jahrbuch Sucht 12 (S. 125-143). Lengerich: Pabst.

MEYER, G. & BACHMANN, M. (2011): Spielsucht: Ursachen, Therapie und Prävention von glücksspielbezogenem Suchtverhalten. Berlin: Springer.

MEYER, G., HÄFELI, J., MÖRSEN, C. & FIEBIG, M. (2010): Die Einschätzung des Gefährdungspotenzials von Glücksspielen: Ergebnisse einer Delphi-Studie und empirischen Validierung der Beurteilungsmerkmale. In: Sucht 56, S. 405-414.

MEYER, G. & HAYER, T. (2005): Das Gefährdungspotenzial von Lotterien und Sportwetten – Eine Untersuchung von Spielern aus Versorgungseinrichtungen. Düsseldorf: Ministerium für Arbeit, Gesundheit und Soziales des Landes Nordrhein-Westfalen.

MEYER, G. & HAYER, T. (2010): Problematisches und pathologisches Spielverhalten bei Glücksspielen: Epidemiologie und Prävention. In: Bundesgesundheitsblatt 53, S. 295-305.

MEYER, G., HAYER, T. & GRIFFITHS, M. (Eds.) (2009): Problem gambling in Europe: Challenges, prevention, and interventions. New York: Springer.

SASSEN, M., KRAUS, L., BÜHRINGER, G., PAPST, A., PIONTEK, D. & TAQI, Z. (2011): Gambling among adults in Germany: Prevalence, disorder and risk factors. In: Sucht 57, S. 249-257.

SCHÜLL, N.D. (2012): Addiction by design: Machine gambling in Las Vegas. Princeton: Princeton University Press.

SPENWYN, J., BARRETT, D.J.K. & GRIFFITHS, M.D. (2010): The role of light and music in gambling behaviour: An empirical study. In: International Journal of Mental Health and Addiction 8, S. 107-118.

STÜHLER, H.-J. (2009): Alte Probleme im neuen Gewand – das Bauplanungsrecht und die Genehmigung von Mehrfachspielhallen. In: Baurecht 40(1), S. 54-64.

THEGE, B.K. & HODGINS, D.C. (2014, in press): The 'light drugs' of gambling? Non-problematic gambling activities of pathological gamblers. In: International Gambling Studies.

TNS EMNID (2011): Spielen mit und um Geld in Deutschland: Ergebnisse einer repräsentativen Bevölkerungsuntersuchung – Sonderauswertung: pathologisches Spielverhalten. Verfügbar unter: http://awi-info.de/userupload/files/emnid-studie-2011-ergebnisse.pdf (Zugriff am 15.02.2014).

TURNER, N.E. (2011): Volatility, house edge and prize structure of gambling games. In: Journal of Gambling Studies 27, S. 607-623.

VIEWEG, H.-G. (2014): Wirtschaftsentwicklung Unterhaltungsautomaten 2013 und Ausblick 2014. München: Institut für Wirtschaftsforschung.

WULFERT, E., FRANCO, C., WILLIAMS, K., ROLAND, B. & MAXSON, J.H. (2008): The role of money in the excitement of gamblers. In: Psychology of Addictive Behaviors 22, S. 380-390.

YANI-DE-SORIANO, M., JAVED, U. & YOUSAFZAI, S. (2012): Can an industry be socially responsible if its products harm consumers? The case of online gambling. In: Journal of Business Ethics 110, S. 481-497.

Strengere Regulierung des gewerblichen Automatenspiels in Spielhallen und Gaststätten durch den neuen Glücksspielstaatsvertrag seit 1. Juli 2012

Tobias Wild[1]

1 Regelungen für Spielhallen und Gaststätten im neuen Glücksspielstaatsvertrag

1.1 Inkrafttreten des Ersten Glücksspieländerungsstaatsvertrags

Der Erste Glücksspieländerungsstaatsvertrag (im Folgenden „Erster GlüÄndStV") vom 15. Dezember 2011 ist am 1. Juli 2012 in Kraft getreten. Er gilt seitdem in allen Bundesländern bis auf Nordrhein-Westfalen und Schleswig-Holstein. Nordrhein-Westfalen hat den Ersten GlüÄndStV zwar paraphiert, die Ratifikation steht aufgrund der Verzögerungen durch die Landtagswahl im Mai 2012 jedoch noch aus. In Schleswig-Holstein ist seit 1. Januar 2012 ein eigenständiges Glücksspielgesetz in Kraft.[2] Seit 27. April 2012 ist dort auch ein eigenständiges Spielhallengesetz in Kraft.[3] Seit der jüngsten Landtagswahl beabsichtigt Schleswig-Holstein, dem Ersten GlüÄndStV beizutreten.[4]

---

1 Dr. Tobias Wild ist Referent für Glücksspielangelegenheiten beim Senator für Inneres und Sport, Freie Hansestadt Bremen. Die schriftliche Fassung des Vortrags, erstmals veröffentlicht in der Zeitschrift für Wett- und Glücksspielrecht (ZfWG) 2012, S. 247, erscheint hier mit freundlicher Genehmigung des DSV Deutschen Sportverlags, Köln. Der Beitrag gibt die Rechtslage zum Zeitpunkt des Symposiums Glücksspiel 2012 am 10. und 11. Oktober 2012 wieder. Seitdem ist der Erste Glücksspieländerungsstaatsvertrag in Nordrhein-Westfalen durch Gesetz vom 13. November 2012 (GV. NRW., S. 523) in Kraft gesetzt worden. Das baden-württembergische Landesglücksspielgesetz vom 20. November 2012 (GBl. S. 604) ist in Kraft getreten. Das Gesetz zur Regelung des Rechts der Spielhallen im Land Hamburg (Hamburgisches Spielhallengesetz – HmbSpielhG) vom 4. Dezember 2012 (HmbGVBl. S. 505) ist in Kraft getreten. Der Schleswig-Holsteinische Landtag hat am 24. Januar 2013 (Plenarprotokoll 18/17) Gesetze unter anderem zur Aufhebung des schleswig-holsteinischen Glücksspielgesetzes (Drucksache 18/104 in der Fassung der Drucksache 18/366) und zum Inkraftsetzen des Ersten Glücksspieländerungsstaatsvertrags (Drucksache 18/79) beschlossen.

2 Gesetz zur Neuordnung des Glücksspiels (Glücksspielgesetz) vom 20. Oktober 2011, GVOBl. S. 280.

3 Gesetz zur Errichtung und zum Betrieb von Spielhallen (Spielhallengesetz – SpielhG) vom 17. April 2012 (GVOBl. S. 431). Im Folgenden wird an geeigneten Stellen die Rechtslage in Schleswig-Holstein in den Fußnoten berücksichtigt.

4 Koalitionsvertrag 2012 bis 2017 zwischen SPD, Bündnis 90/Die Grünen und SSW,

Wesentlicher Inhalt des Ersten GlüÄndStV ist der neue Glücksspielstaatsvertrag (im Folgenden „GlüStV“), der in vielen Punkten eine Weiterentwicklung des mit Ablauf des 31. Dezember 2011 außer Kraft getretenen alten Glücksspielstaatsvertrags (im Folgenden „GlüStV a. F.“) darstellt.[5]

1.2 Ziele des neuen Glücksspielstaatsvertrags

Der neue Glücksspielstaatsvertrag verfolgt als gleichrangige Ziele die Prävention und Bekämpfung der Glücksspielsucht, die Kanalisierung des Spieltriebs und Bekämpfung des Schwarzmarkts, den Jugend- und Spielerschutz, die ordnungsgemäße Durchführung des Glücksspiels und Kriminalitätsprävention sowie – aus der Perspektive des gewerblichen Spiels nicht einschlägig – die Abwehr von Gefahren durch Sportwetten für die Integrität des Sports.

1.3 Anwendbarkeit des neuen Glücksspielstaatsvertrags auf das gewerbliche Automatenspiel

Aus den Vorgaben des neuen Glücksspielstaatsvertrags zu seinem sachlichen Anwendungsbereich ergibt sich, dass neuerdings auch sämtliche Betriebe betroffen sind, in denen gewerbliche Geld- und Warengewinnspielgeräte aufgestellt sind.[6] Der neue Glücksspielstaatsvertrag erfasst also Spielhallen, Gaststätten (Schank- und Speisewirtschaften und Beherbergungsbetriebe) und Wettannahmestellen der Buchmacher, soweit sie Geld- oder Warenspielgeräte mit Gewinnmöglichkeit bereithalten.[7] § 2 Abs. 3 und 4 GlüStV grenzt ein, welche Normen des Staatsvertrags auf Betriebe Anwendung finden, die Geld- oder Warengewinnspielgeräte bereithalten. Geld- und Warengewinnspielgeräte unterfallen seit Inkrafttreten des neuen Staatsvertrags ausdrücklich der Legaldefinition eines öffentlichen Glücks-

Rn. 507 ff.

5 Aufgrund der langwierigen Verhandlungen zum Ersten GlüÄndStV ist es nicht gelungen, den Ersten GlüÄndStV wie ursprünglich geplant bereits zum 1. Januar 2012 als nahtlose Folgeregelung zu dem am 1. Januar 2008 in Kraft und mit Ablauf des 31. Dezember 2011 außer Kraft getretenen alten Glücksspielstaatsvertrag (im Folgenden „GlüStV a. F.“) in Kraft zu setzen. Zudem wurde das am 15. April 2011 begonnene Notifizierungsverfahren bei der EU-Kommission (Notifizierungsnummer 2011/188/D) erst mit einem Schreiben der Kommission vom 20. März 2012 abgeschlossen.

6 Allgemein: Wohlfarth, Der Beginn einer Länderoffensive gegen ungebremstes Wachstum von Spielhallen, LKRZ 2012, S. 81 ff.

7 Wettannahmestellen der Buchmacher werden darüber hinaus auch in Bezug auf Pferdewetten erfasst, § 2 Abs. 5 GlüStV.

spiels gemäß § 3 Abs. 1 und 2 GlüStV.[8] Die Definition einer Spielhalle gemäß § 3 Abs. 7 GlüStV entspricht im Wesentlichen § 33i Abs. 1 Satz 1 GewO. § 2 Abs. 3 GlüStV stellt klar, dass Spielhallen und ähnliche Unternehmen, in denen ausschließlich Unterhaltungsspiele ohne Gewinnmöglichkeit aufgestellt sind (z. B. Billard, Darts, Flipper, Arcade-Spiele, Air Hockey, Tischfußball),[9] vom Glücksspielstaatsvertrag nicht erfasst sind.[10] Auch andere Spiele mit Gewinnmöglichkeit (§ 33d GewO), die kein Glücksspiel sind (§ 33h GewO), werden vom GlüStV nicht erfasst.

1.4 Anwendbarkeit der allgemeinen Regeln für öffentliche Glücksspiele (Erster Abschnitt des GlüStV)

a) Allgemeiner Erlaubnistatbestand – nur für Spielhallen
Der allgemeine Erlaubnistatbestand für öffentliche Glücksspiele gemäß § 4 Abs. 1 Satz 1 GlüStV gilt nur für Spielhallen (§ 2 Abs. 3 Satz 1 GlüStV). Diese Vorschrift ist nicht anwendbar auf Gaststätten und Wettannahmestellen der Buchmacher, soweit sie Geld- oder Warengewinnspielgeräte bereithalten (§ 2 Abs. 4 GlüStV). Bei Spielhallen sind zusätzlich die ergänzenden Erlaubnisvorschriften des § 24 GlüStV zu beachten.

b) Jugendschutz
Sämtliche Betriebe mit gewerblichen Geld- oder Warengewinnspielgeräten unterliegen seit dem 1. Juli 2012 denselben Jugendschutzvorschriften wie andere Glücksspielanbieter auch (§ 4 Abs. 3 GlüStV). Große Änderungen sind damit nicht verbunden, denn § 6 Abs. 1 JuSchG verpflichtet die Betreiber von Spielhallen und Wettannahmestellen von Buchmachern bereits jetzt, Minderjährigen den Zutritt zu verwehren, und auch Gastwirte haben gemäß § 6 Abs. 2 JuSchG i. V. m. § 3 Abs. 1 Satz 2 SpielV sicherzustellen, dass Minderjährige nicht an den aufgestellten Geld- und Warengewinnspielgeräten spielen.

---

8 Geldgewinnspielgeräte im Sinne des § 33c Abs. 1 GewO sind auch nach gewerbe- und europarechtlichem Verständnis echte Glücksspiele, siehe BVerwG, Urteil vom 28. September 1982 (Az. 1 C 139/80), Rn. 13, GewArch 1983, S. 60 ff.; EuGH, Urteil vom 21. September 1999, Rs. C-124/97 – Läärä; Dietlein/Hüsken, in: Dietlein/Hecker/Ruttig, Glücksspielrecht, § 33c GewO Rn. 1, m. w. N.

9 Genuin sportliche Betätigungsangebote (Tischtennishallen, Kegel- und Bowlingbahnen) fallen ohnehin nicht unter die Unterhaltungsspiele im Sinne des § 33i GewO, Dietlein/Hüsken, in: Dietlein/Hecker/Ruttig, Glücksspielrecht, § 33i GewO, Rn. 2.

10 Die gesetzliche Definition des § 3 Abs. 7 GlüStV würde diese Betriebe dem Wortlaut nach erfassen.

c) Internetverbot
Betriebe, die gewerbliche Geld- und Warengewinnspielgeräte bereithalten, unterliegen dem Internetverbot des § 4 Abs. 4 GlüStV. Es bleibt kein Raum für virtuelle Geldgewinnspielgeräte oder Spielhallen im Internet.

d) Kein Anschluss an das übergreifende Sperrsystem
Das übergreifende Sperrsystem gemäß §§ 8, 23 GlüStV für Spielbanken, Sportwetten und Lotterien mit besonderem Gefährdungspotential wurde bedauerlicherweise nicht auf Spielhallen und Geldgewinnspielgeräte in Gaststätten und Wettannahmestellen der Buchmacher erstreckt. Geldgewinnspielgeräte in Spielhallen, Gaststätten und Wettannahmestellen der Buchmacher sind – ähnlich den Glücksspielautomaten in Spielbanken – aufgrund der schnellen Spielabfolge und der sofortigen Entscheidung über Gewinn oder Verlust das Glücksspiel mit dem höchsten Suchtpotential und veranlassen Spieler, Verlusten nachzujagen (*Chasing*-Verhalten).[11]

e) Werbebeschränkungen
Spielhallen, Gaststätten und Wettannahmestellen der Buchmacher müssen sich auf dieselben Werbebeschränkungen, die bei anderen Glücksspielangeboten bereits seit 2008 gesetzlich vorgeschrieben sind, einstellen. Zwar sind die Einschränkungen im Vergleich zu den Werbebeschränkungen des alten Glücksspielstaatsvertrags[12] gelockert worden. Das in § 5 Abs. 2 GlüStV a. F. geregelte Verbot gezielt spielanreizender Werbung ließ sich nur mit Mühe mit der üblicherweise beabsichtigten vertriebsfördernden Wirkung von Werbung vereinbaren. Hier schafft der neue Wortlaut Erleichterung, auch im Interesse einer wirksameren Kanalisierung und Schwarzmarktbekämpfung. Gleichwohl bleibt Werbung für Glücksspiel – somit neuerdings auch für Geldgewinnspielgeräte – im Internet, im Fernsehen und über Telekommunikationsanlagen ab 1. Juli 2012 verboten.[13]

f) Sozialkonzept und Aufklärungspflichten
Neu ist ab 1. Juli 2012, dass sämtliche Betriebe mit gewerblichen Geld- oder Warengewinnspielgeräten gesetzlich zur Entwicklung eines Sozialkonzepts und

11 Meyer/Hayer, Die Identifikation von Problemspielern in Spielstätten, Präv Gesundheitsf 2008, S. 1 ff.
12 Außer Kraft getreten mit Ablauf des 31. Dezember 2011, siehe auch Fn. 5.
13 Die in § 5 Abs. 3 Satz 2 GlüStV für Lotterien, Sport- und Pferdewetten vorgesehenen Ausnahmen von diesem Verbot sind auf das gewerbliche Spiel nicht anwendbar.

Schulung des Personals verpflichtet sind.[14] Hervorzuheben ist, dass dies neben Spielhallen und Wettannahmestellen der Buchmacher auch für sämtliche Gaststätten gilt. Besonderes Augenmerk verdient auch die Regelung, dass leitende Angestellte von Glücksspielveranstaltern nicht abhängig vom Umsatz entlohnt werden dürfen.[15] So soll verhindert werden, dass das Führungspersonal ein Interesse an einer übermäßigen Spielteilnahme hat.

Eng verknüpft mit den gesetzlichen Vorgaben zur Werbung sind die Aufklärungspflichten gemäß § 7 Abs. 1 GlüStV. Grundgedanke ist, dass der Spieler vor der Spielteilnahme über das Teilnahmeverbot Minderjähriger, die spielrelevanten Informationen, die Suchtrisiken des Automatenspiels und die entsprechenden Beratungs- und Therapiemöglichkeiten aufgeklärt wird. Ein Grundgerüst an Aufklärungspflichten ergibt sich bereits seit 2006 aus § 6 SpielV. Schon in den 90er Jahren begann die Automatenindustrie damit, freiwillig Piktogramme in die Frontscheiben der Geräte einzuprägen mit dem Hinweis, dass übermäßiges Spiel keine Lösung bei persönlichen Problemen ist und dass das Spiel erst ab 18 Jahren erlaubt ist. Auch eine Info-Telefonnummer der Bundeszentrale für gesundheitliche Aufklärung ist seit Mai 2000 an allen Geldgewinnspielgeräten angegeben.

1.5 Besondere zusätzliche Regeln für Spielhallen (Siebter Abschnitt des Glücksspielstaatsvertrags)

a) Eigenständiger glücksspielrechtlicher Erlaubnistatbestand

Bislang waren Spielhallen ausschließlich gemäß § 33i GewO oder der entsprechenden landesrechtlichen Norm[16] auf gewerberechtlicher Grundlage erlaubnis-

---

14 Die im Arbeitsausschuss Münzautomaten zusammenarbeitenden Spitzenverbände der Unterhaltungsautomatenwirtschaft haben im März 2010 ein Sozialkonzept für das gewerbliche Spiel in Spielstätten und Gaststätten vorgelegt (abrufbar unter http://www.vdai.de/ „Aktuelle Informationen“), das als Ausgangspunkt dienen mag, wenn nun die Vorgaben des GlüStV umgesetzt werden müssen.

15 Anhang zum GlüStV „Richtlinien zur Vermeidung und Bekämpfung von Glücksspielsucht“.

16 Bis zum Inkrafttreten des Ersten GlüÄndStV hatte nur Berlin von seiner Kompetenz gemäß Art. 74 Abs. 1 Nr. 11 i. V. m. Art. 125a Abs. 1 GG Gebrauch gemacht, § 33i GewO durch Landesrecht zu ersetzen (Siehe § 2 Abs. 1 Satz 1 Spielhallengesetz Berlin vom 20. Mai 2011, GVBl. S. 223). Das Bremische Spielhallengesetz vom 17. Mai 2011 (Brem. GBl. S. 327) ersetzte in der bis zum 30. Juni 2012 geltenden Fassung § 33i GewO nicht, sondern ergänzte § 33i Abs. 2 GewO um weitere Versagungsgründe. Siehe zu den beiden Gesetzen Wild, Die Spielhallengesetze der Länder Berlin und Freie Hansestadt Bremen, ZfWG 2011, S. 385 ff. Nach geltendem Recht ersetzt das BremSpielhG seit 1. Juli 2012

pflichtig. Daneben tritt ab 1. Juli 2012 ein eigenständiger glücksspielrechtlicher Erlaubnisvorbehalt gemäß § 4 Abs. 1 Satz 1 i. V. m. § 24 Abs. 1 GlüStV. Die glücksspielrechtliche Erlaubnis ist gemäß § 24 Abs. 2 Satz 2 GlüStV zwingend zu befristen, auch dies ist gegenüber § 33i GewO neu.

b) Mindestabstand und Verbot mehrerer Spielhallen in einem Gebäudekomplex

§ 25 Abs. 1 GlüStV schreibt einen Mindestabstand zwischen benachbarten Spielhallen vor. Der Klammerzusatz stellt klar, dass hierdurch ausdrücklich Mehrfachkonzessionen am selben Standort verboten werden.[17] Die konkrete Ausgestaltung des Mindestabstands bleibt den Ausführungsbestimmungen der Länder überlassen, er muss aber eine Länge aufweisen, die geeignet ist, Mehrfachkonzessionen am selben Standort zu verhindern. Im Schatten des gesetzlichen Mindestabstands steht das Verbot des § 25 Abs. 2 GlüStV. Danach darf eine Spielhalle nicht im baulichen Verbund mit weiteren Spielhallen stehen, insbesondere sind mehrere Spielhallen im selben Gebäudekomplex nicht zulässig. Einziger denkbarer Anwendungsfall für diese Vorschrift ist ein sehr großer Gebäudekomplex (z. B. ein Einkaufszentrum, Bahnhof oder Flughafen), in dem der gesetzliche Mindestabstand mehrere Spielhallen zuließe.

Aus § 21 Abs. 2 GlüStV ergibt sich, dass in einem Gebäude(-komplex), in dem sich eine Spielhalle befindet, keine Sportwetten vermittelt werden dürfen. Eine Kombination aus Spielhalle und Wettvermittlungsstelle ist somit ausdrücklich verboten.

Gemäß § 25 Abs. 3 GlüStV können die Länder die Anzahl der in einer Gemeinde zu erteilenden Erlaubnisse begrenzen. Ein bestimmtes Begrenzungskriterium ist nicht vorgegeben. Dabei bleibt offen, wie die Kontingentierung angesichts der verfassungsrechtlichen Rahmenbedingungen umgesetzt werden kann.

c) Beschränkung der Außendarstellung und Sperrzeiten

Für Spielhallen sieht § 26 Abs. 1 GlüStV ein Werbeverbot für die Außendarstellung vor. Den Erläuterungen zu dieser Norm ist zu entnehmen, dass insbesondere blickfangmäßig herausgestellte Bezeichnungen wie „Casino“ oder „Spielbank“ unzulässig sind.[18] „Casino“ ist der angloamerikanische und französische Begriff

---

nunmehr § 33i GewO vollständig.

17 In Schleswig-Holstein sind am selben Standort bis zu zwei Spielhallen zulässig, § 3 Abs. 1 SpielhG.

18 Erläuterungen zum Ersten GlüÄndStV, Stand: 7. Dezember 2011, abrufbar unter

für eine Spielbank. Gleichwohl wird diese Bezeichnung mittlerweile von vielen Spielhallen in Deutschland geführt, so dass für deren Betreiber wegen der irreführenden Außenwerbung seit 1. Juli 2012 Handlungsbedarf besteht.

Gemäß § 26 Abs. 2 GlüStV haben die Länder Sperrzeiten für Spielhallen von mindestens drei Stunden festzusetzen.

d) Übergangsbestimmungen für den Siebten Abschnitt des Glücksspielstaatsvertrags

Grundsätzlich findet der auf Spielhallen bezogene Siebte Abschnitt des GlüStV ab Inkrafttreten des Staatsvertrags (also seit 1. Juli 2012) Anwendung. Stichtag für die Übergangsregelung gemäß § 29 Abs. 4 Satz 2 und 3 GlüStV für Spielhallen, deren Betreiber bei Inkrafttreten des GlüStV am 1. Juli 2012 bereits eine Erlaubnis gemäß § 33i GewO hatten, ist der 28. Oktober 2011[19]:

- Wurde einem Spielhallenbetreiber bis zum 28. Oktober 2011 eine Erlaubnis gemäß § 33i GewO erteilt, wird er vom Inkrafttreten des GlüStV bis fünf Jahre danach (also bis zum Ablauf des 30. Juni 2017) so behandelt, als sei er auch Inhaber der entsprechenden glücksspielrechtlichen Erlaubnis gemäß § 4 Abs. 1 Satz 1 i. V. m. § 24 GlüStV (Erlaubnisfiktion), wenn die gewerberechtliche Erlaubnis nicht ohnehin eine kürzere Geltungsdauer hat. Ebenso wird die Spielhalle unabhängig von den tatsächlichen Gegebenheiten während des fünfjährigen Übergangszeitraums so behandelt, als halte sie das Abstandsgebot und das Verbot von mehreren Spielhallen in einem Gebäudekomplex (§ 25 Abs. 1 und 2 GlüStV) ein. Der Betreiber muss rechtzeitig erfolgreich eine glücksspielrechtliche Erlaubnis beantragen, damit er den Betrieb seiner Spielhalle ab 1. Juli 2017 nach neuem Recht fortsetzen darf. Vor allem wegen der Abstandsregelungen wird dies nicht immer gelingen. § 29 Abs. 4 Satz 4 GlüStV sieht eine Härtefallklausel vor, deren Einzelheiten gemäß § 29 Abs. 4 Satz 5 GlüStV durch die Ausführungsbestimmungen der Länder geregelt werden.

---

http://www.schleswig-holstein.de/MPK/DE/Gluecksspiel/gluecksspiel_ node.html.

19 Der Stichtag erklärt sich daraus, dass vom 27. bis 28. Oktober 2011 die Ministerpräsidentenkonferenz in Lübeck stattfand, bei der der jetzt in Kraft getretene Erste GlüÄndStV im Wesentlichen beschlossen wurde. Ab diesem Zeitpunkt war die Regelung bekannt, so dass kein gesteigerter Vertrauensschutz mehr bestand. Den Erläuterungen zu § 29 Abs. 4 des Ersten GlüÄndStV, a.a.O. (Fn. 18), ist zu entnehmen, dass die Stichtagsregelung Vorratserlaubnisse in Kenntnis der beabsichtigten Änderung der Rechtslage verhindern soll.

- Wurde einem Spielhallenbetreiber hingegen nach dem 28. Oktober 2011 eine Erlaubnis gemäß § 33i GewO erteilt, gilt diese Erlaubnis bis zum Ablauf von einem Jahr nach Inkrafttreten des GlüStV (also bis zum Ablauf des 30. Juni 2013) als mit §§ 24 und 25 GlüStV vereinbar.

2 Ausführungsgesetze und Spielhallengesetze der Länder

2.1 Ausführungsbestimmungen zum Glücksspielstaatsvertrag

a) Notwendige Bestimmungen gemäß § 28 Satz 1 GlüStV
§ 28 Satz 1 GlüStV übernimmt die Regelung des § 24 Satz 1 GlüStV a. F., wonach die Länder die zur Ausführung des Staatsvertrags notwendigen Bestimmungen erlassen. Der Glücksspielstaatsvertrag sieht für Spielhallen – nicht aber für Gaststätten und Wettannahmestellen der Buchmacher – vier ausführungsbedürftige Bereiche vor, die sich im Siebten Abschnitt finden:

- § 24 Abs. 3 GlüStV schreibt vor, dass die Länder das Nähere zur Erteilung der glücksspielrechtlichen Erlaubnisse für Spielhallen regeln,
- § 25 Abs. 1 Satz 2 GlüStV verpflichtet die Länder, das Nähere zum gesetzlichen Mindestabstand zu regeln,
- gemäß § 26 Abs. 2 GlüStV haben die Länder für Spielhallen Sperrzeiten von nicht unter drei Stunden festzusetzen,
- § 29 Abs. 4 Satz 5 GlüStV gibt den Ländern auf, das Nähere zur Härtefallklausel gemäß § 29 Abs. 4 Satz 4 GlüStV zu regeln.

Die Länder haben die zwingend vorgeschriebenen Ausführungsbestimmungen zu Spielhallen in den ohnehin erlassenen Ausführungsgesetzen zum Glücksspielstaatsvertrag oder in eigenständigen Spielhallengesetzen kodifiziert. So hat Bremen das Bremische Spielhallengesetz vom 17. Mai 2011[20] an die Anforderungen des Glücksspielstaatsvertrags angepasst.[21] Berlin hat hingegen die spielhallenbezogenen Regelungen des Glücksspielstaatsvertrags in das Ausführungs-

---

20 Siehe Fn. 16.

21 Bremisches Spielhallengesetz (BremSpielhG) vom 17. Mai 2011, zuletzt geändert durch Artikel 3 des Gesetzes vom 12. Juni 2012 (Brem.GBl. S. 255, 261). Das Bremische Glücksspielgesetz (BremGlüG) vom 12. Juni 2012 (Brem.GBl. S. 255) findet auf das gewerbliche Spiel keine Anwendung.

gesetz aufgenommen,[22] prüft allerdings, ob sein Spielhallengesetz vom 20. Mai 2011[23] ergänzt werden muss. Hessen[24], das Saarland[25], Sachsen-Anhalt[26] und Thüringen[27] haben erstmals ein Spielhallengesetz erlassen. Dies ist auch in Brandenburg[28] und Hamburg[29] geplant. Bayern[30], Mecklenburg-Vorpommern[31], Niedersachsen[32], Rheinland-Pfalz[33] und Sachsen[34] haben die spielhallenbezogenen Ausführungsbestimmungen in das jeweilige Ausführungsgesetz zum Glücksspielstaatsvertrag eingegliedert. Dies ist auch in Nordrhein-Westfalen beabsich-

---

22 Ausführungsgesetz zum Glücksspielstaatsvertrag vom 15. Dezember 2007, zuletzt geändert durch Art. 2 des Gesetzes vom 19. Juni 2012 (GVBl. S. 193).

23 Siehe Fn. 16.

24 Hessisches Spielhallengesetz vom 28. Juni 2012 (GVBl. S. 213).

25 Saarländisches Spielhallengesetz (SSpielhG) vom 20. Juni 2012 (GVBl. S. 156, 171).

26 Gesetz zur Regelung des Rechts der Spielhallen im Land Sachsen-Anhalt (Spielhallengesetz Sachsen-Anhalt – SpielhG LSA) vom 25. Juni 2012 (GVBl. LSA S. 204, 212).

27 Thüringer Gesetz zur Regelung des gewerblichen Spiels (Thüringer Spielhallengesetz – ThürSpielhallenG) vom 21. Juni 2012 (GVBl. S. 153, 159).

28 Der Landtag Brandenburg hat das Gesetz zur Neuregelung des Glücksspiels im Land Brandenburg vom 28. Juni 2012 (GVBl. Nr. 29 vom 28. Juni 2012) beschlossen, ohne zeitgleich – wie ursprünglich geplant – über den Entwurf eines Brandenburgischen Spielhallengesetzes (BbgSpielhG), Landtag Brandenburg, Drucksache 5/5076, zu beschließen.

29 Entwurf eines Gesetzes zur Regelung des Rechts der Spielhallen im Land Hamburg (Hamburgisches Spielhallengesetz – HmbSpielhG), Drucksache 20/3228 vom 14. Februar 2012, siehe auch Mitteilung des Senats an die Bürgerschaft, S. 1, Bürgerschaft der Freien und Hansestadt Hamburg, Drucksache 20/3734 vom 3. April 2012.

30 Gesetz zur Ausführung des Staatsvertrages zum Glücksspielwesen in Deutschland (AGGlüStV) vom 20. Dezember 2007, zuletzt geändert durch § 1 des Gesetzes vom 25. Juni 2012 (GVBl. S. 270).

31 Gesetz zur Ausführung des Glücksspielstaatsvertrages (Glücksspielstaatsvertragsausführungsgesetz – GlüStVAG M-V) vom 14. Dezember 2007, zuletzt geändert durch Art. 1 und 4 des Gesetzes vom 22. Juni 2012 (GVOBl. M-V S. 232).

32 Niedersächsisches Glücksspielgesetz (NGlüSpG) vom 18. Dezember 2007, zuletzt geändert durch Art. 2 des Gesetzes vom 21. Juni 2012 (Nds. GVBl. S. 190).

33 Landesgesetz zu dem Ersten Glücksspieländerungsstaatsvertrag und dem Staatsvertrag über die Gründung der GKL Gemeinsame Klassenlotterie der Länder (Landesglücksspielgesetz - LGlüG -) vom 22. Juni 2012 (GVBl. S. 166).

34 Gesetz zur Ausführung des Glücksspielstaatsvertrages und über die Veranstaltung, die Durchführung und die Vermittlung von Sportwetten, Lotterien und Ausspielungen im Freistaat Sachsen (Sächsisches Ausführungsgesetz zum Glücksspielstaatsvertrag – SächsGlüStVAG) vom 14. Dezember 2007, zuletzt geändert durch Art. 3 des Gesetzes vom 14. Juni 2012 (SächsGVBl. S. 270).

tigt.[35] Baden-Württemberg wird die spielhallenbezogenen Regelungen voraussichtlich in ein Glücksspielgesetz aufnehmen.[36]

Die Ausführungsbestimmungen müssen regeln, welche Behörde für die Durchführung des glücksspielrechtlichen Erlaubnisverfahrens für Spielhallen zuständig ist. Die meisten Ausführungsgesetze orientieren sich daran, welche Behörde die Erlaubnis gemäß § 33i GewO erteilt.

In den Ausführungsbestimmungen findet der von § 25 Abs. 1 Satz 1 GlüStV abstrakt vorgegebene gesetzliche Mindestabstand seine konkrete Ausformung. Der Mindestabstand ist im Erlaubnisverfahren unabhängig von bauplanungsrechtlichen Vorgaben zu prüfen, in der Regel sogar durch eine andere Behörde als die Baubehörde. In den Ausführungsgesetzen wird der Mindestabstand fast durchweg in der Luftlinie bemessen. Die Bandbreite der je nach Land gewählten Abstände reicht von 100 Metern (Hamburg in bestimmten Vergnügungsvierteln[37] und Niedersachsen im Regelfall[38]) über 150 Meter (Sachsen), 200 Meter (Sachsen-Anhalt), 250 Meter (Bayern, Bremen und voraussichtlich Nordrhein-Westfalen), 300 Meter[39] (Hessen und voraussichtlich Brandenburg im Regelfall) bis zu 500 Metern (Berlin, Hamburg im Übrigen, Mecklenburg-Vorpommern, Rheinland-Pfalz, Saarland, Thüringen sowie voraussichtlich Baden-Württemberg und Brandenburg in größeren Städten[40]). Die Ausführungsbestimmungen der Länder Bayern, Berlin, Hessen, Rheinland-Pfalz, Sachsen, Thüringen[41] und voraussichtlich Brandenburg, Hamburg und Nordrhein-Westfalen sehen unter bestimmten Bedingungen Einzelfallausnahmen vom gesetzlichen Mindestabstand vor.

---

35 Art. 2 des Entwurfs eines Gesetzes zum Ersten Staatsvertrag zur Änderung des Staatsvertrages zum Glücksspielwesen in Deutschland (Erster Glücksspieländerungsstaatsvertrag – Erster GlüÄndStV), Landtag Nordrhein-Westfalen, Drucksache 16/17 vom 1. Juni 2012.

36 Entwurf eines Landesglücksspielgesetzes (LGlüG), abrufbar unter http://www.service-bw.de/ (Ideen, Fragen, Kritik? – Bürgerbeteiligung).

37 In Hamburg ist für Gebiete im Geltungsbereich der Verordnung über Werbung mit Wechsellicht (das sind die typischen Amüsierviertel) ein Mindestabstand von 100 Metern vorgesehen.

38 Die Gemeinden können durch Verordnung den Mindestabstand erhöhen auf bis zu 300 Meter.

39 Ebenso Schleswig-Holstein gemäß § 3 Abs. 2 Satz 1 SpielhG, siehe Fn. 3.

40 In Gemeinden mit mehr als 50 000 Einwohnerinnen und Einwohnern soll der Mindestabstand 500 Meter nicht unterschreiten.

41 Jedoch nicht weniger als 400 Meter Luftlinie, gemessen von Eingangstür zu Eingangstür.

Die Spielhallenbetreiber müssen sich je nach Land auf eine unterschiedliche Sperrzeit einstellen. Diese beträgt entweder drei Stunden (Bayern, Hamburg in bestimmten Vergnügungsvierteln[42] und Sachsen), vier Stunden (Bremen), fünf Stunden[43] (Thüringen und voraussichtlich Nordrhein-Westfalen), sechs Stunden (Hessen, Mecklenburg-Vorpommern, Niedersachsen, Rheinland-Pfalz, Saarland und voraussichtlich Baden-Württemberg und Brandenburg), sieben Stunden (voraussichtlich Hamburg im Übrigen), acht Stunden (Berlin) oder neun Stunden (Sachsen-Anhalt[44]).

Aufgrund der landesrechtlich zu konkretisierenden Härtefallregelung des § 29 Abs. 4 Satz 4 und 5 GlüStV können Spielhallenbetreiber, deren Erlaubnis gemäß § 33i GewO bis zum 28. Oktober 2011 erteilt worden war, für einen angemessenen Zeitraum unter bestimmten Bedingungen von den Anforderungen der § 24 Abs. 2 und § 25 GlüStV befreit werden. Der Wortlaut des § 29 Abs. 4 Satz 4 GlüStV („für einen angemessenen Zeitraum") schließt eine dauerhafte Befreiung aus. Es ist demnach das erklärte Ziel des Glücksspielstaatsvertrags, mittelfristig sämtliche Mehrfachkonzessionen abzuschaffen.[45] Alle Länder bis auf Niedersachsen haben in ihren Ausführungsbestimmungen die näheren Voraussetzungen einer Befreiung im Härtefall konkretisiert.

b) Weitergehende Anforderungen gemäß § 28 Satz 2 GlüStV

§ 28 Satz 2 GlüStV sieht vor, dass die Länder weitergehende – also über den harmonisierten Kanon des Glücksspielstaatsvertrags hinausgehende – Anforderungen regeln können. Für Spielhallen sieht § 25 Abs. 3 GlüStV eine solche optionale Verschärfung ausdrücklich vor. Danach können die Länder die Anzahl der in einer Gemeinde zu erteilenden Erlaubnisse begrenzen. Hiervon macht nur das Ausführungsgesetz des Landes Mecklenburg-Vorpommern Gebrauch.

Manche Bundesländer ergänzen die Regelungen zum Mindestabstand zwischen benachbarten Spielhallen – ohne dass dies durch den Glücksspielstaatsvertrag

---

42 So geplant in Hamburg; lediglich in Gebieten im Geltungsbereich der Verordnung über Werbung mit Wechsellicht dauert die Sperrzeit von 6.00 Uhr bis 9.00 Uhr.

43 Ebenso Schleswig-Holstein gemäß § 8 SpielhG, siehe Fn. 3.

44 Kann durch Rechtsverordnung auf minimal drei Stunden reduziert werden.

45 Siehe jedoch unten 3.1 zu den rechtlichen Schwierigkeiten, die sich aus dem Nebeneinander einer bereits bestehenden Erlaubnis gemäß § 33i GewO und einer möglicherweise nicht (mehr) erteilbaren Erlaubnis gemäß § 4 Abs. 1 Satz 1 i. V. m. § 24 Abs. 1 GlüStV ergeben.

ausdrücklich vorgezeichnet wäre – durch einen zusätzlich einzuhaltenden Mindestabstand zu Einrichtungen, die überwiegend von Minderjährigen aufgesucht werden (Berlin, Nordrhein-Westfalen, Rheinland-Pfalz, Sachsen-Anhalt, Thüringen und voraussichtlich Baden-Württemberg)[46] oder zu Schulen oberhalb des Primarbereichs und zu Spielbanken (Mecklenburg-Vorpommern). Die Zahl der zulässigen Standorte für Spielhallen wird durch solche Regelungen nochmals reduziert.

In der Mehrzahl der Länder ist die verpflichtende Altersverifikation durch Ausweiskontrolle zum Standard geworden (Berlin, Brandenburg, Bremen, Hessen, Rheinland-Pfalz, Saarland, Sachsen-Anhalt, voraussichtlich Baden-Württemberg und Hamburg).[47] Viele der genannten Länder sind bemüht, ergänzend hierzu eine spielhallenbezogene, freiwillige Selbstsperre (Berlin, Bremen, Rheinland-Pfalz und Sachsen-Anhalt) oder sogar ein zentrales Sperrsystem für Spielhallen mit Selbst- und Fremdsperre (Hessen und voraussichtlich Baden-Württemberg) einzuführen. Die Dauer der Sperre beträgt wie in § 8 Abs. 3 Satz 1 GlüStV regelmäßig mindestens ein Jahr.[48] Eine Anbindung dieser landeseigenen Sperrsysteme an das länderübergreifende zentrale Sperrsystem gemäß §§ 8, 23 GlüStV ist mangels einheitlicher gesetzlicher Grundlage derzeit nicht mit dem Datenschutz vereinbar.

Bisweilen wird die Außendarstellung und Innenausstattung der Spielhallen genauer geregelt. Beispielsweise schreiben Brandenburg, Hessen, Sachsen-Anhalt und Thüringen die ausschließliche Verwendung der Bezeichnung „Spielhalle" vor, so geplant auch in Hamburg und Nordrhein-Westfalen.[49] Hamburg[50] beabsichtigt, die bereits in Berlin[51] geltende Reduzierung der in einer Spielhalle zulässigen Zahl von Geldgewinnspielgeräten von zwölf auf acht zu übernehmen. In einigen Bundesländern wird die optisch-elektronische Überwachung von Spielhallen vorgeschrieben (Hessen und Rheinland-Pfalz).[52]

---

46 Ebenso Schleswig-Holstein gemäß § 3 Abs. 2 Satz 2 SpielhG, siehe Fn. 3.

47 Ebenso Schleswig-Holstein gemäß § 5 Abs. 2 Satz 2 SpielhG, siehe Fn. 3.

48 Nur Rheinland-Pfalz sieht keine Mindestdauer vor.

49 Auch Schleswig-Holstein verbietet die Verwendung der Bezeichnung „Casino" und „Spielbank".

50 Siehe Fn. 29.

51 Siehe Fn. 16.

52 Ebenso Schleswig-Holstein gemäß § 7 SpielhG, siehe Fn. 3.

In einigen Bundesländern müssen der Spielhallenbetreiber und sein Aufsichtspersonal einen Sachkundenachweis erbringen (Berlin und voraussichtlich Hamburg). Einige Bundesländer dehnen den Anwendungsbereich der Befugnisnorm des § 9 Abs. 1 GlüStV auch auf Spielhallen aus, da diese wichtige Ermächtigungsgrundlage andernfalls mangels Erwähnung in der Liste der anwendbaren Vorschriften (§ 2 Abs. 3 GlüStV) nicht anwendbar wäre (Bayern und sinngemäß Bremen).[53]

c) Bußgeldrechtliche Sanktionen im Sinne des § 28 Satz 3 GlüStV
§ 28 Satz 3 GlüStV räumt den Ländern die Möglichkeit ein, für Verstöße gegen die Bestimmungen des Staatsvertrags Ordnungswidrigkeiten- oder Straftatbestände vorzusehen. Hiervon machen sämtliche Spielhallengesetze und spielhallenbezogenen Regelungen in den Ausführungsgesetzen Gebrauch, indem sie bestimmte Ordnungswidrigkeitentatbestände vorsehen. Darüber hinaus werden teilweise auch Pflichtverstöße, die sich nicht aus dem Glücksspielstaatsvertrag, sondern ausschließlich aus den landesrechtlichen Regelungen ergeben, mit Geldbuße belegt.

3 Verhältnis zum gewerblichen Spielrecht

3.1 Verhältnis zu § 33i GewO

Zu dem bereits bestehenden gewerberechtlichen Erlaubnisvorbehalt für Spielhallen gemäß § 33i GewO gesellt sich seit 1. Juli 2012 ein eigenständiger glücksspielrechtlicher Erlaubnisvorbehalt gemäß § 4 Abs. 1 Satz 1 i.V.m. § 24 Abs. 1 GlüStV.

Wenngleich der Bund im Zuge der Föderalismusreform I im Jahr 2006 die Gesetzgebungskompetenz für das Recht der Spielhallen gemäß Art. 74 Abs. 1 Nr. 11 GG an die Länder zurückgegeben hat, gilt § 33i GewO gemäß Art. 125a Abs. 1 Satz 1 GG als Bundesrecht fort, sofern nicht ein Bundesland diese Norm gemäß Art. 125a Abs. 1 Satz 2 GG ersetzt. Berlin hat von dieser Ersetzungsbefugnis im Spielhallengesetz Berlin vom 20. Mai 2011 Gebrauch gemacht.[54] Bremen hatte

---

53 Behelfsmäßig könnte § 15 Abs. 2 GewO oder die polizei- und ordnungsrechtliche Generalklausel herangezogen werden.
54 Siehe Fn. 16.

sich im Bremischen Spielhallengesetz vom 17. Mai 2011 zunächst entschieden, § 33i GewO durch landesrechtliche Verschärfungen lediglich zu ergänzen,[55] es hat diese Herangehensweise jedoch mit Wirkung vom 1. Juli 2012 zugunsten einer vollständigen Ersetzung des § 33i GewO aufgegeben.[56] Die ergänzende Herangehensweise wird in einigen der am 1. Juli 2012 in Kraft getretenen Landesausführungsgesetze (beispielsweise Bayern) und Spielhallengesetze (voraussichtlich Brandenburg) gewählt. Das grundsätzliche Nebeneinander des gewerbe- und glücksspielrechtlichen Erlaubnisvorbehalts bedeutet, dass ein Spielhallenbetreiber ab 1. Juli 2012 in einem Bundesland, in dem § 33i GewO nicht ersetzt worden ist und in dem der Glücksspielstaatsvertrag in Kraft ist, sowohl eine Erlaubnis gemäß § 33i GewO als auch eine Erlaubnis gemäß § 4 Abs. 1 Satz 1 i.V.m. § 24 Abs. 1 GlüStV einholen muss.[57]

Problematisch wird es, wenn die – gemäß § 24 Abs. 2 Satz 2 GlüStV befristet erteilte – glücksspielrechtliche Erlaubnis erlischt, und die möglicherweise unbefristet oder mit einer längeren Befristung erteilte gewerberechtliche Erlaubnis noch fortbesteht. Gleiches gilt für gewerberechtliche Erlaubnisse gemäß § 33i GewO, die am 1. Juli 2012 bereits bestanden (Alt-Erlaubnisse). Nach Ablauf der Übergangsfrist gemäß § 29 Abs. 4 GlüStV entfällt die gesetzlich fingierte glücksspielrechtliche Erlaubnis, wenn nicht erfolgreich eine Anschlusserlaubnis beantragt wird. Hingegen lässt sich die in der Regel unbefristet erteilte gewerberechtliche Alt-Erlaubnis gemäß § 33i GewO als begünstigender Verwaltungsakt nicht ohne Weiteres aufheben, es sei denn, man vertritt die Auffassung, dass mit dem Entfall der glücksspielrechtlichen Erlaubnis auch die gewerberechtliche Erlaubnis von Gesetzes wegen erlischt. Bislang ist nicht geklärt, wie die zuständigen Behörden künftig mit derartigen, nach Entfall der fingierten glücksspielrechtlichen Erlaubnis möglicherweise nur noch gewerberechtlich erlaubten (sozusagen „hinkend“ erlaubten) Spielhallen umgehen werden.

3.2 Verhältnis zur Spielverordnung

In manchen Bundesländern (beispielsweise Berlin, Bremen und voraussichtlich Hamburg) werden bestimmte Normen der Spielverordnung[58] durch landeseigene

55 So auch das schleswig-holsteinische Spielhallengesetz vom 17. April 2012, siehe Fn. 3.

56 Siehe Fn. 16 und 21.

57 § 24 Abs. 1 GlüStV bestimmt ausdrücklich, dass sonstige Genehmigungserfordernisse unberührt bleiben.

58 Siehe Verordnung über Spielgeräte und andere Spiele mit Gewinnmöglichkeit (Spielver-

Regelungen ersetzt. Berlin hat bereits im Jahr 2011 die zulässige Zahl der Spielgeräte in einer Spielhalle von zwölf auf acht reduziert (mit Übergangsregelung), Hamburg plant dies mit dem Entwurf des dortigen Spielhallengesetzes ebenfalls. Voraussichtlich wird sowohl die quantitative als auch die qualitative Begrenzung des Glücksspiels an gewerblichen Automaten aus suchtpräventiven Gründen auch auf bundesrechtlicher Ebene Änderungen erfahren. Das Institut für Therapieforschung legte im September 2010 den Abschlussbericht über die „Untersuchung zur Evaluierung der Fünften Novelle der Spielverordnung vom 17.12.2005" vor, worauf das Bundesministerium für Wirtschaft und Technologie im Dezember 2010 den entsprechenden Evaluierungsbericht vorstellte.[59] Am 24. April 2012 legte das Bundesministerium den Entwurf einer Sechsten Novelle zur Änderung der Spielverordnung vor, der Schwächen der am 1. Januar 2006 in Kraft getretenen Fünften Novelle der Spielverordnung beheben soll.

4 Vereinbarkeit des vorgeschriebenen Mindestabstands mit den Grundrechten

4.1 Berufsfreiheit gemäß Art. 12 Abs. 1 GG

Die am 1. Juli 2012 in Kraft getretenen gesetzgeberischen Eingriffe in das geltende gewerbliche Spielrecht können dazu führen, dass Spielhallen, für die dem Inhaber nach altem Recht noch eine gewerberechtliche Erlaubnis hätte erteilt werden können, nach neuem Recht nicht mehr erlaubnisfähig sind. Außerdem könnte das neue Recht dazu führen, dass bereits erteilte Erlaubnisse gemäß § 33i GewO nach einem Übergangszeitraum geändert oder sogar aufgehoben werden.

Als besonders schwerwiegender Eingriff dürfte sich die Mindestabstandsregelung gemäß § 25 Abs. 1 GlüStV in Verbindung mit den konkretisierenden Ausführungsbestimmungen des jeweiligen Bundeslandes erweisen. Die Mindestabstandsregelung führt sofort mit Inkrafttreten des GlüStV dazu, dass bestimmte Wunschstandorte für Spielhallen nicht mehr erlaubnisfähig sind. Eine Vielzahl von Inhabern bestehender Erlaubnisse gemäß § 33i GewO werden für ihre Spielhallen an bestimmten Standorten nach Ablauf des Übergangszeitraums gemäß

---

ordnung – SpielV) in der Fassung der Bekanntmachung vom 27. Januar 2006 (BGBl. I S. 280).

59 BR-Drucksache 881/10.

§ 29 Abs. 4 GlüStV und nach Ausschöpfung etwaiger Befreiungsmöglichkeiten gemäß § 29 Abs. 4 Satz 4 GlüStV allein aufgrund der Mindestabstandsregelung keine glücksspielrechtliche Erlaubnis gemäß § 4 Abs. 1 Satz 1 i.V.m. § 24 Abs. 1 GlüStV erhalten.[60] Dies gilt insbesondere für die Inhaber von Mehrfachkonzessionen.

Der Eingriff in die Berufsfreiheit durch die Mindestabstandsregelung erweist sich als gerechtfertigt. Die Mindestabstandsregelung betrifft als Berufsausübungsregelung die Art und Weise (das Wie) der beruflichen Tätigkeit als gewerblicher Spielhallenbetreiber.[61] Der Gesetzesvorbehalt des Art. 12 Abs. 1 Satz 2 GG wird durch den auf der Grundlage des Art. 70 Abs. 1 i.V.m. Art. 74 Abs. 1 Nr. 11 GG kompetenzgemäß ins Landesrecht transformierten Glücksspielstaatsvertrag und das jeweils hierzu erlassene Ausführungsgesetz erfüllt.[62]

Die Mindestabstandsregelung verfolgt einen legitimen Zweck und ist verhältnismäßig. Unmittelbarer Zweck des Mindestabstands ist, wie der Klammerzusatz in § 25 Abs. 1 Satz 1 GlüStV bereits verdeutlicht, ein Verbot von Mehrfachkonzessionen zu bewirken. Hierdurch sollen die bereits eingangs dargestellten übergeordneten Ziele des Glücksspielstaatsvertrags (§ 1 GlüStV)[63] gefördert werden. Wie von § 1 Satz 1 Nr. 2 GlüStV vorgesehen, trägt der Mindestabstand dem Gedanken der Begrenzung des erlaubten Glücksspielangebots Rechnung („Eindämmung der Spielhallenflut"). Die Verringerung der Verfügbarkeit und Ausdünnung des erlaubten Angebots hat bei gleichzeitigem Vollzug des Verbots unerlaubter Angebote suchtpräventive Wirkung,[64] wie von § 1 Satz 1 Nr. 1 GlüStV

---

60 Kritisch: Schneider, Hans-Peter, Zur Verfassungsmäßigkeit der Übergangsregelungen im neuen Spielhallenrecht der Länder, GewArch 2001, S. 457 ff.; Hufen, Die Einschränkung des gewerblichen Geld-Gewinnspiels, Baden-Baden 2012, S. 66 ff.

61 Sie betrifft nicht das Ob der Tätigkeit und ist keine Zulassungsschranke, vgl. die im Apothekenurteil, BVerfGE 7, S. 377 ff., entwickelte Stufenlehre. Hufen, a. a. O. (Fn. 60), S. 23, vertritt hingegen die Auffassung, dass es sich beim gezielten Zurückdrängen um mehr als eine bloße Berufsausübungsregel handelt.

62 Hufen, a. a. O. (Fn. 60), S. 29, vertritt die Auffassung, dass das Verbot von Mehrfachkonzessionen und das Abstandsgebot zwischen Spielhallen mit der Bundeskompetenz aus Art. 74 Abs. 1 Nr. 18 GG („Bodenrecht") kollidiert. Seiner Ansicht nach können diese Gesetzesziele ausschließlich über die Bauleitplanung der Gemeinden im Rahmen des § 1 Abs. 9 BauNVO erreicht werden.

63 Siehe oben 1.2.

64 Zum eindeutigen Zusammenhang zwischen der leichten Verfügbarkeit und Griffnähe eines Spielangebotes und einem verstärkten Nachfrageverhalten siehe: Stellungnahme der Bundespsychotherapeutenkammer vom 6. März 2012 zum Diskussionsentwurf des Bundesmi-

vorgesehen. Je dünner das Angebot, desto schwerer wird es, eine Spielhalle mit unbesetzten Geldgewinnspielgeräten zu finden. Die Begrenzung der Zahl der Spielhallen ergänzt in komplementärer Weise die ebenfalls anhand quantitativer Kriterien vorgenommene Begrenzung der zulässigen Zahl von Geld- und Warengewinnspielgeräten in Gaststätten, Wettannahmestellen der Buchmacher und Spielhallen durch § 33f Abs. 1 Nr. 1 GewO i. V. m. § 3 SpielV. Darüber hinaus sieht § 33f Abs. 1 Nr. 3 GewO i. V. m. der SpielV auch noch qualitative Begrenzungen des Glücksspiels am Automaten vor. Die Bekämpfung der Spielsucht ist ein vom Bundesverfassungsgericht anerkanntes besonders wichtiges Ziel des Gemeinwohls.[65]

Der gesetzliche Mindestabstand zwischen Spielhallen ist geeignet, das Ziel der Begrenzung des Glücksspielangebots und das Ziel der Prävention problematischen und pathologischen Spielverhaltens zu verfolgen. Die durch Landesrecht festgelegten Mindestabstände von 100 bis 500 Metern sind ausreichend groß dimensioniert, um in geeigneter Weise Mehrfachkonzessionen zu verhindern. Ein Rückgriff auf § 25 Abs. 2 GlüStV wird nur in seltenen Fällen erforderlich sein. Der Mindestabstand führt mittelfristig zu einer Ausdünnung des vorhandenen Bestands an Spielhallen und verhindert deren Ballung beispielsweise in Vergnügungsvierteln, in Bahnhofsnähe und in sozial benachteiligten Wohngebieten. Es ist allerdings nicht von der Hand zu weisen, dass das Bauplanungsrecht zum Teil ähnliche Ziele verfolgt, wenngleich aus stadtplanerischer und nicht suchtpräventiver Motivation.

Zugleich ist der Mindestabstand in seiner konkreten Ausgestaltung durch das neue Spielhallenrecht zur Erreichung des Zwecks erforderlich,[66] ohne unverhältnismäßig im engeren Sinn zu sein. Die Wegstrecke zwischen zwei Spielhallen kann in jedem Bundesland noch bequem zu Fuß zurückgelegt werden, ist aber

---

nisteriums für Wirtschaft und Technologie für eine Sechste Verordnung zur Änderung der Spielverordnung, Seite 4, abrufbar unter www.bptk.de/uploads/media/2012-03-06_STN_Spielverordnung.pdf.

65 BVerfG, Urteil vom 28. März 2006 (Az. 1 BvR 1054/01), Rn. 98, BVerfGE 115, S. 276 ff. = ZfWG 2006, S. 16 ff.

66 Unter Berufung auf die Untersuchung zur Evaluierung der Novelle der Spielverordnung durch das Institut für Therapieforschung München/Institut für klinische Psychologie und Psychotherapie der Technischen Universität Dresden vertritt Hufen, a. a. O. (Fn. 60), S. 43 f., die Auffassung, dass weder Mindestabstandsregelungen noch das Verbot der Mehrfachkonzessionen zum Kreis der geeigneten weiteren Mittel zur Bekämpfung pathologischen Spielverhaltens gehören.

in den meisten Ländern lang genug, damit der Spieler sich „abkühlen" kann. Der Radius des Mindestabstands ist gleichzeitig nicht so groß, dass er den erlaubten Spielhallen einen vom Gesetzgeber unerwünschten Schutz vor konkurrierenden Spielhallen bieten würde, womöglich sogar marktausschließende Wirkung für neu beantragte Spielhallen hätte. In einem gerichtlichen Eilverfahren vor dem Verwaltungsgericht Bremen wurde ein (ausnahmslos) vorgeschriebener Mindestabstand von 250 Metern bereits bestätigt.[67] Noch nicht gerichtlich überprüft wurde, ob die Einführung eines zusätzlichen Mindestabstands von Spielhallen zu Einrichtungen, die vorwiegend von Minderjährigen aufgesucht werden, verhältnismäßig ist. Dafür spricht, dass diese Maßnahme dem Jugendschutz dienen kann, flankierend zur Pflicht der Betreiber, Minderjährigen den Aufenthalt in Spielhallen nicht zu gestatten (§ 6 Abs. 1 JuSchG), zu den Jugendschutzvorgaben des § 4 Abs. 3 GlüStV und zu den Werbebeschränkungen gemäß § 5 und § 26 Abs. 1 GlüStV. Dabei ist angesichts der Vielzahl von Einrichtungen, in denen sich Minderjährige aufhalten, jedoch abzuwägen, ob die Zahl der möglichen Standorte für Spielhallen nicht zu sehr eingeschränkt wird. Die von Mecklenburg-Vorpommern gewählte Variante ist milder, da durch die Eingrenzung auf Schulen oberhalb des Primarbereichs Spielhallen aus dem Blickfeld derjenigen gerückt werden, die eher Zielgruppe sind als Grundschüler oder noch jüngere Kinder.

4.2 Eigentumsgarantie gemäß Art. 14 GG

Beim Schutz des Eigentums gemäß Art. 14 GG ist in erster Linie zu prüfen, ob der Schutzbereich dieses Grundrechts überhaupt eröffnet ist. Art. 14 GG schützt das Erworbene, nicht den Erwerb. Daher können allenfalls Inhaber von Alt-Erlaubnissen versuchen, sich auf die Eigentumsgarantie zu berufen, nicht aber Antragsteller, denen die glücksspielrechtliche Erlaubnis für einen bestimmten Spielhallenstandort aufgrund der neuen Rechtslage versagt wird. Das Bundesverfassungsgericht lässt offen, ob das Recht am eingerichteten und ausgeübten Gewerbebetrieb von der Eigentumsgarantie erfasst ist.[68] Nicht geschützt ist jedenfalls das Vertrauen des Betriebsinhabers darauf, dass eine widerrufliche Erlaubnis nicht widerrufen wird.[69] In der Regel sind Spielhallenerlaubnisse gemäß § 33i GewO allerdings bislang unbefristet erteilt worden. In tatsächlicher Hin-

67 VG Bremen, Beschluss vom 31. August 2011 (Az. 5 V 514/11), ZfWG 2011, S. 446 ff.

68 BVerfG, Beschluss vom 22. Mai 1979 (Az. 1 BvL 9/75), E 51, S. 193, 221 f.; Beschluss vom 15. Juli 1981 (Az. 1 BvL 77/78 – Nassauskiesung), E 58, S. 300, 353.

69 BVerwG, Urteil vom 27. Mai 1981 (Az. VII C 34.77), E 62, S. 224.

sicht ist zu berücksichtigen, dass ein Spielhallenbetreiber das Ladenlokal, in dem sich seine Spielhalle befindet, häufig nur gemietet hat. Die Geld- und Warengewinnspielgeräte stehen zumeist im Eigentum eines Automatenaufstellers, der die Geräte andernorts weiterverwenden kann. Der Spielhallenbetreiber ist demnach in der Regel nur Eigentümer des Inventars der Spielhalle, welches als schützenswerte Position in Frage kommt. Dieses kann er an einem anderen Standort weiterverwenden, soweit es sich ausbauen lässt.

Literaturverzeichnis

DIETLEIN, J.; HÜSKEN, F. (2008), §§ 33c und 33i Gewerbeordnung. In: DIETLEIN, J.; HECKER, M.; RUTTIG, M., Glücksspielrecht, 1. Aufl. München: Verlag C.H. Beck.

HUFEN, F. (2012): Die Einschränkung des gewerblichen Geld-Gewinnspiels. Baden-Baden: Nomos Verlagsgesellschaft.

MEYER, G.; HAYER, T. (2008): Die Identifikation von Problemspielern in Spielstätten. In: Prävention und Gesundheitsförderung (Präv Gesundheitsf), S. 1-8.

SCHNEIDER, H.-P. (2001): Zur Verfassungsmäßigkeit der Übergangsregelungen im neuen Spielhallenrecht der Länder. In: Gewerbearchiv (GewArch), S. 457-464.

WILD, T. (2011): Die Spielhallengesetze der Länder Berlin und Freie Hansestadt Bremen. In: Zeitschrift für Wett- und Glücksspielrecht (ZfWG), S. 385-393.

WOHLFARTH, J. (2012): Der Beginn einer Länderoffensive gegen ungebremstes Wachstum von Spielhallen. In: Zeitschrift für Landes- und Kommunalrecht Hessen / Rheinland-Pfalz / Saarland (LKRZ), S. 81-86.

Rechtsquellenverzeichnis

EuGH, Urteil vom 21.09.1999 – C-124/97 (Läärä), Slg. 1999, I-6104.

BVerfGE 7, 377 (Apothekenurteil).

BVerfGE 115, 276 = ZfWG 2006, 16 (Sportwettenmonopol).

BVerfGE 51, 193.

BVerfGE 58, 300 (Nassauskiesung).

BVerwG, Urteil vom 28.09.1982 – 1 C 139/80, juris = GewArch 1983, 60.

BVerwGE 62, 224.

VG Bremen, Beschluss vom 31.08.2011 – 5 V 514/11, juris = ZfWG 2011, 446.

Erfahrungen mit dem Zusammenschluss zur Gemeinsamen Klassenlotterie der Länder (GKL)

Gerhard Rombach[1]

GKL

GKL GEMEINSAME KLASSENLOTTERIE DER LÄNDER - EIN ERFAHRUNGSBERICHT -

1

1 Dr. Gerhard Rombach ist Sprecher des Vorstandes der Gemeinsamen Klassenlotterie (GKL).

Übersicht

GKL

- **(Organisatorische) Erfahrungen mit dem GlüStV 2008**
- **Auswirkungen des GlüStV 2008 auf Klassenlotterien**
- **Konsequenzen für die Ausgestaltung des GlüÄndStV 2012**
  - Abstrakt
  - Konkret: GKL als Anstalt nach § 10 Abs. 3 GlüÄndStV
  - Erste Erfahrungen / Einblicke

2

Erfahrungen mit dem GlüStV 2008

GKL

- **Föderalismus**
  - Zielsetzungen und Funktionen:
    - Demokratie und Pluralismus verstärken
    - Wettbewerbsföderalismus
    - Probleme sollen auf Länderebene gelöst werden
    - Durch orts- und bürgernahe Entscheidungen politische Teilhabe, Akzeptanz und Toleranz erhöhen
- **Föderalismus und Glücksspielrecht ?**
  - Zunächst ein Thema der Kompetenzverteilung
  - Sachlich und funktional sind die Länder zuständig
  - Aber: GwErgG: bundeseinheitliche Regelung zur Wahrung der Rechts- und Wirtschaftseinheit im gesamtstaatlichen Interesse erforderlich (Art. 72 Abs. 2 GG) !

3

Erfahrungen mit dem GlüStV 2008 GKL

- **Föderales Territorialprinzip versus bundesweitem Vertrieb?**
- **Staatsvertragliche Regelungen und föderaler Verwaltungsvollzug**
  - Ausgangspunkt für einen übergreifenden Ansatz: Abstimmungsgebot im GlüStV (§§ 9 Abs.3 für Monopolveranstalter nach § 10 Abs. 2)
  - Gemeinsame Geschäftsstelle hat nach der VwVGlüStV eine Koordinierungs- und Unterstützungsaufgabe für den Fachbeirat, bei Abstimmung der Erlaubnisse, Bekämpfung illegalen Glücksspiels und bei der Evaluierung

4

Konkrete Erfahrungen mit dem GlüStV 2008 GKL

- Trotz Überleitungsvorschrift gab es ab 1.1.2008 Bedarf für Erlaubniserteilung
- 16 Ausführungsgesetze (Inkrafttreten zwischen 30.10.07 und 23.2.2008, i.d.R. im Dezember 2007) erschwerten das Erlaubnismanagement, das aufwendig über den Veranstalter laufen musste (Projektgruppe mit 6 MA und erheblichen auch Fremdkosten)
  - für Veranstaltererlaubnis SKL in 16 Ländern
  - für Vermittlererlaubnisse
    106 LE in 16 Ländern = 1.696 Erlaubnisverfahren und
    1.039 Erlaubnisse für Verkaufsstellen in 6 Ländern

5

Konkrete Erfahrungen mit dem GlüStV 2008

GKL

- Zuständigkeiten in jedem Land anders, Ansprechpartner nicht benannt, sondern nur durch Recherche ermittelbar
- Umfangreiche Checkliste für Erlaubniserteilung mit unterschiedlichen Anforderungen (z.T. nach Regierungsbezirk unterschiedlich); z.T. durch Änderungen Doppelbearbeitungen notwendig
- Veranstaltererlaubnis:
  - Lediglich 7 Länder nutzten die Ermächtigungsnorm, die Erlaubnis durch die bayerische Behörde (mit-)erteilen zu lassen
  - Bearbeitungszeit von 4,5 Monaten bis 3 Tage vor Lotteriebeginn
  - Behörden waren nicht ausreichend besetzt und geschult
  - Die Bewerbung einer neuen Lotterie beginnt i.d.R. 3 Monate vor Lotteriebeginn, die Planung hierfür mind. 6 Monate davor

Konkrete Erfahrungen mit dem GlüStV 2008

GKL

- **Inhaltliche Analyse:**
  - Adressaten je nach Land unterschiedlich
  - Erlaubnisdauer :zwischen 1 (!) Jahr, i.d.R. 3 Jahre bis 31.12.2013 (!)
  - Inkonsistenz der erteilten Auflagen:
    - Minderjährigenschutz: 10 Verfahren, aber nicht einheitlich zulässig

Trägerland	Land	ENTFALL DER VOLLJÄHRIGKEITSPRÜFUNG (für Kundenbez. > 4 J.)	SCHUFA Q-BIT	POST-IDENT	FACE-TO-FACE	EINFACHE MELDEREGISTERAUSKUNFT	EXPRESS IDENT	IDENTITÄTS- und ALTERSPRÜFUNG	vergl. Produkte v. POST- oder PAKET-DIENSTLEISTERN	SCHRIFTLICHE BESTÄTIGUNG KREDITINSTITUT	KOPIE AUSWEISDOKUMENT + EINSCHREIBEN EIGENHÄNDIG
SKL Trägerland	Baden-Württemberg	x	x	x	x	x	x	x	x	x	B
SKL Trägerland	Bayern	x	x	x	x	x	x	x	x	x	A
SKL Trägerland	Hessen	x	x	x	x	x	x	x	x	x	B
SKL Trägerland	Rheinland-Pfalz	x	x	x	x	x	x	x	x	x	x
SKL Trägerland	Sachsen	x	x	x	x	B	B	B	B	B	B
SKL Trägerland	Thüringen	x	x	x	x	x	x	x	x	B	B
NKL Trägerland	Berlin	x	x	x	x	x	x	x	x	x	B
NKL Trägerland	Brandenburg	x	x	x	x	x	x	x	x	x	A
NKL Trägerland	Bremen	x	x	x	x	x	x	x	x	x	B
NKL Trägerland	Hamburg	x	x	x	n. r.	B	B	B	B	B	B
NKL Trägerland	Mecklenburg-Vorpommern	x	x	x	n. r.	x	x	x	x	x	x
NKL Trägerland	Niedersachsen	B	x	x	x	B	B	B	B	B	B
NKL Trägerland	Nordrhein-Westfalen	x	x	x	x	x	x	x	x	x	B
NKL Trägerland	Saarland	B	B	B	B	B	B	B	B	B	B
NKL Trägerland	Sachsen-Anhalt	x	x	x	x	B	B	B	B	B	B
NKL Trägerland	Schleswig-Holstein	x	x	x	x	B	B	B	B	B	B

Konkrete Erfahrungen mit dem GlüStV 2008

GKL

- **Unterschiedliche Auflagen bei Vermittlererlaubnissen**
  - Wappenverwendung
  - Durchführung der Suchtpräventionsschulung
  - Widerruf der Erlaubnisse bei Ermittlungen
  - Abschluss von Subunternehmerverträgen
  - Eigenständige Werbekampagnen durch Vermittler
  - Einbeziehung von Werberichtlinien (dynamisch/statisch)
  - Nachträgliche Auflagen (Inbound-Telefonie)
- **Unterschiedliche Gebühren**
  - Zwischen 685 € und 4.200 € pro Prozentsatz des in jedem Land erzielten Umsatzes für den Veranstalter
  - Zwischen 2,27 € und 30.000 € für die Vermittlererlaubnis je nach Land

8

Konkrete Erfahrungen mit dem GlüStV 2008

GKL

- **Zusammenfassung bei der Erlaubniserteilung:**
  - Positiv:
    - Versuch der Konzentration durch Ermächtigungen der Länder (7 für BY bei SKL, 11 für HH bei NKL)
  - Negativ:
    - Ausführungsgesetze und Selbstverständnis der föderalen Verwaltung war für länderübergreifende Sachverhalte nicht geeignet
    - Zeit- und Ressourcenplanung
    - Keine (auf keinen Fall ausreichende) inhaltliche Abstimmung
    - Überforderung durch Komplexität:
      Im Ergebnis sind die Erlaubnisinhalte für den Vermittler nicht mehr handelbar (38 verschiedene Auflagen mit unterschiedlichem Geltungsbereich bei 1-13 unterschiedlichen Bescheiden)

9

Konkrete Erfahrungen mit dem GlüStV 2008 GKL

- Keine Planungssicherheit
- Kein Vertrauen
- Im Gesamtzusammenhang mit gesetzlichen Regelungen (Werbe-, Fernseh-, Telefon- und Internetverbote):
  keine Werbeinvestitionen für das ungefährliche Klassenlotterieangebot

- Unsere Forderung für den GlüÄndStV: Konzentration der Erlaubnisse

Auswirkungen des GlüStV 2008 auf Klassenlotterien GKL

Umsätze in Deutschland 2011

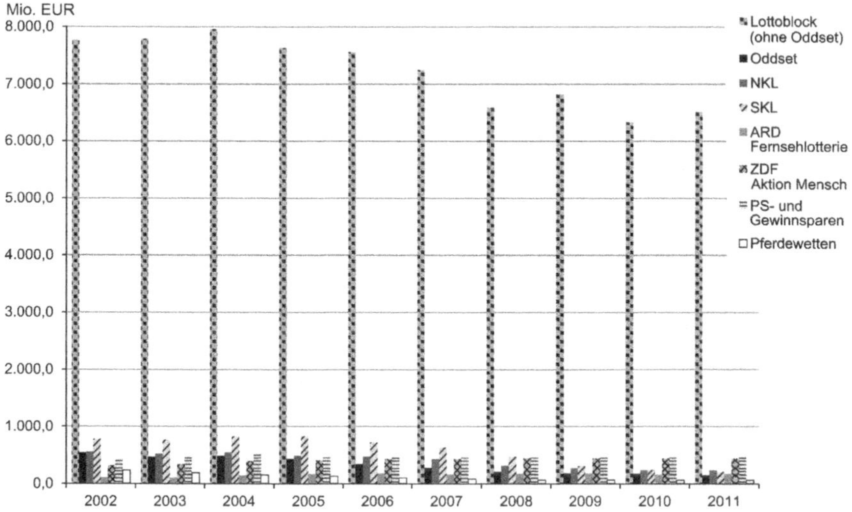

12

Umsatzentwicklung Klassenlotterien 2000-2012

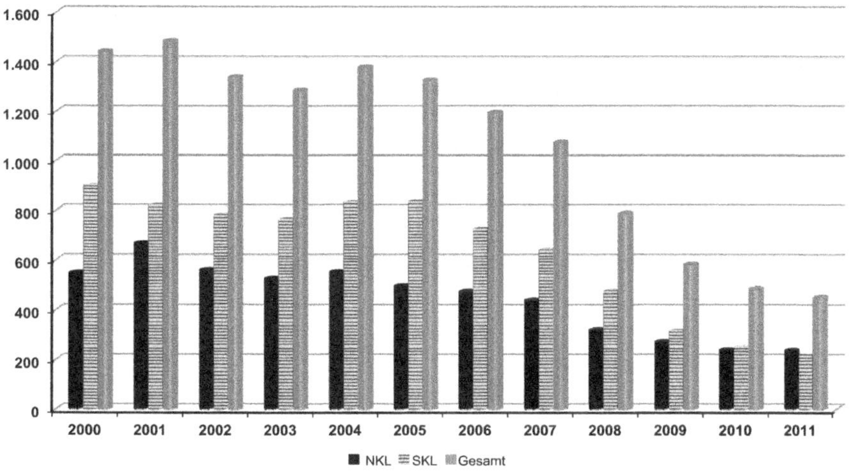

13

Konsequenzen für die Ausgestaltung des GlüÄndStV 2012: abstrakt

GKL

14

Erwartungen an den GlüÄndStV Ziele und Chancen:

GKL

1. Differenzierung der Ziele des Staatsvertrages
2. Differenzierung bei der Werbung
3. Organisatorische Regelungen:
   a) Konzentration der Erlaubnisse und Verfahren
   b) Konzentration der Klassenlotterieveranstalter

➡ grundsätzlich erfüllt

15

Differenzierung bei der Werbung
(Schwerpunkt: organisatorischer Rahmen) GKL

- **Die völlig neue Struktur der Vorschriften für die Werbung macht(e) uns Hoffnung.**
- **Die für Werbung kennzeichnenden Charakteristika (AIDA) sind nicht mehr per se verboten: Art und Umfang der Werbung ist am Zielkatalog des § 1 auszurichten.**
- **Die Länder können Werbung im Fernsehen und im Internet erlauben „zur besseren Erreichung der Ziele des § 1" und „unter Beachtung der Grundsätze aus Abs. 1 und 2".**
- **Aber: derzeit geltendes Recht ist im Vollzug nicht umsetzbar**
  - Die vorgesehene zuständige Behörde sitzt in NRW; dort gilt noch der alte GlüStV 2008 (vermutlich bis Nov. 2012)
  - Offen, ob dann die dort zuständige Behörde schnell und effizient arbeiten kann

16

Differenzierung bei der Werbung
(Schwerpunkt: organisatorischer Rahmen) GKL

- **Keine detailliertere Aussage zu Telekommunikationsanlagen.**
- **Auch die Erlaubnisvoraussetzungen für die Interneterlaubnis und Anforderungen an den Jugendschutz sind nicht entschieden/kommuniziert**
- **Gefahr: unterschiedliche Regelungen**
- **Aufgabe wäre, richtige Balance zu finden, um ein attraktives Angebot im Internet zu ermöglichen und das Abwandern in Graumärkte zu stoppen.**
- **Hierzu gibt es keinen erkennbaren Plan**
- **Aktive Steuerung wäre notwendig (Glücksspielplanungsrecht!)**
  - Entweder durch Behörde oder
  - durch die zugelassenen Veranstalter

17

Differenzierung bei der Werbung GKL

- **Abs. 4:**
  Die Länder erlassen gemeinsame Werberichtlinien.
- **Zum Verfahren:**
  - Das neue Recht gilt seit 3 Monaten
  - Es gibt keine Regelungen!
  - Vorbereitungs- und Beteiligungsphase unzufriedenstellend
- **Inhaltlich ist der jetzige Entwurf vor Anhörung aus Sicht der GKL nicht akzeptabel**
- **Auch Vorbehalt des Gesetzes zu beachten**

18

Konsequenzen für die Ausgestaltung des GlüÄndStV 2012: konkret GKL

- **Konzentration der Klassenlotterieveranstalter**

19

Ab 01.07.2012: gespaltene Rechtslage im anzuwendenden Glücksspielrecht

GKL

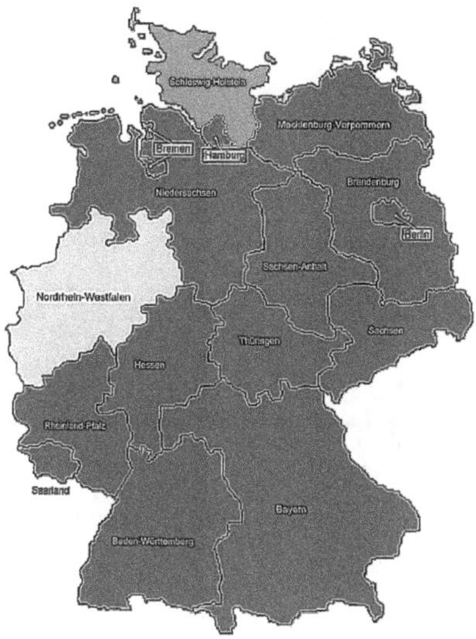

20

Ordnungsrechtlicher Hintergrund

GKL

21

Ordnungsrechtlicher Hintergrund GKL

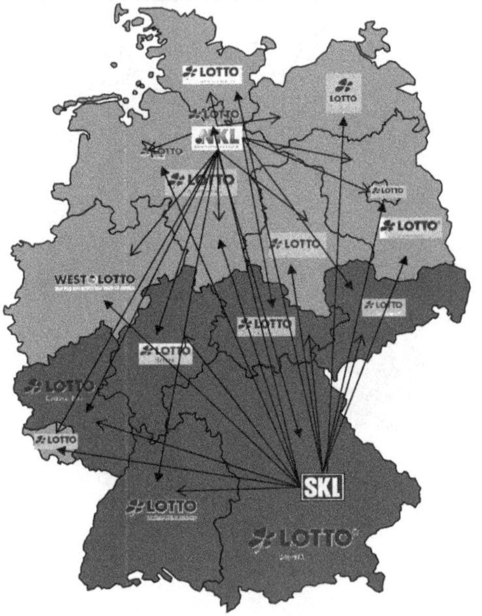

22

Ordnungsrechtliche Begründung GKL

- § 10 Abs. 2 GlüStV enthält jetzt mit der Monopollösung für die Länder bereits eine restriktive Marktzugangsregelung.
- Für den Bereich der Klassenlotterien erfolgte nach der Akzeptanz des bundesweiten Vertriebs im Lotteriestaatsvertrag 2004 eine Weiterentwicklung dahin, dass die Veranstalterfunktion bei einer gemeinsamen, als Anstalt des öffentlichen Rechts organisierten Einrichtung aller Länder konzentriert wird.
- Damit wurden mit der Anstalt nach § 10 Abs. 3 GlüÄndStV die institutionellen Voraussetzungen für eine bundeseinheitliche Ausübung des Kanalisierungsauftrags geschaffen.
- Konkrete Umsetzung durch Arbeitsgruppe Strukturüberlegungen seit Januar 2011 vorbereitet und fristgerecht umgesetzt.

23

Einheitliche Rechtslage für die „Anstalt nach § 10 Abs. 3 GlüÄndStV“ :
GKL-StV – zum 01.07.2012 in allen Ländern ratifiziert GKL

24

GKL: Die Konstruktion - Neuerrichtung und Einbringung der Altanstalten mit Gesamtrechtsnachfolge GKL

25

Struktur der Anstalt

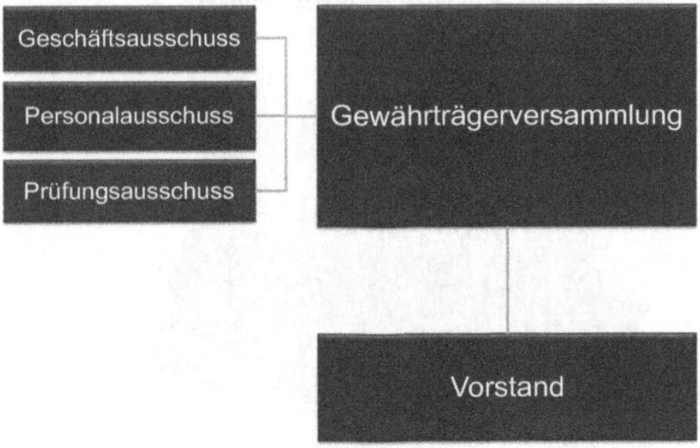

26

GKL - Organisation

- **Die Rahmenbedingungen:**
  - 2 Sitze
  - 618 km Entfernung Luftlinie
  - Funktionierende Strukturen über 65 Jahre
  - Langjährige Leitungsstrukturen
  - Wie groß ist Veränderungsbereitschaft?
- **Die Lösung:**
  - Funktionale Organisation der Bereiche
  - Was heißt das?

27

GKL – übergreifende funktionale und flache Organisation

GKL

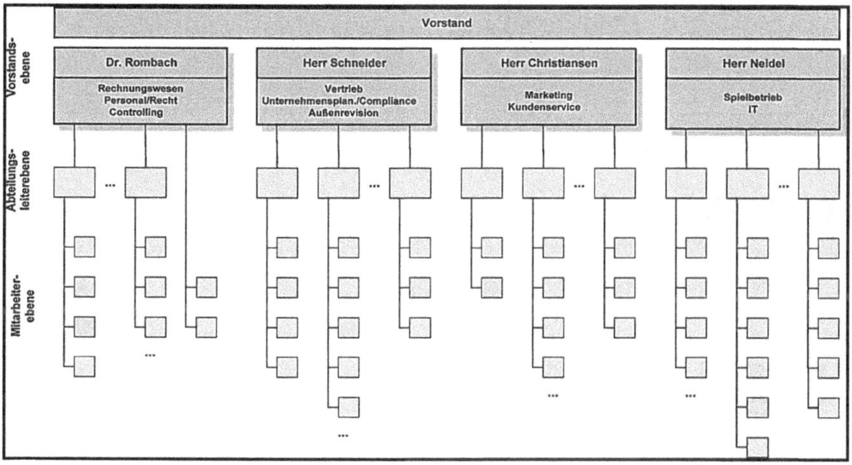

28

GKL - Markenpositionierung und Strategie

GKL

- **GKL als zentraler bundeseinheitlicher Veranstalter**
- **Die bisherigen Spielangebote werden als Produktlinien weitergeführt**
  - „rote Linie“: bisherige SKL-Angebote
  - „grüne Linie“: bisherige NKL- Angebote
- **Die inhaltliche Steuerung erfolgt durch den Vorstand**
- **Ziel für Altprodukte:**
  - Bisherige Kunden halten
  - Attraktivität halten
  - Kontinuität
- **Neue Produkte sind in Vorbereitung**

29

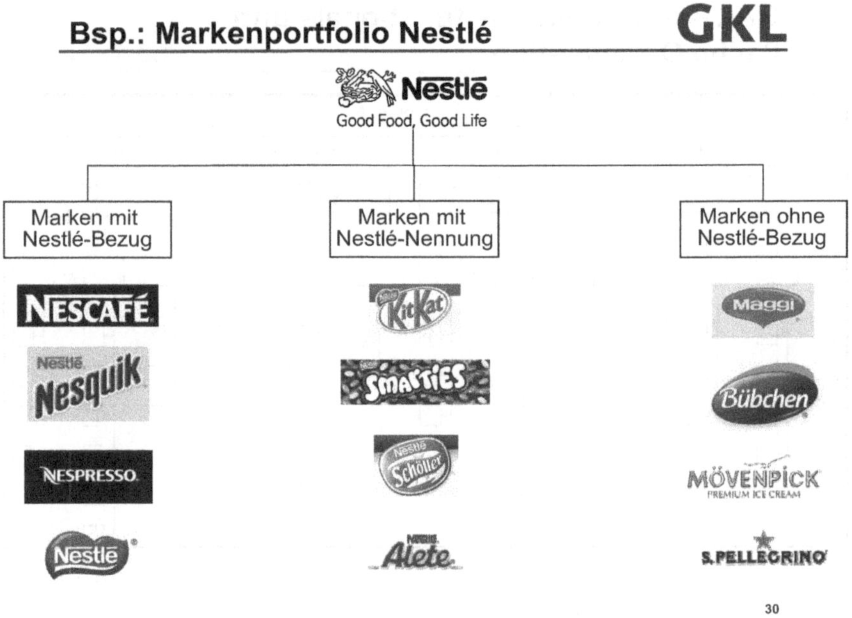
Bsp.: Markenportfolio Nestlé
GKL
Nestlé
Good Food, Good Life
Marken mit Nestlé-Bezug
Marken mit Nestlé-Nennung
Marken ohne Nestlé-Bezug
NESCAFÉ
Nestlé Nesquik
NESPRESSO
Nestlé
KitKat
Smarties
Nestlé Schöller
Nestlé Alete
Maggi
Bübchen
MÖVENPICK
PREMIUM ICE CREAM
S.PELLEGRINO
30

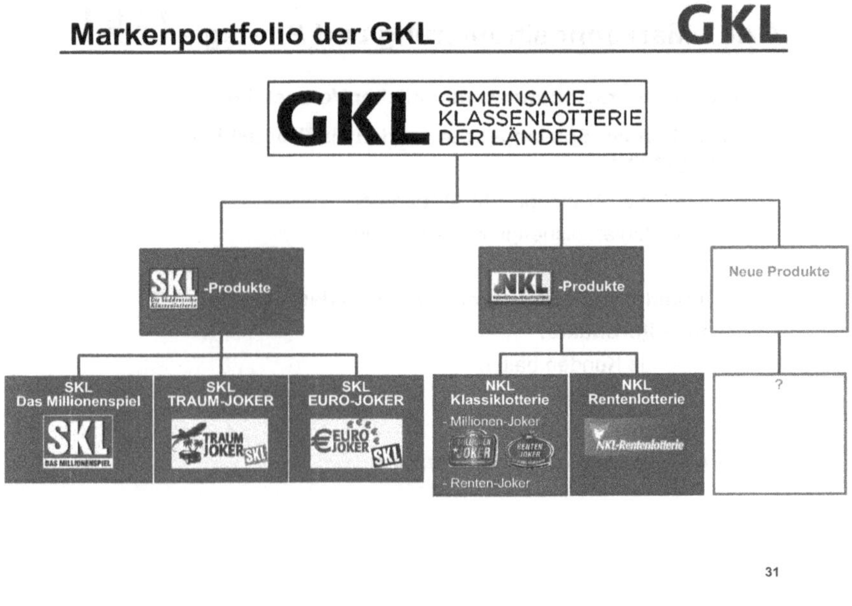
Markenportfolio der GKL
GKL
GKL GEMEINSAME KLASSENLOTTERIE DER LÄNDER
SKL -Produkte
NKL -Produkte
Neue Produkte
SKL Das Millionenspiel
SKL TRAUM-JOKER
SKL EURO-JOKER
NKL Klassiklotterie
- Millionen-Joker
- Renten-Joker
NKL Rentenlotterie
NKL-Rentenlotterie
?
31

Strategie der GKL: erste Überlegungen GKL

- GKL = **DER** bundesweite Anbieter von KL und ähnlichen Spielangeboten (Glücksspiele)
- zur Zielerreichung des § 1 GlüÄndStV
- insbesondere des dort formulierten Kanalisierungsauftrags in den Bereichen, die das Know-How der KL kennzeichnen
- GKL bietet bundeseinheitliche Angebote auf allen Kanälen des Direktmarketings an und ergänzt die terrestrisch verfügbaren Angebote, wenn diese allein nicht ausreichend sind, um den Kanalisierungsauftrag zu erfüllen.
- **Unerwünschte/illegale Angebote gibt es bundesweit und weitergehend im**
  - Print
  - TV
  - Internet
  - Radio

32

Vision GKL

- **GKL ist mit einer öffentlichen Aufgabe betraut und steht für**
  - Kontinuität der tradierten KL-Angebote
  - Konzentration auf ein aktuelles und zeitgemäßes neues Spielangebot und
  - Kanalisierung in dem beschriebenen Sinn.

33

GKL

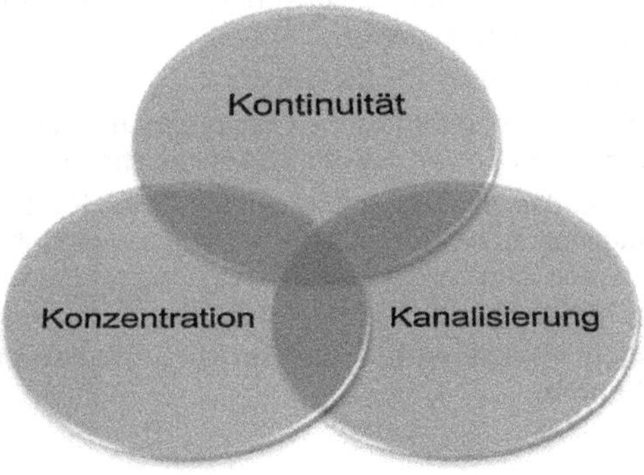

34

Interessen/Erfahrungen/Erwartungen GKL

- **Länder**
  - GKL als zukunftsorientierte Lösung
- **GKL**
  - Unterstützung und Planungssicherheit ist notwendig
  - Keine Benachteiligung durch:
    - Überharte Regulierung ohne erkennbares Suchtpotenzial (Mailing, TV, Telefonie)
    - Fehlende Werberichtlinien (der GlüÄndStV trat zum 1. Juli in Kraft !)
    - (Noch) fehlende Erlaubnismöglichkeit für TV-Werbung
    - Gleichzeitig ist kein oder kein wirksames ordnungsrechtliches Einschreiten gegen massive Online- und TV-Werbung von privaten und „sozialen" Veranstaltern vor und nach dem 1. Juli erkennbar.
  - Praktische Konkordanz in der Auslegung des Zielkatalogs notwendig, um die Ziele erfüllen zu können
- **Vertrieb**
  - Im Rahmen des Gesetzes Werbe- und Verkaufsmöglichkeiten

35

Einnahmen für den Staat und gute Zwecke 2011 in Europa

GKL

- **durch staatliche europäische Lotterien:**
  - **25,09 Mrd. EUR** (davon 2 Mrd. durch Sportwettenbereich)
  - + 5 % im Vergleich zu 2010

- **Konzessionsabgaben privater Sportwettenanbieter**

  109 Mio. EUR
  (230 mal weniger als durch staatlichen Bereich)

36

Wer ist Anwalt des ordre public?

GKL

37

GKL

VIELEN DANK!

Erfahrungen des Deutschen Lotto- und Totoblocks (DLTB)

Michael Burkert[1]

Insgesamt gibt es 16 Lottogesellschaften in Deutschland, entsprechend 16 Aufsichten sowie zahlreiche Gesellschafter, die zum Teil unterschiedliche Interessenslagen vertreten. Der folgende Beitrag versucht, einen Einblick in das Leben und Funktionieren dieser „Welt" zu geben.

Eine wichtige Grundlage für das föderal geregelte Glücksspiel in Deutschland ist der neue, seit Juli 2012 geltende Glücksspielstaatsvertrag, aber natürlich auch der Staatsvertrag der Jahre 2008 bis zum Juni 2012.

Zunächst soll kurz daran erinnert werden, wie es zu diesem Glücksspieländerungsstaatsvertrag gekommen ist.

Die seit 2008 geltenden Bedingungen des vorherigen Staatsvertrages und mehr noch die Entscheidungen von Gerichten haben zu einer Verzerrung in der deutschen Glücksspiellandschaft geführt. So hatte beispielsweise das Verbot des Glücksspiels im Internet zu einem Rückzug der staatlichen Anbieter aus diesem Bereich geführt, während die kommerziellen Anbieter weiter – und eindeutig illegal – im Internet aktiv blieben, ohne dass dies mit erkennbarem Erfolg geahndet wurde. Es zeigte sich eine gewisse Schwäche, Regeln durchzusetzen.

Die staatlichen Lotteriegesellschaften hatten mit heftigen Einschränkungen und Regulierungen etwa bei der Werbung und in der Produktpolitik zu kämpfen, während illegale Anbieter weiter die eigenen Geschäftsmodelle durchsetzten und gleichzeitig gegen jede Form der Lotto- und ODDSET-Werbung geklagt haben.

Auch wurden durch die hohen Abgaben für die staatliche Sportwette ODDSET (etwa 32 Prozent) und die damit verbundene geringe Ausschüttung von nur 55 Prozent ungleiche Voraussetzungen gegenüber kommerziellen Anbietern geschaffen, welche bei einer Abgabe von weniger als 0,5 Prozent in Steueroasen wie Gibraltar und Malta aggressive Quoten und Ausschüttungen von über 90 Prozent anbieten konnten.

---

1 Michael Burkert ist Geschäftsführer der Saarland Sporttoto GmbH.

Als Konsequenz dieser ungleichen und unfairen Bedingungen sanken die Umsätze der staatlichen Lotteriegesellschaften von 8,1 Milliarden Euro im Jahr 2005 auf 6,7 Milliarden Euro im Jahr 2011 bei gleichzeitigem Anstieg der Umsätze der illegalen kommerziellen Anbieter.

Vor diesem Hintergrund (und weil der alte Staatsvertrag auslief) hat sich die Politik auf den neuen Glücksspielstaatsvertrag verständigt. Natürlich führt eine Einigung zwischen 15 Partnern selten zu einer Ideallösung, was dem Föderalismus geschuldet ist. Trotzdem: Der Deutsche Lotto- und Totoblock begrüßt diese Entscheidung und das Ergebnis in wesentlichen Zügen.

Diese Grundlage ermöglicht es, den ordnungsrechtlichen Auftrag – ein verantwortungsvolles Glücksspiel anzubieten, das konsequent am Spielerschutz und an der Abwehr von mit dem Glücksspiel verbundenen Gefahren ausgerichtet ist – wieder besser zu erfüllen.

Durch das Festhalten an den bewährten gemeinwohlorientierten Lotterien ist zudem die Grundlage für die Förderung des Gemeinwohls durch die staatlichen Lotteriegesellschaften der Länder in den Bereichen Breitensport, Wohlfahrt und Soziales, Kunst und Kultur sowie Umwelt- und Denkmalschutz weiter sichergestellt. Jedes Jahr können diesen Bereichen rund 2,5 Milliarden Euro bereitgestellt werden.

Wesentliche Änderungen des neuen Staatsvertrags

Im Folgenden werden exemplarisch einige Änderungen des neuen Staatsvertrags vorgestellt und bewertet.

1. Zunächst ist die breitere Ausrichtung des neuen Staatsvertrags in §1 zu nennen. Durch die dort formulierten, nun wesentlich breiter gefächerten gleichberechtigten Ziele können die Lotterien ihr Angebot und ihre Aktivitäten künftig nicht nur am Spieler- und Jugendschutz ausrichten. Vielmehr haben sie wieder die Möglichkeit – was auch dem Auftrag der Kanalisierung entspricht – mit einem attraktiven Produktangebot den Bedürfnissen der breiten Bevölkerung Rechnung zu tragen.

   Positiv ist die Wiederzulassung des Internets als Vertriebsweg zu bewerten. Im digitalen 21. Jahrhundert ist das Internet – neben dem bewährten Annahmestellennetz der staatlichen Lotterien – ein wichtiger Vertriebsweg, der allzu lange nur den illegalen Anbietern überlassen wurde. Natürlich muss es auch hier – differenziert nach dem Gefährdungspotential der jeweiligen Spielart – entsprechende Auflagen zur Sicherstellung des Spielerschutzes geben.

Weniger gelungen sind jedoch die „Nebenbedingungen", die in dem Eckpunktepapier des Glücksspielkollegiums ihren Ausdruck finden. Hier wären Rahmenbedingungen für die Authentifizierung und Identifizierung gefordert, die einfacher und näher an der Lebensrealität sind. Die jetzigen Vorgaben führen letztlich dazu, dass ein erheblicher Teil der Lotto-Kunden weiter bei illegalen Anbietern bleibt oder dorthin abwandert. Dies konterkariert dem erklärten politischen Willen des Gesetzgebers, den Schwarzmarkt auszutrocknen bzw. Kunden aus dem Schwarzmarkt zurückzugewinnen.

2. Neu ist in diesem Zusammenhang das Glücksspielkollegium, welches das angesprochene Eckpunktepapier beschlossen hat. Dieses Glücksspielkollegium ist ein neuer Ansatz. Die Lotteriehoheit der Bundesländer bleibt erhalten. Allerdings wird mit dem Glücksspielkollegium erstmals der Versuch unternommen, die Glücksspielpolitik der Bundesländer in der praktischen Ausgestaltung einheitlicher zu gestalten.

   Erstmals wurden offenbar bindende Beschlüsse gefasst. Diese sind nun auch mehrheitlich möglich. Auch wenn „Vereinheitlichung" nicht per se „Verbesserung" heißen muss, ist dieser Ansatz begrüßenswert.

3. Erfreulich sind grundsätzlich auch die verbesserten Möglichkeiten bei der Werbung im neuen Glücksspielstaatsvertrag. Es war notwendig und insofern folgerichtig, dass Werbung im Fernsehen und auch im Internet wieder möglich sein wird. Wenn man das Internet wieder öffnet, muss man dafür auch werben können und dürfen.

4. Allerdings ist es nur schwer verständlich, was Länder und Aufsichten daraus zu machen versuchen. Die Rede ist vom Entwurf einer Werberichtlinie. Grundsätzlich ist es ein guter Weg, bundesweit eine einheitliche und für alle, aber auch alle Glücksspielanbieter verbindliche Werberichtlinie festzulegen. Allerdings enthält der Entwurf viele realitätsferne Regelungen, bspw. ein Verlinkungsverbot und eine Genehmigungspflicht für jede einzelne TV-Werbung, was als nicht praxistauglich einzustufen ist.

Daher ist es positiv zu sehen, dass gegen den vorliegenden Entwurf auch die Werbewirtschaft und die Medien insgesamt Sturm laufen. Hier gibt es Gegenstimmen von Betroffenen, die nicht im Verdacht stehen, unmittelbar Partei zu sein. Es dürfte künftig Anhörungen geben, deren Verlauf und Ausgang spannend werden dürfte.

5. Die Kommerzialisierung der Sportwetten im Experimentiermodell mit künftig 20 Konzessionen für bisher illegale Anbieter hat einen Paradigmenwechsel in der deutschen Glücksspielregelung eingeläutet. Es gibt eine Reihe gewichtiger Herausforderungen, denen sich die staatlichen Anbieter stellen müssen und stellen werden. Erstmals gibt es einen legalen Wettbewerb bei Sportwetten. Es wird unter den neuen Rahmenbedingungen auch Konsequenzen bei der Sportförderung geben, die noch nicht in Gänze abzusehen sind.

   Die staatlichen Lotteriegesellschaften werden sich mit der neuen ODS Oddset Deutschland Sportwetten GmbH dem Wettbewerb stellen, zu dem sich die Länder mit dem neuen Konzessionsmodell entschlossen haben.

6. Auch hier zeigt sich aber, dass der Änderungsstaatsvertrag ein Kompromiss zwischen 15 Ländern ist. Dem Vernehmen nach gibt es deutlich mehr als 20 Bewerber. Die – bislang immer noch illegal operierenden! – Kommerziellen arbeiten weiter, während der ODS Oddset Deutschland Sportwetten GmbH die Hände gebunden sind. Rechtsstaatlich wäre es schon zu hinterfragen, ob es richtig ist, dass die, die sich nicht an Gesetze halten, Konzessionen erhalten können. Diese andauernde Ungleichbehandlung bleibt eine Herausforderung für die Länder.

7. Im Zusammenhang mit der Gleichheit der Gesetzgebung noch eine Anmerkung zu Schleswig-Holstein: Es ist erfreulich, dass der Sonderweg zu Ende geht. Glücksspiel ist ein ganz besonderes Gut und für den Wettbewerb, wenn überhaupt, nur bedingt geeignet. Dies ist auch bei Nationen mit ähnlichem Kulturhintergrund wie dem unsrigen zu sehen.

   Insgesamt ist es sehr begrüßenswert, dass es beim Glücksspiel künftig wieder eine einheitliche Regelung in allen 16 Bundesländern geben wird.

8. Eine Vereinheitlichung bietet Vorteile. Dem wird nun auch durch eine gewisse Zentralisierung bei der Glücksspielaufsicht entsprochen. Aber ist *eine* einheitliche Glücksspielaufsicht in Deutschland ausreichend?

Wir meinen: NEIN. Die Bundesrepublik Deutschland ist ein föderaler Staat, der von regionalen Besonderheiten lebt. Das Glücksspiel in Deutschland ist, wie etwa auch die Polizei, der öffentlich-rechtliche Rundfunk oder die Schulpolitik, Sache der Länder.

Auch können die Bundesländer mit ihren jeweiligen Aufsichten die Glücksspielpolitik ihres Bundeslandes viel besser und situationsangepasster steuern als wenn das „zentral" geschieht.

Einheitlich ist nicht automatisch gut. Beispielhaft dafür wäre die Spielverordnung zur Regulierung des gewerblichen Automatenspiels durch das Bundeswirtschaftsministerium zu nennen.

Seit Dezember 2011 liegt der Diskussionsentwurf des Bundeswirtschaftsministeriums vor. Erste Bewertungen zeigen, dass dieser Entwurf weit hinter den Forderungen sowohl der Suchtexperten als auch der Länder zurück bleibt und in dieser Form nicht ausreichend ist, um die vom Europäischen Gerichtshof bemängelte Kohärenzlücke in der deutschen Glücksspielregelung zu schließen.

Hier wird zwar eine bundeseinheitliche Regelung kommen, aber ob sie besser sein wird, ist fraglich. Und die Länder müssen dann die Probleme vor Ort mit den Kommunen lösen .

9. Im Zusammenhang mit dem Thema „Zentralisierung" gibt es noch eine andere, wichtige Facette: der Vollzug gegen illegale Angebote, der praktisch nicht stattfand. Es wird interessant sein, ob die zentral zuständigen Länder sich auch für den Vollzug zuständig fühlen.

   Das gemeinwohlorientierte und ordnungsrechtlich ausgerichtete Glücksspiel kann seine staatliche Aufgabe nur erfüllen, wenn der Staat auch effektiv gegen die Illegalen vorgeht.

Ich will zum Schluss kommen. Mein Ausblick lautet:

Mittelfristig will der DLTB – auch durch den verbesserten Staatsvertrag – den Abfluss von Geldern auf illegale Angebote in Steueroasen verhindern und dadurch wieder mehr Erträge für Deutschland zur Verfügung stellen. So wollen die

Lotteriegesellschaften mittelfristig wieder mindestens drei Milliarden Euro für die Länder und das Gemeinwohl bereitstellen; davon 600 Millionen Euro (und damit 100 Millionen Euro mehr als heute) für den Sport.

Vor allem geht es aber um eine verantwortliche Glücksspielpolitik. Diese sollte in den Händen des Staates bleiben, um zu verhindern, dass die Interessen von Shareholdern im Vordergrund stehen. Bereits bei der Finanzkrise war zu sehen, wohin der andere Weg führt. Auch angesichts der Suchtgefahren muss das Glücksspiel im Sinne des Gemeinwohls begrenzt und kontrolliert sein.

Die Ausgestaltung des Glücksspiels in Deutschland hat sich seit rund 60 Jahren bewährt. Der Glücksspielstaatsvertrag „alt" hatte Schwächen, hat sich in den wesentlichen Punkten aber dennoch bewährt. Der neue Staatsvertrag als Weiterentwicklung ist eine vernünftige Arbeitsgrundlage, muss sich aber noch bewähren. Dies ist grundsätzlich positiv zu sehen, obwohl einschränkend festzuhalten ist, dass die konkrete Ausgestaltung an vielen Stellen, bspw. der Werbung, nach wie vor fehlt. Auch noch dreieinhalb Monate nach dem Starttermin!

„Einheitlich" ist, wie von manchen angenommen, nicht automatisch besser. Forderungen nach einer gänzlichen Zentralisierung oder einer Einheitsgesellschaft sind für das föderale Deutschland nicht gut.

Die behutsame Fortentwicklung und stärkere Vernetzung der Aufsichten, die auch ihren Ausdruck im neuen Glücksspielkollegium finden, ist ebenso begrüßenswert wie die bei einer Aufsicht gebündelte Kompetenz für bestimmt spezielle Genehmigungen, wie etwa der Internet- oder Fernseh-Werbung. Zu hoffen ist allerdings, dass dies nicht einen langen, anonymen und bürokratischen Weg nach sich zieht, der unsere Arbeit nur behindert.

Dennoch: Das Glücksspielkollegium ist ein guter Anfang für die Weiterentwicklung des deutschen Glücksspielrechts. Lassen Sie uns damit Erfahrungen sammeln. Besonders spannend ist in diesem Zusammenhang die Frage, ob die zentrale Kompetenz bei der niedersächsischen Aufsichtsbehörde zur Unterbindung von Zahlungsströmen bei illegalen Glücksspielangeboten besser funktioniert als in der Vergangenheit mit 16 Zuständigkeiten.

Es ist also klar, dass es auch in den nächsten 12 Monaten spannend bleiben wird und weitere wichtige Entscheidungen für den deutschen Glücksspielmarkt anstehen.

Was können wir von den gemeinsamen Kommissionen der Landesmedienanstalten lernen?

Armin Dittmann[1]

Herr Kollege Degenhart hat in seinem Referat ausgesprochen kritische Töne zu den verfahrens- und organisationsrechtlichen Regelungen angeschlagen, mit denen der neue Glücksspielstaatsvertrag vom 15.12.2011 in § 9 a das sog. **„ländereinheitliche Verfahren"** für die Erteilung von Erlaubnissen und Konzessionen eingeführt hat. Er kommt dabei zu dem Ergebnis, dass die ordnungsrechtliche Zuständigkeit jedes einzelnen Landes für das Glückspiel durch die maßgebliche Rolle des Glücksssspielkollegiums im ländereinheitlichen Verfahren in verfassungsrechtlich unzulässiger Weise unterlaufen werde. Die im ländereinheitlichen Verfahren mögliche Mehrheitsentscheidung mit Bindungswirkung und Vollzugsverpflichtung auch für überstimmte Länder sei mit Grundprinzipien unserer demokratischen und bundesstaatlichen Ordnung unvereinbar.[2]

Zugegeben: Die Konzeption des ländereinheitlichen Verfahrens im Glücksspielstaatsvertrag ist eine bemerkenswerte Konstruktion, die so gar nicht zu den Üblichkeiten des Vollzugs von Landesgesetzen als ureigene Angelegenheit des jeweiligen Landes zu passen scheint.

Allerdings ist diese Konstruktion auch nicht völlig neu, denn im Rundfunkbereich gibt es in Form der sog. **gemeinsamen Kommissionen** bereits seit Jahren vergleichbare Verfahren, mit denen – bei Wahrung der rundfunkrechtlichen Zuständigkeit des einzelnen Landes – einheitliche Standards für Zulassung und Aufsicht bundesweit agierender privater Rundfunkveranstalter gewährleistet werden sollen.[3]

---

1 Prof. em. Dr. Armin Dittmann war bis 2012 Lehrstuhlinhaber für Öffentliches Recht an der Universität Hohenheim und ist seit 1992 Mitglied im Vorstand der Landesanstalt für Kommunikation Baden-Württemberg (LFK).

2 Ausführlich Degenhart, C., Rechtsfragen des ländereinheitlichen Verfahrens nach dem Entwurf des Ersten Staatsvertrags zur Änderung des Staatsvertrags zum Glücksspielwesen in Deutschland. Rechtsgutachten im Auftrag des Deutschen Lottoverbands e.V., Dezember 2011.

3 Zur Entstehungsgeschichte der gemeinsamen Kommissionen im Rundfunkbereich zusammenfassend etwa Hahn / Vesting / Schuler-Harms, Beck'scher Kommentar zum Rundfunkrecht, 3. Aufl., 2012, § 35 RStV, Rn. 1 ff.

Diese gemeinsamen Kommissionen haben erkennbar Pate gestanden, als die Länder mit dem neuen Glücksspielstaatsvertrag das ländereinheitliche Verfahren mit dem Glücksspielkollegium als zentraler Einrichtung geschaffen haben.[4]

Angesichts dieser vergleichbaren Regelungen im Glücksspielstaatsvertrag einerseits und im Rundfunkstaatsvertrag andererseits war es der Wunsch von Herrn Becker, dass ich kurz über die bisherigen Erfahrungen der Landesmedienanstalten mit dieser neuen Form eines kooperativen Föderalismus berichte, um daraus eventuell Lehren für den künftigen Umgang mit dem ländereinheitlichen Verfahren des Glücksspielstaatsvertrages ziehen zu können.

1 Zur aktuellen Rechtslage – Die gemeinsamen Kommissionen der Landesmedienanstalten im Rundfunkstaatsvertrag

Die Regulierung des Rundfunks, des öffentlich-rechtlichen wie des privaten, liegt nach unserer Verfassungsordnung – mit Ausnahme der „Deutschen Welle“ als Bundesrundfunkanstalt – bekanntlich in der Kompetenz der Länder und ist dort wesentlicher Bestandteil ihrer vielbeschworenen „Kulturhoheit“.[5] Konsequenterweise ist die Zulassung privaten Rundfunks und dessen Beaufsichtigung Sache jeden einzelnen Landes mit der Folge der Existenz von derzeit 14 Landesmedienanstalten – Berlin und Brandenburg sowie Hamburg und Schleswig-Holstein unterhalten jeweils eine gemeinsame Anstalt.[6]

Trotz dieser unbestreitbaren Rundfunkhoheit eines jeden Landes sahen sich die Länder jedoch im Laufe der Zeit – aus mehreren Gründen – gezwungen, Zulassung und Aufsicht privater Rundfunkveranstalter stärker untereinander abzustimmen und neue Formen der Kooperation zu entwickeln. Diese Erkenntnis war das Ergebnis einen langen Lernprozesses, in dem nach und nach deutlich wurde, dass eine föderal parzellierte und administrierte Rundfunklandschaft zumindest bundesweit agierenden Rundfunkveranstaltern nicht mehr gerecht werden konnte.[7]

---

4 Siehe Begründung zum Entwurf des Glücksspieländerungsstaatsvertrags, E-GlüÄndStV, Stand 28.10.2011, S. 34.

5 Grundlegend BVerfGE 12, S. 205 (225).

6 Zu den einzelnen Landesmedienanstalten näher das Jahrbuch 2011/2012 (Landesmedienanstalten und privater Rundfunk in Deutschland) der Landesmedienanstalten, Hrsg.: ALM GbR, 2012, S. 378 ff.

7 Zu dieser Entwicklung näher etwa Hahn / Vesting / Schuler-Harms, Fn. 3, a.a.O.

Die Schaffung der gemeinsamen Kommissionen der Landesmedienanstalten war die (vorläufig) letzte organisationsrechtliche Antwort der Länder auf die in technischer und ökonomischer Hinsicht völlig veränderte Rundfunk- und Medienlandschaft seit den 90iger Jahren.[8]

Auf Grundlage des Rundfunkstaatsvertrages bzw. des Jugendmedienschutz-Staatsvertrages existieren derzeit vier gemeinsame Kommissionen:

1. die Kommission für Zulassung und Aufsicht (ZAK)
2. die Gremienvorsitzendenkonferenz (GVK)
3. die Kommission für Jugendmedienschutz (KJM)
4. die Kommission zur Ermittlung der Konzentration im Medienbereich (KEK).

Zusätzlich existiert eine gemeinsame Geschäftsstelle dieser Kommissionen mit Sitz in Berlin.[9]

Unbeschadet ihrer jeweils unterschiedlichen Zuständigkeiten weisen diese vier Kommissionen nach den Vorgaben des Rundfunkstaatsvertrages **strukturelle Gemeinsamkeiten** auf, die erkennbar auch die Konstruktion des ländereinheitlichen Verfahrens mit dem Glücksspielkollegium beeinflusst haben, nämlich:

- Die gemeinsamen Kommissionen sind rechtlich nicht verselbstständigt,
- sondern Organe der jeweils in der Sache zuständigen Landesmedienanstalt. Diese hat sich bei der Erfüllung ihrer Aufgaben der gemeinsamen Kommission zu bedienen.[10]

Die Besonderheit und auch die **Brisanz** dieser Organstellung ergibt sich daraus, dass

---

8 Zu diesen Veränderungen etwa Langheinrich, Th., Zentralisierter Föderalismus und Vielfalt; in: Kleist / Roßnagel / Scheuer (Hrsg.), Europäisches und nationales Medienrecht im Dialog, 2010, S. 219 ff.

9 Zu Einzelheiten über Zusammensetzung, Zuständigkeiten und Verfahren der jeweiligen Kommissionen siehe §§ 35 ff. RStV bzw. §§ 14 ff. JMStV sowie das Jahrbuch 2011/2012 der Landesmedienanstalten (Fn. 6), S. 363 ff.

10 § 35 Abs. 2 RStV.

- die gemeinsamen Kommissionen mit der **Mehrheit** ihrer gesetzlichen Mitglieder beschließen,[11]
- dieser Beschluss **Bindungswirkung** für die anderen Organe der zuständigen Landesmedienanstalt hat[12]
- und von ihr **zu vollziehen** ist.[13]

Konkret kann dies bedeuten – und hier liegen handfeste Parallelen zu den von Herrn Kollegen Degenhart aufgezeigten Konsequenzen des ländereinheitlichen Verfahrens nach dem Glücksspielstaatsvertrag – dass die „an sich" zuständige Landesmedienanstalt

- in der gemeinsamen Kommission überstimmt wird (z. B. in der ZAK)
- oder die Entscheidung einer gemeinsamen Kommission hinzunehmen hat, in der sie gar nicht vertreten ist (z. B. in KJM, KEK).[14]

Dennoch ist sie an diese Entscheidung **gebunden**, hat sie im Außenverhältnis zu **vollziehen** und gegebenenfalls gegen Rechtsbehelfe des betroffenen Rundfunkveranstalters zu **verteidigen**.

Die Einbuße der „an sich" zuständigen Landesmedienanstalt (und des dahinter stehenden Landes) an Eigenständigkeit kann also merklich sein.

Es konnte daher nicht verwundern, dass in derartigen Fällen dissentierende Landesmedienanstalten gelegentlich die von ihnen in der Sache für falsch erachtete Entscheidung der gemeinsamen Kommission nur widerwillig akzeptiert und zögerlich umgesetzt haben

- so z. B. bei der Durchsetzung eines Bußgeldes, das die ZAK wegen Verstößen gegen die Gewinnspielsatzung der Landesmedienanstalten verhängt hatte und das von der Bayerischen Landesmedienanstalt (BLM) beizutreiben war.

---

11 § 35 Abs. 9 S. 1 RStV.
12 § 35 Abs. 9 S. 5 RStV.
13 § 35 Abs. 9 S. 6 RStV.
14 In die KEK entsenden die 14 Landesmedienanstalten z. B. lediglich sechs Vertreter, § 35 Abs. 5 S. 1 RStV.

2 (Verfassungs-)rechtliche Probleme?

Vor diesem Hintergrund einer deutlich reduzierten Souveränität der einzelnen Landesmedienanstalten kann es nicht verwundern, dass die mit den gemeinsamen Kommissionen gefundene Form des kooperativen Föderalismus auch kritischen Einwänden ausgesetzt ist.

Interessant ist dabei jedoch, dass Organisation und Verfahren der gemeinsamen Kommissionen trotz der damit verbundenen Einbuße an Rundfunkhoheit des einzelnen Landes weder in der **Literatur** noch in der für die Staatspraxis relevanteren **Rechtsprechung** unter Gesichtspunkten der Bundesstaatlichkeit oder des Demokratieprinzips bisher in Frage gestellt worden ist.[15] Die Landesmedienanstalten fühlen sich daher mit ihren gemeinsamen Kommissionen auf verfassungsrechtlich tragfähigem Grund.

Zweifelsfragen bestehen allenfalls im Hinblick auf einige **spezifisch** rundfunkverfassungsrechtliche Anforderungen an die plurale Zusammensetzung von Entscheidungsgremien, die ich hier jedoch – mangels Relevanz und Übertragbarkeit auf den Glücksspielbereich – nicht weiter vertiefen möchte.[16]

3 Erfahrungen

Welches sind nun die Erkenntnisse und Lehren, die man aus der bisherigen Praxis der gemeinsamen Kommissionen ziehen kann? Was ist positiv zu bewerten und wo sind systembedingte Schwachstellen zu erkennen – Erfahrungen, die eventuell auch für die Praxis des ländereinheitlichen Verfahrens nach dem Glücksspielstaatsvertrag von Nutzen sein könnten.

---

15 Siehe umfassend etwa Hain, Karl-E., Grenzen der Zentralisierung von Zulassungs- und Aufsichtsentscheidungen im föderalen Rundfunksystem; Schriftenreihe der Niedersächsischen Landesmedienanstalt (NLM), Bd. 24, 2009.

16 Näher zu diesen Aspekten allgemein Stettner, R., „Good bye Pluralismus, good bye Föderalismus?“ – Der private Rundfunk und seine Aufsichtsstruktur nach dem 10. Rundfunkänderungsstaatsvertrag, in: Fechner, F. (Hrsg.), Pluralismus, Finanzierung und Konvergenz als Grundlagen des Rundfunkrechts, 2010, S. 9 ff. Speziell zur Arbeitsweise der KJM insoweit kritisch Liesching, M., KJM oder Landesmedienanstalten?, MMR 2012, H. 6, S. 360 ff.; a. A. insoweit Ukrow, J., Die geplante KJM-Reform – im Einklang mit dem JMStV, KuR 2012 S. 1 ff.

a) Aus Sicht der Landesmedienanstalten haben sich die mit der Einführung der gemeinsamen Kommissionen veränderten Arbeits- und Entscheidungsstrukturen **bewährt.**[17]

(1) Hervorzuheben ist vor allem die Möglichkeit von Mehrheitsentscheidungen. Sie eröffnet die Chance eines einheitlichen Auftretens der Landesmedienanstalten in Angelegenheiten, die z. B. als Lizenzentscheidung oder Aufsichtsmaßnahme über bundesweite Rundfunkprogramme zwar „an sich“ in die Zuständigkeit einer bestimmten Landesmedienanstalt fallen, in ihren Auswirkungen aber bundesweite Konsequenzen haben. Man denke etwa an die Bewertung einer Sendung als jugendgefährdend oder an die Feststellung einer medienkonzentrationsrechtlich unzulässigen vorherrschenden Meinungsmacht eines Rundfunkveranstalters.

(2) Die Verlagerung derartiger Entscheidungen in die Zuständigkeit von KJM bzw. KEK eröffnet die Chance, dass die materiell-rechtlichen Regelungen der Staatsverträge, z. B. über die Voraussetzung einer Lizenzerteilung oder einer Aufsichtsmaßnahme, sehr früh **einheitlich** ausgelegt und angewandt werden. Unterschiedliche Entscheidungen einzelner Landesmedienanstalten werden von vornherein vermieden und damit Rechtssicherheit und Planbarkeit erreicht – für Veranstalter ein ganz wesentlicher Aspekt.

(3) Das Verfahren der gemeinsamen Kommissionen hat weiterhin dazu beigetragen, dass das vor allem aus den Anfangsjahren des privaten Rundfunks bekannte Phänomen eines Standortwettbewerbs der Landesmedienanstalten (bzw. der Länder!) um die medienpolitisch erwünschte Ansiedlung von (großen) Rundfunkanstalten im „eigenen“ Land deutlich relativiert werden konnte. Unsachliche Bevorzugungen des „eigenen“ Senders aus lokal-, regional- oder landespolitischen Erwägungen lassen sich im Kollegium der gemeinsamen Kommissionen zumindest wesentlich schwerer durchsetzen – was allerdings kompromisshafte Arrangements der Landesmedienanstalten nach dem Prinzip von „do ut des“ in den gemeinsamen Kommissionen nicht ausschließt.

(4) Segensreich hat sich auch ausgewirkt, dass die **Aufsicht** über die bundesweiten privaten Rundfunkveranstalter in die Zuständigkeit der ge-

---

17 Siehe etwa die Zwischenbilanz bei Langheinrich, Th., Im Übergang zwischen analoger und digitaler Welt: Die Reform der Medienaufsicht, in: Vom Bau des digitalen Hauses, FS Norbert Schneider, 2010, S. 111 ff.

meinsamen Kommissionen fällt. Dadurch wird vermieden, dass die einzelnen Landesmedienanstalten der – aus der Vergangenheit durchaus bekannten – Versuchung erliegen könnten, lizenz- oder programmrechtliche Verstöße ihres „eigenen" Senders rücksichtsvoll zu übersehen oder nur unzureichend zu sanktionieren. Anders ausgedrückt:
Die gemeinsamen Kommissionen dienen der konsequenten Rechtsdurchsetzung und damit der Gleichbehandlung bundesweiter Veranstalter.
Ein probates Instrumentarium ist dabei das **Anzeigerecht** nach § 38 Abs. 1 RStV. **Jede** Landesmedienanstalt kann gegenüber der „an sich" zuständigen Landmedienanstalt anzeigen, dass ein bundesweit verbreitetes Programm ihrer Ansicht nach gegen Rechtsvorschriften verstößt. Die zuständige Landesmedienanstalt ist dann verpflichtet, diese Anzeige in die gemeinsame Kommission (ZAK) einzubringen. Diese entscheidet dann verbindlich, eventuell auch gegen die Stimme der „an sich" zuständigen Landesmedienanstalt. Die Durchsetzung des geltenden Rechts wird dadurch zumindest erleichtert – präventiv wie repressiv.

(5) Die Konzentration von Entscheidungen der Landesmedienanstalten in gemeinsamen Kommissionen und die Schaffung einer gemeinsamen Geschäftsstelle bieten schließlich die Chance einer zunehmenden Professionalisierung der Entscheidungsträger und führen damit zu einem Zugewinn an Sachgerechtigkeit und Zeitnähe der Entscheidung.

b) Neben diesen eindeutig positiven Auswirkungen der gemeinsamen Kommissionen haben sich in der bisherigen Praxis aber auch Schwachstellen gezeigt, die das **grundsätzliche Zuordnungsverhältnis** der gemeinsamen Kommissionen zu den Landesmedienanstalten betreffen oder die sich daraus ergeben, dass der Gesetzgeber die **Arbeitsteilung** zwischen den Landesmedienanstalten und den gemeinsamen Kommissionen nicht immer eindeutig genug geregelt hat.

(1) Nach den Regelungen des Rundfunkstaatsvertrags werden die gemeinsamen Kommissionen z. B. nicht von Amts wegen tätig, sondern nur auf Antrag der jeweils zuständigen Landesmedienanstalt.[18]
Diese ist zwar verpflichtet, bei ihr eingehende Lizenzanträge zusammen mit den vorhandenen Unterlagen unverzüglich der gemeinsamen Kommission (ZAK) vorzulegen. Nicht eindeutig geregelt – und daher in der Praxis auch

---

18 Siehe §§ 36 Abs. 1, 27 Abs. 1 RStV.

streitig – ist dabei, ob die vorlegende Landesmedienanstalt das ihr vorliegende Material selektieren, aufbereiten und mit einer rechtlichen Bewertung versehen vorlegen darf oder sich auf die schlichte Rolle eines Boten zu beschränken hat, die Entscheidung der gemeinsamen Kommission als in keiner Weise inhaltlich vorprägen darf.[19]

(2) Ähnlich unklar war bis vor Kurzem auch, ob die Zuständigkeit der ZAK zur Sachentscheidung auch das Recht einschließt, die Modalitäten des Vollzugs durch die zuständige Landesmedienanstalt mit zu regeln, wie z. B. die überaus praxisrelevante Frage einer Anordnung des Sofortvollzugs. Auch hier hat sich der Gesetzgeber verschwiegen und es bedurfte erst einer verwaltungsgerichtlichen Klärung, durch die die Zuständigkeit der ZAK auch insoweit bestätigt wurde.[20]

(3) Weitere Probleme ergeben sich daraus, dass sich die Länder **nicht** dazu durchringen konnten, den gemeinsamen Kommissionen **Rechtsfähigkeit** zuzugestehen, sondern sie als Organe der jeweils zuständigen Landesmedienanstalt ausgestaltet haben.
Konfliktpotenzial birgt diese Konstruktion spätestens dann, wenn die „an sich" zuständige Landesmedienanstalt die von „ihrer" gemeinsamen Kommission getroffene Entscheidung für falsch hält, aber dennoch verpflichtet ist, diese zu vollziehen, gegen Rechtsbehelfe zu verteidigen und notfalls zu vollstrecken. Sie muss, sozusagen, die Suppe auslöffeln, die ihr die gemeinsame Kommission eingebrockt hat.
Aus der Praxis ließen sich mehrere Beispiele nennen, in denen diese Konflikte aufbrachen und es zu streitigen Auseinandersetzungen zwischen „an sich" zuständiger Landesmedienanstalt und gemeinsamer Kommission gekommen ist, wie z. B. zwischen der Bayerischen Landeszentrale für neue Medien (BLM) und der KEK hinsichtlich der medienkonzentrationsrechtlichen Bewertung des seinerzeit beabsichtigten Anteilserwerbs der Axel Springer Verlag AG bei der ProSieben-Sat1 Media AG.

19 Für die bloße „Botenrolle" wohl Hahn / Vesting / Schuler-Harms (Fn. 3), § 37 RStV Rn. 8.
20 Siehe VGH Bayern v. 26.07.2012, ZfWG 2012, S. 416 ff.

4 Schlussbemerkung

Ich komme zum Schluss und versuche in knappen Thesen eine Antwort auf die eingangs mit Blick auf das ländereinheitliche Verfahren des Glücksspielstaatsvertrages gestellte Frage zu geben, was wir denn nun von den gemeinsamen Kommissionen der Landesmedienanstalten lernen können?

a) Gemeinsame Kommissionen sind geeignet, bei bundesweit einheitlichen materiell-rechtlichen Vorgaben (z. B. eines Staatsvertrages der Länder) auch eine gewisse Einheitlichkeit ihrer Auslegung und Anwendung zu gewährleisten. Sie dienen damit der Rechtssicherheit und bundesweiter Chancengleichheit der Veranstalter.

b) Die Konzentration von Entscheidungen bei gemeinsamen Kommissionen bietet die Chance einer erhöhten Professionalisierung der Entscheidungsträger und des Entscheidungsverfahrens.

c) Gemeinsame Kommissionen reduzieren den Einfluss sachfremder Motive auf den Entscheidungsprozess. Einer Standortkonkurrenz „nach unten" kann dadurch wirksam begegnet werden. Gemeinsame Kommissionen dienen damit einem rechtsstaatlich-sachbezogenen Gesetzesvollzug.

d) In die gleiche Richtung wirkt das Anzeigerecht jeder Landesmedienanstalt, durch das eine Befassung und Entscheidung der gemeinsamen Kommissionen (eventuell) auch gegen den Willen der „an sich" zuständigen Landesmedienanstalt herbeigeführt werden kann. Auch dies trägt zu einer bundesweit gleichmäßigen Durchsetzung des materiellen Rechts bei.

Neben diesen positiven Erfahrungen bleibt jedoch

e) kritisch anzumerken, dass der Verzicht auf eine eigene Rechtsfähigkeit der gemeinsamen Kommissionen das Verhältnis zu ihrer jeweiligen Landesmedienanstalt belasten und streitige Auseinandersetzungen provozieren kann.

Schließlich:

f) Wesentliche praktische Fragen der Kompetenzverteilung zwischen den gemeinsamen Kommissionen und der jeweiligen Landesmedienanstalt sind derzeit gesetzlich nicht eindeutig geregelt und belasten deshalb den Arbeitsablauf. Hier sollte der Gesetzgeber nachbessern.

Mein Fazit insgesamt:
Der Beschluss der Länder, bundesweite rundfunkrechtliche Angelegenheiten aus der Zuständigkeit einzelner Landesmedienanstalten zu lösen und auf gemeinsame Kommissionen zu übertragen, war eine richtige Entscheidung, aber nur ein erster Schritt.

Ihm sollte ein zweiter Schritt folgen, durch den die gemeinsamen Kommissionen **rechtlich verselbständigt** und **im Außenverhältnis** handlungsfähig werden.[21] Damit würden manche der derzeit verbliebenen Probleme im Verhältnis zu den Landesmedienanstalten obsolet.

Zugleich könnten die Länder dadurch den Nachweis erbringen, dass der Föderalismus auch in den Bereichen handlungsfähig bleibt, die – aus unterschiedlichen Gründen – bundeseinheitliche Verfahren und Entscheidungen fordern.

Sollte den Ländern dieser Nachweis eigener Handlungsfähigkeit nicht gelingen, so liegen politische Forderungen nach einem Zugriff des Bundes nicht fern:

- aus verfassungsrechtlichen Gründen allerdings wohl weniger im von mir behandelten Rundfunkbereich,
- nahe liegender hingegen beim Glücksspiel, das neben seiner die Länder legitimierenden ordnungsrechtlichen Dimension bekanntermaßen auch eine betont wirtschaftsrechtliche Seite aufweist und sich damit dem kompetenziellen Zugriff des Bundes prinzipiell öffnet.[22]

Die bisherigen Erfahrungen mit den gemeinsamen Kommissionen der Landesmedienanstalten verdienen daher nicht nur Beachtung dort, sondern gerade auch im Glückspielbereich, der mit dem „**Glücksspielkollegium**" des neuen Glücksspielstaatsvertrags erst am Anfang des Experiments einer gemeinsamen Kommission steht.

21 So auch das Fazit bei Langheinrich, Th., (Fn. 17), S. 121.
22 Siehe BVerfGE 115, S. 276 ff. (318 f.).

Tasks of a Gambling Authority

Mette Kristina Slotved Thomsen[1]

1 Mette Thomsen arbeitet seit 2007 für die Rechtsabteilung der Danish Gambling Authority.

It goes by many names

SPILLEMYNDIGHEDEN

- Gambling Control Commission
- Gaming Commission
- State Commission on Gambling
- Gambling Authority
- Gambling Supervision Authority
- Gambling Supervision Commission
- Gambling Supervisory Inspection
- State Gaming Control Commission
- Lotteries and Gaming Authority
- Gaming Control Board
- Gaming Authority
- Inspectorate General on Gaming
- State Office for Gaming Supervision

Source: www. GREF.net

aams

arjel
Autorité de régulation des jeux en ligne
RÉPUBLIQUE FRANÇAISE

GAMBLING COMMISSION

2

Prevalence

SPILLEMYNDIGHEDEN

- ¾ of all European countries has a Gambling Authority – though difference in areas depending on national legislation

- Newly established
  - Netherlands (2012)
  - Spain (DGoJ)

3

Why?

SPILLEMYNDIGHEDEN

Regulating the online market

Main tasks - Similarities

SPILLEMYNDIGHEDEN

- Issuing of licences
- Supervision of licenceholders
- Surveillance of the illegal market
- Advise government
- Work with
  - other regulators, including licensing authorities
  - the police
- International cooperation
- Fonded by fees

- Do not handle taxation issues

Differences

SPILLEMYNDIGHEDEN

- Handeling customers complaints
  - Typically done if a monoply
- Bord/Commission
  - Have in UK, Sweden etc.
  - Not in Denmark
- Legislation
  - Often the legislation is done by the relevant Ministry

6

Ressources

SPILLEMYNDIGHEDEN

- UK – 250 full-time equivalent (50 inspectores)
- Denmark – 94 full-time equivalent (45 Inspectors)
- Isle of Man – 9 full-time equivalent

7

History of the DGA

SPILLEMYNDIGHEDEN

2000	2003	2011	2012
DGA is established to administer gaming machines nationwide	The inspection of the State lottery gets merged with the DGA	The DGA takes over the landbased casino	The DGA gets the rest exept amusement gambling

Pros – Establishing a Gambling Authority

SPILLEMYNDIGHEDEN

- The Gambling Act's impact on DGA

Pros

SPILLEMYNDIGHEDEN

– Establishing a Gambling Authority

Uniformity

Overwiev

Knowledge

Combat illegal online market

Organisation

SPILLEMYNDIGHEDEN

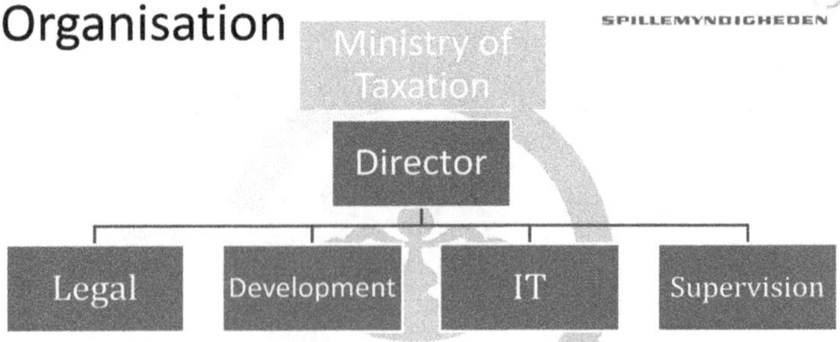

- Placed within the Ministry of Taxation
- 94 employees placed on 12 locations throughout Denmark
- The head office is located in Høje Taastrup (outside Copenhagen)
- The budget is approximately € 10 million

Financing

SPILLEMYNDIGHEDEN

DGA is financed partly by fees from operators on the gambling market and partly through public expenditures.

Fees from:
- Online casino
- Betting
- Land based gaming machines
- Land based casinos
- Class lottery
- Lotteries
- Public poker tournaments

Public Expenditure:
- Charity lotteries
- Public poker tournaments
- Legal administration concerning land based casinos

SPILLEMYNDIGHEDEN

Mette Slotved Thomsen

Mette.KS.Thomsen@skat.dk

www.Spillemyndigheden.dk
www.DanishGamblingAuthority.dk

„Ich spiele gerne“

Stefan Kruse[1]

Ich spiele. An Geldspielautomaten. Und ich spiele gerne !

Es ist mir lange Zeit sehr schwer gefallen, dies im Bekannten- und Kollegenkreis zu sagen. An der Arbeit erzählt man sich Montags beim Frühstück, was man am Wochenende Schönes erlebt hat. Der eine ist gewandert, der zweite hat gekocht, der dritte war im Kino. Wenn ich dann sage, ich habe mit Freunden zwei spannende Stunden in einer Spielhalle verbracht, wird es schlagartig still, und einer fragt „Bist Du denn spielsüchtig?“. Ich habe genau diese Szene mehrfach erlebt. Die völlig einseitige Berichterstattung in Presse, Funk und Fernsehen über das Automatenspiel zeigt Wirkung, beeinflusst die Meinung der Menschen, die noch nie eine Spielstätte von innen gesehen haben.

Warum werde ich als süchtig bezeichnet? Wie jemand der sich Heroin spritzt? Ich fühle mich diskriminiert, in eine dunkle Ecke der Gesellschaft gedrängt. Der gegen seinen Willen zwanghaft spielt, sich ruiniert und seine Familie in den Untergang reißt. Dem geholfen werden muss, ob er will oder nicht.

Ich zeige – glaube ich – nicht die typischen Suchtsymptome und – das weiß ich sicher – habe in 30 Jahren weder mich noch meine Familie ruiniert . Ich brauche heute Abend auch nicht um die Universität zu schleichen und eine Spielstätte zu suchen, weil mich der Spieldrang überkommt. Und wenn ich das nächste Mal eine besuche, kann ich sie mit 100 € im Portemonnaie betreten und mit 90 € wieder verlassen.

Da stimmt was nicht mit mir! Ich und viele meiner Freunde passen nicht in die typischen Schubladen der Spielsuchtdiskussion.

Ich vertrete den Goldserie e.V. – Erster Deutscher Verein der Münzspielfreunde. In unserem Internetforum treffen sich viele tausend Menschen, die gerne spielen. Zu Hause an alten ausgemusterten Geräten aus der ganzen Geschichte der Bundesrepublik Deutschland, die ein wunderbares Zeugnis der Freizeitkultur und der

1 Stefan Kruse ist Vorstand des Vereins Goldserie e. V.

industriellen Schaffenskraft unseres Landes liefern. Die wir liebevoll pflegen, restaurieren, reparieren und der Nachwelt erhalten. Auf unserer Webseite halten wir Schaltpläne und Pflegetipps parat. Eine Galerie zeigt fast alle der 2000 in Deutschland produzierten Geräte. Im Forum wird endlos über das Hobby diskutiert. Oft treffen wir uns zum gemeinsamen Spiel in privaten Hobbykellern. Manche Vereinsfreunde haben Räumlichkeiten gemietet, gemütlich eingerichtet und haben dort Dutzende Geräte in Neuzustand spielbereit. Unser Ziel ist ein öffentliches Museum der Automatengeschichte der Bundesrepublik Deutschland.

Viele Freunde spielen an aktuellen Geräten in Spielstätten und der Gastronomie. Viele – dazu gehöre auch ich – machen beides: Sammeln und „echt" spielen.

Ich spiele gerne. Spielen ist für mich Entspannung vom stressigen Arbeitstag, High-Tech Unterhaltung und ein kleiner Kick mit überschaubaren Gewinnen oder Verlusten. Nach zwei Stunden habe ich 10 € mehr oder 20 € weniger in der Tasche, das kann und möchte ich mir leisten. Spielstätten sind kommunikative Treffpunkte. Oft verabreden wir uns und spielen gemeinsam, wobei viel über die Spiele, Gewinne und Verluste diskutiert wird. Dies setzt sich im Forum fort, wo ständig die neuesten Spielsysteme vorgestellt und kontrovers besprochen werden.

Ich verfolge die Debatte um die Spielsucht nun seit vielen Jahren, und sie ist mir viel zu verkrampft und polarisiert. Da prallen Welten aufeinander. Einig scheint man sich zu sein, dass es Menschen gibt, die ein auffälliges Spielverhalten zeigen. Die Automatenwirtschaft spricht von weniger als einem Prozent. Die Spielsuchttherapie und -forschung von 50 Prozent und mehr. Ich habe viele Freunde, die regelmäßig spielen, und kenne hunderte andere Spieler. Fraglos sind dabei Menschen, die ernsthafte Probleme haben, zu viel und über ihre finanziellen Verhältnisse spielen. Die soziale Probleme in ihrem Leben mit übermäßigen Spiel kaschieren. Die sich magisch von den Automaten angezogen fühlen und ihr Leben verwahrlosen lassen. Denen dringend geholfen werden sollte, wenn sie es möchten.

Eine Prozentzahl der problembehafteten Spieler traue ich mir hier nicht zu sagen. Sie liegt aber deutlich näher bei einem als bei 50 Prozent.

Ich bin für jede wirksame Maßnahme der Prävention und Hilfe. Sei es in Form gesetzlicher Vorschriften, um das Automatenspiel weniger attraktiv zu gestalten, technischen Mitteln wie Spielerkarten, oder freiwilligen Maßnahmen wie die persönliche Sperrung. Ich denke, die Automatenbranche wäre zu schmerzhaften Einschnitten ihres Geschäftsmodells bereit, würde man ihnen im Gegenzug langfristig verlässliche rechtliche und wirtschaftliche Rahmenbedingungen zum Fortbestand der Unternehmungen bieten. Im Augenblick scheint es aber gewollt zu sein, das sogenannte „kleine Spiel", das eine über fünfzigjährige Tradition in Deutschland hat, von Grund auf zu schädigen. Beispiel: In den 80er Jahren kam der Unmut über innerstädtische Spielstätten auf, die angeblich das Stadtbild verschandelten. Ich kenne die kleinen dunklen Innenstadtspielstätten noch sehr gut, die Kritik war nicht unberechtigt. Mit Hilfe der liberalen Spielverordnung von 2006 baute die Automatenbranche in Industriegebieten großzügige Spielstätten, die durch eine höhere Zahl aufgestellter Automaten bessere Renditen erwirtschaften und viel aufwändigere Einrichtung und Service ermöglichen. Spielstätten wandelten sich zu modernen, hellen, freundlichen und sauberen Freizeiteinrichtungen. Ganz neues Publikum wurde gefunden. Viele Innenstadtspielstätten wurden geschlossen. Nun sollen aber binnen fünf Jahren alle Mehrfachkonzessionen verboten werden, was die Entwicklung komplett umkehren wird.

Egal, ob nun ein oder 10 Prozent der Spieler Probleme haben, jede Maßnahme trifft auch die 90 oder 99 Prozent der Spieler, die gerne spielen und Spaß finden.

Ich betrachte mich als freier Bürger eines freien Landes, in dem der Staat so wenig wie nötig in die Privatsphäre des Einzelnen eingreifen sollte. Ich möchte weiter spielen, wann, wo und wie ich möchte. Wenn ich Hilfe brauche, werde ich Hilfsangebote gerne in Anspruch nehmen. Aber bitte keine Zwangsmaßnahmen, die hunderttausende von Bürgern ohne Not beeinträchtigen.

Fragen Sie nicht nur, warum manche Menschen Probleme mit dem Spiel haben, sondern auch, warum viele Spieler keine Probleme haben. Ich bitte die Automatenbranche, die Spielgegner und die Politik konstruktiv zusammenzuarbeiten, um gemeinsam mit Augenmaß die richtigen Lösungen zu finden.

SYMPOSIUM GLÜCKSSPIEL 2012

Universität Hohenheim, 10. und 11. Oktober 2012

Der Neue Glücksspielstaatsvertrag

Mittwoch, 10. Oktober 2012

10:30 Uhr	**Eröffnung** ***Prof. Dr. Dirk Hachmeister***, Dekan der Fakultät Wirtschafts- und Sozialwissenschaften, Universität Hohenheim ***Dr. Wolfgang G. Crusen***, Vorsitzender des Beirats der Forschungsstelle Glücksspiel, Universität Hohenheim ***Prof. Dr. Tilman Becker***, Geschäftsführender Leiter der Forschungsstelle Glücksspiel, Universität Hohenheim
11:00 Uhr	**Neurobiologische Grundlagen der „Glücksspielsucht"** Prof. Dr. Dr. Felix Tretter, Leitender Arzt des Kompetenzzentrums Sucht der Isar-Amper-Klinikum gGmbH **Diskussionsleitung: *Günther Zeltner***, Leiter Dienste für Prävention, Beratung und Behandlung, Evangelische Gesellschaft Stuttgart e. V.
11:45 Uhr	**Was macht Zufallsspiele mit und um Geld für Verbraucher interessant?** Michael Gauselmann, Vorstandssprecher der Gauselmann AG **Diskussionsleitung: *Stefan Kruse***, Vorstand Goldserie e. V.
12:30 Uhr	** Mittagsbüffet **
13:30 Uhr	**Erfahrungen einer Lotteriegesellschaft mit einer Spielerkarte** ***Detlef Nagel***, Stellv. Geschäftsführer der Westdeutschen Lotterie GmbH & Co. OHG **Erfahrungen mit einer Spielerkarte in Kanada** ***John Xidos***, Präsident und CEO Techlink **Informationsgehalt einer Spielerkarte** ***Prof. Dr. Michael Ronellenfitsch***, Hessischer Datenschutzbeauftragter **Diskussionsleitung: *Michael Auer***, neccton, Wien
14:30 Uhr	** Kaffeepause **

16:00 Uhr	**Erfahrungen bei der Zulassung von Geldspielgeräten** ***Prof. Dr. Dieter Richter***, Physikalisch-Technische Bundesanstalt (PTB), Fachbereichsleiter Metrologische Informationstechnik **Erfahrungen bei der Prüfung von Geldspielgeräten** ***Thomas Noone***, Öffentlich bestellter und vereidigter Sachverständiger **Diskussionsleitung: *Prof. Dr. Tilman Becker***
17:20 Uhr	**Glücksspielrechtliche Werberichtlinien** ***Prof. Dr. Tilman Becker***, Geschäftsführender Leiter der Forschungsstelle Glücksspiel, Universität Hohenheim **Verhaltensregeln des Deutschen Werberats** ***Rechtsanwalt Dr. Bernd Nauen***, Geschäftsführer ZAW (Deutscher Werberat) **Diskussionsleitung: *Ministerialrat Edgar Quasdorff***, Ministerium für Inneres und Kommunales des Landes Nordrhein-Westfalen, Leiter Referat 14 (Staatsangehörigkeitsrecht, Personenstandswesen, Glücksspielwesen)
19:00 Uhr	**Empfang in der Mensa der Universität Hohenheim mit anschließendem Abendessen**

Donnerstag, 11. Oktober 2012

09:00 Uhr	**Was macht Geldspielgeräte gefährlich?** ***Dr. Tobias Hayer***, Institut für Psychologie und Kognitionsforschung, Universität Bremen **Erfahrungen des Bundes bei der Regulierung von Geldspielgeräten** ***Ministerialdirigent Ulrich Schönleiter***, Bundesministerium für Wirtschaft und Technologie **Erfahrungen der Länder bei der Regulierung von Geldspielgeräten** ***Dr. Tobias Wild***, Glücksspielreferent beim Senator für Inneres und Sport Bremen **Diskussionsleitung: *Dr. Hans-Ulrich Stühler***, Leiter des Rechtsamts Reutlingen
11:00 Uhr	**** Kaffeepause ****

11:30 Uhr **Erfahrungen mit dem Zusammenschluss zur Gemeinsamen Klassenlotterie der Länder (GKL)**
Dr. Gerhard Rombach, Sprecher des Vorstands der GKL

Erfahrungen des Deutschen Lotto- und Totoblocks (DLTB)
Erwin Horak, Präsident der Bayerischen Lotterieverwaltung

Erfahrungen eines Lotterievermittlers mit dem Föderalismus
Norman Faber, Faber Online-Service GmbH & Co. KG

Diskussionsleitung: *DI Friedrich Stickler*, Vorstand der Österreichische Lotterien, Präsident der European Lotteries

13:00 Uhr **** Mittagsbüffet ****

14:00 Uhr **Probleme bei der Übertragung ordnungsrechtlicher Aufgaben an eine gemeinsame Einrichtung**
Prof. Dr. Christoph Degenhart, Lehrstuhl für Staats- und Verwaltungsrecht sowie Medienrecht, Universität Leipzig

Was können wir von den gemeinsamen Kommissionen der Landesmedienanstalten lernen?
Prof. Dr. Armin Dittmann, Forschungsstelle Glücksspiel, Universität Hohenheim

Tasks of a Gambling Authority
Mette Slotved Thomsen, Danish Gambling Authority, Denmark

Diskussionsleitung: *Prof. Dr. Tilman Becker*

15:30 Uhr **** Kaffeepause ****

16:00 Uhr **Podiumsdiskussion: Regulierung von Glücksspiel im Föderalismus: Probleme und Lösungsmöglichkeiten**

Prof. Dr. Christoph Degenhart, Lehrstuhl für Staats- und Verwaltungsrecht sowie Medienrecht, Universität Leipzig

Prof. Dr. Armin Dittmann, Forschungsstelle Glücksspiel

Prof. Dr. Jörg Ennuschat, FernUniversität in Hagen, Rechtswissenschaftliche Fakultät

Prof. Dr. Ihno Gebhardt, Leiter a. D. der für das Glücksspielwesen zuständigen Stabstelle im brandenburgischen Innenministerium

DI Friedrich Stickler, Vorstand der Österreichische Lotterien, Präsident der European Lotteries

Diskussionsleitung: *Prof. Dr. Tilman Becker*

17:30 Uhr **Schlussworte**
Prof. Dr. Tilman Becker

Schriftenreihe zur Glücksspielforschung

Herausgegeben von Tilman Becker

Band 1 Tilman Becker / Christine Baumann (Hrsg.): Gesellschaft und Glücksspiel: Staatliche Regulierung und Suchtprävention. Beiträge zum Symposium 2005 der Forschungsstelle Glücksspiel. 2006.

Band 2 Tilman Becker / Christine Baumann (Hrsg.): Glücksspiel im Umbruch. Beiträge zum Symposium 2006 der Forschungsstelle Glücksspiel. 2007.

Band 3 Tilman Becker (Hrsg.): Der Staatsvertrag zum Glücksspielwesen und dessen Umsetzung. Beiträge zum Symposium 2007 und 2008 der Forschungsstelle Glücksspiel. 2009.

Band 4 Tilman Becker: Glücksspielsucht in Deutschland. Prävalenz bei verschiedenen Glücksspielformen. 2009.

Band 5 Tilman Becker: Werbung für Produkte mit einem Suchtgefährdungspotential. Tabak-, Alkohol- und Glücksspielwerbung aus rechtlicher, ökonomischer und psychologischer Sicht. 2010.

Band 6 Tilman Becker (Hrsg.): Glücksspiel im Internet. Beiträge zum Symposium 2009 der Forschungsstelle Glücksspiel. 2011.

Band 7 Tilman Becker: Soziale Kosten des Glücksspiels in Deutschland. 2011.

Band 8 Tilman Becker (Hrsg.): Zwischenbilanz zum Glücksspielstaatsvertrag für Lotterien und Sportwetten. Beiträge zum Symposium 2010 der Forschungsstelle Glücksspiel. 2011.

Band 9 Tobias Hayer: Jugendliche und glücksspielbezogene Probleme. Risikobedingungen, Entwicklungsmodelle und Implikationen für präventive Handlungsstrategien. 2012.

Band 10 Tilman Becker (Hrsg.): Neueste Entwicklungen zum Glücksspielstaatsvertrag. Beiträge zum Symposium 2011 der Forschungsstelle Glücksspiel. 2012.

Band 11 Christina Brugger: Abbruch der Zahlungsströme als Mittel zur Bekämpfung unerlaubter Internetglücksspiele. 2013.

Band 12 Tilman Becker (Hrsg.): Der neue Glücksspielstaatsvertrag. Beiträge zum Symposium 2012 der Forschungsstelle Glücksspiel. 2014.

www.peterlang.com